JN170353

仏教の知恵　禅の世界

愛知学院大学　禅研究所［編］

河合隼雄
佐々木閑
吉津宜英
横山紘一
立川武蔵
蓑輪顕量
小松和彦

玄侑宗久
木村清孝
永井政之
尾崎正善
中尾良信
大谷哲夫
竹村牧男
中祖一誠

大法輪閣

愛知学院大学坐禅堂　聖僧文殊菩薩像

巻頭言

この度、愛知学院大学禅研究所では、開所五十周年、坐禅堂開単三十五周年を迎え、記念事業の一環として『仏教の知恵　禅の世界』を刊行する運びとなりました。現代の日本においては、価値観の多様化が進み、物質優先の風潮が続く中で、心の帰趨に迷う人々が一層増えてまいりました。そのような混迷の時代に、本書が暗闇を照らす一筋の光となることを大いに期待するものです。

愛知学院大学は、明治九年（一八七六）に曹洞宗の教師育成機関として設立され、本年で百三十九年におよぶ輝かしい歴史と伝統を築いてきました。爾来、時代の変遷に応じて教育体制を変化発展させ、多くの優れた卒業生を輩出して社会に貢献してまいりました。現在では中学・高校から大学・大学院にいたる一貫教育を行う中部地区最大級の私立の総合学園にまで発展いたしました。特に大学は、楠元キャンパス、末盛キャンパス、日進キャンパスに、昨年より名城公園キャンパスが加わり、社会の要請に応じた教育を行う大学としての評価を得ております。本学での教育・研究の基礎となるのは、創立以来一貫して高く掲げてまいりました、「行学一体・報恩感謝」の建学の精神であります。

禅研究所は、この教育・研究の基本理念を体現し、広く社会・地域に貢献することを使命として、昭和四十年（一九六五）に設立されました。以来、禅の研究と普及のため、研究会、講演会、禅籍資料調査、参禅会、研修旅行、紀要の刊行など、教育、研究、文化といった多方面において活発な活動を行い、大きな成果を挙げて、斯界から高い評価を得てきました。中でも特筆すべきは、毎年各分野の碩学を招聘し、禅・仏教に関係するテーマのもとに開催されている講演会および研究会は、本学にとっても最も重要な、かつ特色のある企画となっています。本書はその成果をまとめて、広く人々の心の糧になさんとの想いを込めて上梓いたしました。多くの場面で難解と思われがちな、仏教の教えや禅の世界に親しむ契機となることを願うものです。

二十一世紀を迎えて、人々が寛容な心を持ち、充実した人生を築いてゆくためには、仏教の教え、禅の精神が不可欠な存在と考えています。この『仏教の知恵　禅の世界』が、多くの人に仏教や禅を通して正しく自分を理解する視座を与え、それが日常生活の中に生かされることを心より念願しています。

平成二十七年 十月 吉日

愛知学院大学 学長
佐藤 悦成

目次

第一章 仏教の知恵 9

第二章 禅の世界

口絵……愛知学院大学坐禅堂　聖僧文殊菩薩像

●装幀……山本太郎

第一章

仏教の知恵

開かれたアイデンティティー

――仏教の役割を求めて――

河合（かわい）隼雄（はやお）

自我の確立をめざして

ただ今ご紹介がありましたように、臨床心理学が私の専門です。この臨床心理学というのは、いろいろな悩みを持った人の相談をする仕事でございまして、いろいろな人の手助けをしている。そこが楽しみの始まりです。

ですから、私は本来禅にも仏教にも関係がない。「先生は禅をやられますか」と聞かれると、「禅は全然知りません」とか、「悪はしてますけど、禅はだめです」とか言ってごまかしていたんです。ところが、その私が結局のところ、禅とか仏教ということを考えざるを得なくなってきたんです。それは、私の仕事がだんだんそれにつながってきたからです。そういうことを今日はお話ししようと思います。

その前に、今日の講演で「開かれたアイデンティティー」という演題を出した理由をお話ししましょう。小渕前首相に頼まれて、「二十一世紀日本の構想懇談会」をやったのですが、そこにはいろいろな分野の人が集まりまして、二十一世紀に日本人はどう生きたらいいのかという話をしたんです。その懇談会がちょうど中間ぐらいにきた時に、みんなで合宿をして徹底的に話し合ったことがあります。社会的なことを考える人もいるし、国の安全を考える人もいるし、教育を考える人もいる。いろいろ分野が違うんですが、私は座長でしたから各分野を廻っていたんです。そしてその合宿の終わりの時に、「分野が違えばいろいろな意見が出るけれども、全部に共通して出てくる言葉は『個の確立』である」と申し上げました。話し合いを通して、日本人はもっと自分の個というものを確立しなくてはだめだということが、非常に強烈に出てきたんです。ただし、個の確立と言いましても、あまり利己主義の方に偏ってはいけません。公の方も大事だというわけで、「個の確立と公の創出」、つまり、個は確立するけれども、公ということも創り出していかなければいけないということを言いました。

ところが、報告書には書いてありませんが、私としてはそういうことをやりながら、ずっと考え続けていたことがありました。私のように臨床心理学を専攻していますと、いろいろな人が相談に来られます。「私は学校へ行きたいけど行けません」という人もあるし、盗みをした人も来るし、極端な場合、殺人をした人も来る。いろいろな人が来られるのですが、そういう人に対して私は何をしているんだろうかと感じるのです。学校に行けない人が学校へ行くようになって、それで本当に成功なのか。盗みをした人が盗みをしなくなれば、それだけでいいのか。そんなことをゆっくり考え始めると、わからなくなる時があるんです。例えば、学校へずっと行かなかったけれども、詩人として有名になった谷川俊太郎という人がいます。もしもあの人が学校へ行っていたら、よくなかったかもしれない。谷川さんが私の所へ相談に来ていたら、どうしただろうなと思ったりするんです。あるいは、私は臨床心理学の講義でよくベートーベンの例を出すんです。ベートーベンは五十歳くらいになってからも、酒に酔っぱらって自分の家も名前もわからなくなってしまったといいます。おまけに、若い頃には自殺しかけたこともあり、恋愛は失敗ばかり。独身で子供もいませんから、甥を養子にもらったのに、その甥とは喧嘩ばかりしている。でも、こんなベートーベンが普通に恋愛をして、結婚をして、ちゃんとした家に住んで、喧嘩もせずに、平和な暮らしをするかわりに、全然音楽を作らなかったとしたら、それは成功だと言えるでしょうか。こんなことを考えていると、私は一体何の仕事をしているのかなと考えてしまうんです。いろいろな人を普通にしたら、それで成功なのか。どうしたらいいのかわからない時に、我々臨床心理学を専攻している者がさんざん考えて、ともかくその人には個人として確立してもらおうという結論になったのです。「自分は作曲をしている」と言うのならば、それはそれで結構だ。「自分は学校へは行かないけれど、一人で勉強して詩を書く」と言うのならば、それも結構だ。そういうことを契機にして、自分で自分のことを考えて、自分で判断して、責任が取れる人間を作ればいいじゃないかと僕らは考えたわけです。だから、私が臨床心理学の研究を始めた頃には、個の確立、つまり「これが私だ」ということの確立、心理学の分野で「自我の確立」と呼ぶものをめざしていればいいのだと考えて、一生懸命やってきたのです。

小さな自我と大きな自己

ところが、そうやって頑張っていると、変なことが出てくるんですね。自我なんか確立してもしょうがないということが出てくるんです。例えば、自我を完全に確立していて、職業もちゃんと持っていて、家庭も地位も金も何でもある。でも、どうしようもないという人が出てきたんです。むしろ金がない人は簡単です。金さえあればと思うから生きるファイトが沸いてくる。同じように、持ち家が一軒欲しいとか、あの美しい人を手に入れたいと思っている人も生きがいを感じています。けれども、そういうものが全部手に入ると、何のために生きているのかわからなくなってしまう。もっと恐ろしいことは、今は喜んで生きているけれど、死んだ後はどうなるだろうと考え始めることです。そんなことを心配し始めた人は、恐ろしくなって何もする気がなくなってしまう。それで、我々のもとを訪ねて来るんです。

私が勉強しました心理学者のユングという人は、自分のところへ来た人の三分の一は何の問題もない人だったと書いています。強いて言えば、それが大問題であったと言っています。ユングを訪ねて来た人は、アメリカのビジネスマンとか、他から見たら羨ましい方ばっかりです。でも、本人はものすごく悩んでいるわけですね。それでユングは、「自我の確立は話の始まりにすぎない。その次が問題ではないか」と考え始めました。つまり、「私はこうするんだ、こうやるんだ」と言っているのは人生の半分にすぎない。あとの半分は、そういう自我がどう死んでいき、どのように自分というものを知るのかということだ。そして、その人生の後半こそが大事だと言い出したのです。

ものすごく簡単に言ってしまいますと、「私は私を知っている」と言うけれども、私が知っている自我なんていうのは非常に小さなものにすぎない。本当の私というのは、もっと大きな計り知れない訳の分からない存在であって、その上に、自我というものがちょっと乗っているだけだ。その非常に大きな、自分でもつかみきれないものを、日本語に訳しておきますが、「自己」と呼ぼうとユングは言います。だから、自我の確立も結構だけれど、本来の自己というのは、いったいどうなっているのか。この追求が人生の後半にあることをユングは見出したのです。

その次にユングが言ったことがおもしろいですね。そのような自己のことなら、東洋人の方がはるかによく知っている。東洋人はそれを昔から知り過ぎているので、自我を確立せずに、心の豊かさと物質的貧困の中に生きている。反対に、西洋人は物質的な豊かさの中で自己を知らずに生きている。だから、西洋人はもっと東洋に学ぶべきだと言ったんです。それで、ユングは何とか東洋のことを西洋に知らせようとしました。鈴木大拙がヨーロッパで禅の本を出した時に、その入門を書いたのはユングです。それから、中国の『易経』を翻訳してドイツで出した人がいるんですが、その序文を書いたのもユングです。

でも、ヨーロッパの人々はほとんど聞き入れませんでした。一九二〇年代のヨーロッパですからね。その頃のヨーロッパでは科学が進んで武器が発達して、外国へ乗り出して行って、世界中はヨーロッパのものだと言っていた。そういう状況を横に置いたまま、自己とは何かなんて言ったところで、誰も聞いてくれなかったんです。それから戦争がありまして、日本が負けた。それで、ますます強くなっていくヨーロッパやアメリカと、それを支えるキリスト教こそが中心で、他の考え方は全部間違っている。だから、ヨーロッパ的な考え方で世界を統一しなくてはならないと考えた人が沢山いたのではないでしょうか。

ところが、それに非常な衝撃を与えたのがベトナム戦争です。この戦争で、アメリカは絶対に勝つと思っていたんですね。でも、勝てなかった。それで、アメリカ人がベトナムに実際に行ってみたんです。そこで彼らは考えた。「いったいアメリカ人は何のために生きているのか。我々は正しいことをしていると思っていたけれど、どうも怪しいではないか。ベトナムやその周りの国々に行くと、金も何もないけれど、悠々と暮らしている人々がいる」と。ユングはそのことを早くから言っていたんですね。

また、ユングは一九三〇年頃にアメリカを訪ねて行って、当時のアメリカ人達が「あんな無知な奴らはいない」と馬鹿にしていたアメリカ・インディアンに会っているんです。その時に、アメリカ・インディアンの、特に老人の顔を見て、「こんなにすばらしい顔をした人は、ヨーロッパにもアメリカにもいない。こんなに素晴らしい顔をした老人がいるということは、すごい文化を持っているということだ。反対に、ヨーロッパにもアメリカにもこれだけの顔をした人がいないということは、ヨーロッパ人もアメリカ人も何とかして金儲けをしようとか、どうにかして何かをしようということに必死になり過ぎていて、本当の人生の目的を考えていないということではないか」と考えた。要するに、みんながアメリカ・インディアンは最低だと思っていた時に、そっちの方こそが最高だと考えたんです。

そこで、ユングはその老人に「あなたは素晴らしい顔をしているけれど、いったいどういう生き方をしているのか。その素晴らしい落ち着きぶりの秘密を教えてくれ」と聞いてみた。すると、その老人が答えて言うには、「太陽が東から昇って、西に沈んで行く。その太陽の運行は、自分達が祈りによって支えているんだ。自分達が祈ることで太陽は昇り、自分達が祈ることで太陽は沈む。だから、我々が祈ることをやめたら、地上は目茶苦茶になってしまう」と。それでユングは、「こんな最高の仕事をしている人が、いい顔をしているのは当たり前だ」と書いているんです。たとえ会社を作って一億円儲けたところで、太陽が出てこなければどうしようもないですからね。仕事のスケールが全然違う。こういう最高の仕事をしている人は、こういう顔で生きて、こういう顔で死んでいくんだということをユングが言ったんです。そういうことが、一九七〇年代の終わり頃から急にアメリカでもわかってきた。それで、アメリカでもヨーロッパでも、ユングの著作が読まれるようになりました。

エリクソンとアイデンティティー

ところが、ユングの話にはあまりにも東洋的なことが入っているので、先程から言っているように、始めのころは西洋ではあまり受け入れられませんでした。その一方で、自我の確立についてもう少し深いことを考えた人がいます。エリック・エリクソンという人です。この人が、アイデンティティーということを言い始めました。

エリクソンは、私達は自分を確立して、「これが私だ」なんて思っているけれども、本当に私というものは自分の存在の中に根差しているのかと言ったんです。単に判断力があるとか、決断力があるとか、責任があるとか、そういうことではなくて、これまでも私だったし、今も私だし、これからも私だというように、ずっと変わることのないもの。「これが私だ」と、腹の底からポンと言えるようなもの。それこそがアイデンティティーではないのかと言い出したわけです。

そういうことは、アメリカ人もだんだん気付き始めていましたから、一九五〇年代頃からアイデンティティーという言葉がすごくはやり出しました。自我が確立していて、金も社会的地位も家族もあったとしても、それだけではなくて、「私は私だ」とか、「私はこう生きてきて、こう死ぬんだ」ということこそ、素晴らしいことではないかというようになってきたんです。

ところが、このアイデンティティーというものを科学的に説明しようとすると、なかなか難しいんですね。例えば、「私は大学教授です」と言ったところで、大学教授をいつやめるか分からない。「私は父親です」と言ったところで、息子からは父親だと認めてもらえないかもしれない。「私は日本人だ」と言ったところで、もしかしたらアメリカへ帰化してしまうかもしれない。そんなことを言っているうちに、アイデンティティーとは何かということが、だんだんわからなくなってしまう。それで、エリクソンの友達が、アイデンティティーとはどういうことなのかはっきり言ってくれとエリクソンに頼んだんです。そうしたら、エリクソンが、「それは僕にもわからないから言っているんだ」と言ったという、とても有名な話があります。

つまり、科学的に物事をはっきり決めるということと、「うん、そうだ」というのとでは、話が違うということです。私達は、自然科学と科学技術が発達しすぎたために、科学技術は信用できるけれども、科学技術でないものは信用できないと思い込みすぎているのではないか。科学でも技術でも捉えられないものがあり、そういうものの中にすごく大事なものがあるのではないかということを、エリクソンは言いたかったんだと思います。こんなことが、アイデンティティーというものが考えられてきた背景なのです。

日本人にみられる個の不在

ここで話をガラッと変えましょう。二十一世紀日本の構想懇談会では、そのアイデンティティーということを前面に押し出して、むしろ一番古臭いと思われるような「個の確立」ということをガンガン言ったんです。これを、私達は意図的にやった。なぜかと言えば、日本人はあまりにも個の確立がなさすぎる。なあなあと、いいかげんにするのがうますぎるからです。

ノンフィクション作家の柳田邦男さんが『この国の失敗の本質』という本を講談社から出版されていますが、この本を読みますと、個を確立していない日本人のマイナス面がよくわかります。簡単に言ってしまうと、日本人はどれだけ失敗を繰り返してきたのかという内容です。徳川時代の終わりに鎖国をやめて開国してみたら、ヨーロッパはものすごい文明国で日本は下の方にいた。それで日本は必死にヨーロッパを追いかけて、やっと追いついたと思ったら、第二次世界大戦でガタンと落ちてしまった。ところが、この戦争を始めた時に、誰が開戦を決意したのか、誰のもとに責任があったのかがわからない。だから、負けた後で誰も責任を取らなかった。もちろん戦勝国による戦争裁判が行われたけれども、あれは日本人が行ったわけではないんですね。日本人には、誰が悪かったのかわからないんです。もっと甚だしいのは、戦地で若い者に「死ね」と言っておきながら、戦争が終わった途端に自分だけ逃げ帰った将校だっていた。でも、その人は何も罰せられていないのです。

あるいは、戦争が終わって五十年もたったら、日本は再び経済的な大国になりました。けれども、その後でバブル経済が崩壊して、またしてもガタンと落ちてしまった。しかし、バブル経済が崩壊しても、その責任を取っていない人が沢山いるんではないでしょうか。要するに、個人としてはっきりと決断し、責任を取るということを、日本人の指導者達は行っていない。みんながそれをごまかしている。柳田さんの結論は、日本国民は失敗から何も学ばないというＤＮＡを持っているのではないかということです。

二十一世紀日本の構想懇談会は、この失敗を二度としないようにしようということで集まったのです。その結果、今度こそ、一人ひとりが自分ということをはっきりと打ち出せるような、そういう人間を作ろうということで意見が一致したわけです。だから、個の確立ということをすごく強調しました。私はこれを何度言ってもいいぐらいだと思います。

ところが、これは難しいことですよ。本当に難しい。確かに、個の確立ということは誰でも言いますよね。学校へ行けば、校長先生が「我が校は、みんなの個性を尊重する学校です。みんなが一丸となってやりましょう」と言う。でも、そんなことをみんなが一丸となってやったらおかしいではないですか。だから、本当に個性というものを真剣に考えているのか疑問ですね。むしろ日本人が大好きなのは、個性を無視して数字や番号や順番で考えることだとは思いませんか。

私は昔、高校の教師をしていたんです。その時に、クラスの生徒を一人ひとりよく見て、覚えていて、その生徒の親が来れば、「お宅の子供さんは、この間バレーボールで大活躍しましたよ」とか、「お宅の子供さんは、なかなか茶目っ気があって人気者なんですよ」とか言うのだけれど、たいていの親は聞いていていない。それよりも、「うちの子供は何番ですか」ということの方が気になっている。それで、「お宅の子供さんは、この前の試験では十五番でした」と言うと、「わかりました」と言って、その番号だけを覚えて帰られるんです。

でも、番号というのは、個性を無視するということです。そして、日本ではそういうシステムができあがっている。だから、日本ではみんながだんだん個性を摩滅していって、とことん摩滅した人が、所長とか校長とか、「長」という名がつく指導者になっていくんです。

グローバリゼーションと個の確立

皆さんもご存じのように、これからはグローバリゼーションの時代だと言われています。でも、グローバリゼーションというのは、世界が一様になることではなくて、世界がしっかりつながっていることなんです。ところが、そのつながる方法が、日本とアメリカとではまったく違っている。

昨日、岐阜で行われたシンポジウムの席上で、前の駐米大使の小和田恒さん、雅子皇太子妃のお父さんとお話をしたんですが、その時、小和田さんがこんなことをお話しされました。アメリカへ行って、アメリカ人と会議を行う時には、英語でパーッと議論をして結論を出す。ところが、その結果を日本へ持ち帰って外務省で報告する時には、人間が変わっていなければならない。英語の考え方のままで話したところで、誰も聞いてくれないんですね。英語で決めたことを、日本的に言い換えなければいけない。人間の姿勢まで変わらなければならないのです。

では、どう変わるのでしょうか。二十一世紀日本の構想懇談会の時に、会議室へ一番最後に入ってきた総理大臣が、「いや、皆さん、すみません」と言われたんです。そして、私の横に来てから、また「河合先生、座長ですね。いや、すみません」と言う。日本では、こうやって「すみません」と言うことで、自分というものをスッと消して、そこからまわりとのつながりが始まります。ところが、アメリカではそんなことは絶対にありません。アメリカでは、まず始めに私というものがしっかりとあって、その私と私との間でつながりが生まれていく。こういうふうに、日米の間には大きな違いがあるんです。

もう一つの例を挙げると、英語では"I am"とか"I think"とか、主語になるのはすべて〝I〟です。それに比べて、日本語では「私」とか「僕」とか「俺」とか、周りの状況によって主語を変えますよね。今ここで「私は」と言っている私が、家に帰れば「わしは」と言うし、喧嘩の時には「俺は」と言うし、冗談を言うときには「拙者は」なんて言ってみたりする。このように、日本では場の中から私が出てくるんです。立っている場を感知して、その場の中で私というものをスッと出してこなければならないんです。だから、私が今何気なく話している言葉を通して、皆さんは私がこの場をどう考えているのかということを感得されるわけです。ところが、英語の場合は〝I〟ばかりです。そのために、アメリカ人やヨーロッパ人は利己主義だと言う人がいますが、これは大きな間違いです。

これからのグローバリゼーションの時代には、外交官を通して国と国とが交わる以上に、皆さん一人ひとりがインターネットなどを通して外国と付き合うことになりますね。その時に、「私は」ということで、パッと通じるような「個」というものをある程度持っていなければ、日本人はどんどん失敗することになる。今までも、日本人は実際に、外交でもビジネスでも学者の世界でも、そういう点で随分損をしたり、誤解をされたりしていると思います。だから、個の確立ということを、二十一世紀日本の構想懇談会ではあれほど強調したんです。

ところが、そこですぐに出てきたのが、そんなことばかり言っていたら日本人のアイデンティティーはどこへ行くのかという批判でした。日本人は日本人なんだ、日本人がアメリカ人と一緒になる必要はないではないかという考え方なんですね。でも、私が言っているのは個を確立するということなんです。先程、エリクソンがアイデンティティーとは訳がわからないものだと言ったという話をしましたが、私が好きなエリクソンの言葉の中に、「アイデンティティーとはこういうものだと言えるようなものではない」というものがあります。むしろ、生涯にわたって続く無意識的な成長の過程、プロセスこそがアイデンティティーであるという言い方をしているんです。つまり、「私が私だ」ではなくて「私はこういうものだ」ということを、一生にわたって作っていくということです。そして、私のアイデンティティーがはっきりとわかるのは死ぬ時になる。そのくらいのつもりでいなければならないのです。

だから、ここに日本人のアイデンティティーというものがあって、それに何かをパッと継ぎ足そうというのではない。そうではなくて、日本人のアイデンティティーをみんなで作っていこうということなんです。その時に、西洋人の言っている個の確立というのは、すごく大事なのではないか。個の確立ということを考えながら、日本人としてどう生きていくかを考えましょうということなんです。

無我を説く仏教

こういうことを言いますと、「ああ、わかった」と思うのですが、実際はすごく難しい。なぜかと言えば、先程から言っていますように、日本人はむしろ個を確立しないように生きてきたからです。そして、この考え方は仏教の中ではますます強いものになってきます。

私は仏教の勉強をあまりしたことがないんですが、子供の時に読んだ仏教説話の中に、ものすごく印象に残っているものがあるんです。それは、ある旅人が小屋の中で雨宿りをしていた時のことです。一匹の鬼が死体を担いでその小屋に入ってきた。そして、鬼がこれから死体を食べようとしているところへ、もう一匹の鬼がやって来ました。すると、後から来た鬼が、「この死体は俺のものだ」と言い出したんです。最初の鬼が「この死体は俺が運んできたものだ」と言い返しますと、後から来た鬼が「どこにそんな証拠があるんだ」と言い張ります。それで最初の鬼が、震えている旅人に向かって、「我々二人の中で、この死体を担いできたのはどっちなのか言ってみろ」と聞いたんです。旅人は怖いけれども本当のことを言わないといけないと思って、「こちらの鬼様が担いで来ました」と答えた。

すると、後から来た鬼が怒って、旅人の右手をちぎって放り投げてしまった。旅人が痛いと思ったら、すかさず最初の鬼が死体の右手を旅人につけてくれたんです。助かったと思った瞬間に、今度は左手をちぎられ、すぐにまた死体の左手をつけられた。同じようなことを次から次へと繰り返しているうちに、旅人の身体はすっかり死体のものと入れ替わってしまったんですね。そのうちに鬼も疲れてきて、この死体を半分ずつ食べることにしようということになって、食べ終わると二匹の鬼は出て行ってしまった。

旅人は「助かった」と思ったけれど、自分が誰なのか分からなくなってしまいます。自分は前からいた旅人なのか、それとも、死んでいた死体なのか。そこで、この旅人は偉いお坊さんの所へ行って、「私は元からの私ですか、それとも死体ですか」と尋ねるんです。その時にお坊さんに何かを言ってもらって、「あ、わかった」と思うことがあるんです。お坊さんが何を言ったと思いますか。その答えは、「私などというものは初めからなかったのだ。心配しなくてもいい」というものだったんです。要するに、仏教的に言えば個の確立というものはない。私などというものは、そもそも存在しないというのが仏教の捉え方なんです。

普通とは違う意識の世界

ところで、仏教といえば、あるお経を読んでいてとても眠たくなったことがあります。似たような菩薩の名前が次から次へと並んでいて、その上、同じようなことが何度も何度も繰り返し書かれている。眠くなって当たり前ですよ。でも、「これはすごいな」と思った瞬間に、私はハッとわかったんです。お経というのは読むものではなくて、唱えるものなんです。しかも、鳴り物入りで唱えますから眠られないんです。うまくできていますね。何とかかんとか唱えていって、だんだん眠くなってきたころにゴーンと鳴るんですから。

でも、これはいったい何をしているかわかりますか。実はお経を唱えることによって、普通の意識とは違った、別の意識の方にだんだん変えていっているんです。普通の意識というのは、皆さんが今持っている意識のことです。ここに一輪の花があれば、花は花だし、花は一つしか見えないし、花の色はその通りの色でしょう。でも、意識が変わってくると、これがだんだん違った世界に見えてくる。

例えば、私がここで梅干しをガリガリ食べ始めれば、それを見ているだけで唾液が出る人は沢山いると思います。あるいは、誰かがここで足をバンッと蹴られれば、それを見ていて「痛い」とか「ギャーッ」と思う人はいっぱいいると思います。「この人が足を蹴られているだけじゃないか」と考えて、フーンと見ていられる人は非常に少ないはずですよ。これは、私と皆さんがつながっている。あるいは、足を蹴られた人と、それを見ている人がつながっているからなんです。そのつながっている状態を、もっとつながっている意識で見ようとすること。それが、普通の意識とは違う別の意識ということです。坐禅をするということはそういうことをやっているのですね。

その時に、今言いましたようにフワーとした感じでやっていると、眠たくなって意識が不明瞭になってしまいます。それではだめなんです。意識はだんだん変わっていくけれど、明晰でなければいけない。明晰性を失わずに、意識がどんどん変わっていくと、いろいろなものが一緒になって、つながっている世界がはっきり見えてくる。そうやって、ずっと意識を下げていって、しかも明晰性を保っていると、すべてのものが融合してくるんですね。そして最後には、「花」とか「河合」とかいうような名前もついていない、「存在」そのものの世界にまで降りていく。それを明晰に認知できるようになるんです。反対に、その「存在」そのものが普通に現れてくると、花というものになって現れてくるし、河合というものになって現れてくる。井筒俊彦という哲学者がそういうことを書かれています。

西洋流に言えば、「ここに花が存在している」とか「ここに河合が存在している」ということを、東洋的な意識で表現すれば、「これは存在が花している」とか「これは存在が河合している」ということになる。これを、「存在（Being）はフラワリング（Flower-ing）をやっている」とか、「存在（Being）は今、河合イング（Kawai-ing）をやっている」というふうに英語で話すと、外国の人達は喜ぶんですね。西洋では「花が存在する」と言いますから、「存在する」という方が述語になって、「花」が主語になっています。ところが、東洋的に言うと「存在」の方が主語になってくるわけです。

そうなると、物事を観察する態度も変わってきます。「河合が花を観察している」という西洋流の態度が、東洋流に言えば「あなたは花してますね。私は河合してますよ」ということになる。

そうすることで、花と河合とが一歩近寄ることができるんです。要するに、世界を見る見方が西洋と東洋では随分違っています。西洋では世界を切り刻んで見るのに対して、東洋では世界をつなげて見る。まったく正反対なんです。

西洋で発展した自然科学の考え方は、世界を切り刻んで花を観察し、花を切り刻んで分子を観察し、分子を切り刻んで原子を観察し、原子を切り刻んで電子を観察するというやり方です。世界を操作するには、こういう考え方の方が有効ですね。だから、世界をスッパリ切ることを根本とする科学技術が世界中を席巻してきたわけです。

ところが、先程も言いましたように、我々は科学技術だけでは暮らすことができない。例えば、交通事故のために自分の恋人が目の前で死んでしまったという人が私のところへ来られました。その人は、完全に気持ちが沈んでいて、生きていく気持ちもなくなっています。その人が、「なぜ、あの人は死んだのでしょうか」と聞かれるんです。

これに対して、自然科学では簡単に答えることができますね。「あれは出血多量でした」と答えればいいわけです。けれども、それではその人が聞きたいことの説明になっていない。その人は、「なぜ、私の恋人が」ということを聞きたいんです。つまり、関係の中での答えが欲しい。でも、関係の中で答えるということを自然科学はやらないんです。

もっと極端に言うと、私の死を自然科学は説明できない。私はなぜ死ぬのか、いかに死ぬのかという問題を、自然科学が説明することはできないんです。このことを、柳田邦男さんがしばしば強調されています。自然科学や科学技術は、三人称の死、つまり、人間が死ぬということを語ることはできる。ところが、二人称の死や一人称の死を語ることはできない。それは、宗教にしか語ることができないのです。そうすると、そうしたつながりの中で物事を考えるという仏教的な考え方は、とても素晴らしいことなのですね。ものすごく洗練されているんです。

仏教の世界と臨床心理学

私の専門は臨床心理学ですが、アメリカやヨーロッパへ行った時には、臨床心理学の分野でしばしば仏教の話をしています。それはなぜかというと、臨床心理学というのは人間とつながっていなければできない。相談に来られた人の話を聞いている時の私の態度は、坐禅や瞑想をやっている人と非常に近くなっていると思うからです。つまり、相手と私が一緒になって、つながっている世界の中で話を聞いている。

先程言いましたように、「なぜ恋人が死んだのでしょうか」と聞かれた時に、「出血多量です」と言ったところで答えになっていない。それよりも、この人が恋人の死を悼んでいるならば、私も一緒に悼むことの方が大切なのです。臨床心理学というものは、相手と一緒になって、ある関係の中で世界をどのように見ていこうかということをやっています。ですから、仏教的なものの見方や考え方というのは、すごくおもしろいのではないか。最近、外国へ行ってこんな話をすると、みんなが関心を持って聞いてくれます。

例えば、ある人が相談に来られて、「私は学校へ行っていない。嫌でしょうがないんです」という話をされた時に、たいていの人は「なぜ学校へ行かないの」とか、「学校のどこが嫌いなの」というふうに、すぐに聞いてしまいます。でも、そんなことがわかるくらいなら、学校へ行っているんですね。自分でも、なぜ行っていないのかわからない人がたくさんいるんです。ところが、「なぜかわからないけど、学校へ行っていない」と答えると怒られるから、無理にでも理由を言おうとする人がいます。けれども、何か理由をつけてみたところで、その理由が解消されれば学校へ行けるとは限らない。だから、私達は相談に来られた人が「学校へ行っていない」と語るのを、ただぼんやりと聞いているだけです。それならどうするということを、ほとんど考えずに聞いているんです。先程も言いましたように、我々の意識のレベルをどんどん下げていって、深い所からもう一度考えなおそうという態度で聞いています。しかも、明晰性を失ってはいけません。ここが難しいところなんです。下手をすれば眠ってしまう。相手の話を聞きながら、眠ってしまうすれすれのところでずっと一緒にいるわけです。

ですから、普通の人が見れば不思議に思うかも知れません。「もう死にます」と言われて、「はい」と聞いているだけですし、「私は生きていても仕方がありません」と言うのを、「はい、はい」と聞いているだけです。そうやって、ずっと聞いていると、「もう死にます」という所まで落ちていった人が、「やっぱり生きよう」と言うようになるんです。しかし、この「やっぱり」が出てくるまでには、かなり下がっていかなければいけません。

その時に、「もう死にます」と言う人を前にして、その人との関係が切れたままで、「あっ、そう、死んでくれ」と言っては絶対にだめです。「もう死にます」という人と一緒になって下がっていかなければいけない。でも、一緒に下がっていく時に、次は上がろうとか下がろうとかいうことを考える必要はない。相談に来ている人が話し始めたら、その人の世界に入っていくだけです。そういう態度を、私は長い間の訓練を通して、ようやく身につけてきたんだと自分では思っています。

そうは言っても、あんまり話をしない人が来たらどうするんだと思われるかも知れませんね。実際に、高校生くらいの人は話ができないんです。あれは、別に隠しているわけではなくて、自分でもうまく話せないいんです。そういう人は、「僕は高校二年生です。学校へ行っていません」と言ったまま、黙ってしまいます。そうなると、その人と一緒にいることは、なかなかできるものではありませんよ。こちらから話しかけてはいけないとか、自分は黙っていなければいけないと考えて、相手に合わせて黙っているうちに、「今日の昼飯は何にしようかな」なんてことを考えてしまうことだってあります。心がよそへ行って、その場にいなくなってしまうんです。でも、これではいけません。その場で、ずっと沈黙したまま一緒にいなければいけないのです。

ところが、やはりこちらも人間ですから、いつまでもじっとしていられない。そうなると、心がどこかへ行ってしまうくらいならば、何か話をした方がいいというわけで、「高校二年生でしたね」などと言ってみます。同じことを繰り返して言っているだけです。

これは、なぜだかわかりますか。下手な人ほど、相手が話していない世界に飛び出して行ってしまうからです。例えば、「高校二年生ですが、学校へは行っていません」と言われて、「ああ、そうですか。お父さんの御職業は何ですか」なんて聞いてしまいます。そして、「父親は大学教授です」という答えが返ってくると、「それは大変ですね。大学教授ではあなたの気持ちがわからないでしょうから」などというように、勝手に物語を作ってしまうんです。人間にとっては、自分で自分の世界を作る方がはるかに楽なことです。でも、それではいけないのです。相手を同じ人間だと思って、ずっと一緒にいることが大切なのです。

しかし、その後もやはり会話にはなりません。しばらく沈黙が続きます。そんなことをグニャグニャやっているうちに時間がきてしまいますから、「来週来られますか」と聞いてみるんです。どうせ来ないだろうと思っていると、ニコッとして「来ます」と言うんですね。「へェー、こんなカウンセリングでも来るのかなあ」と思っていたら、その生徒のお母さんから電話がかかってきました。それによれば、その生徒はいつになく晴れやかな顔をして帰ってきたそうです。そして、お母さんが「今日あなたはどういう人に会ってきたの」と聞いたら、「あれだけ高校生の気持ちがわかる人はいない」と答えたというんです。おもしろいですね。こちらは何もわかっていない。わかっていることといえば、「高校二年生で、学校へ行っていない」ということくらいです。

けれども、その生徒が言いたかったことは、「自分の心をそれだけ大事にしてくれる人は、ほかにはいない」ということだったのでしょう。ですから、その人を大事にするということは、その人の心の中に手を突っ込まないということなんです。「なぜ学校へ行かないの」とか、「お父さんのお仕事は」というように、一番手を入れて欲しくないところへゴチャゴチャと手を突っ込んでおきながら、自分はその人のためにしているんだと勘違いしている人が沢山いますね。でも、私達はそれを絶対にやりません。それはなぜかと言えば、私達の仏教的教養の影響が大きいからだと思います。明晰性を失わないで、意識のレベルをずっと下げていくことで、相手とずっと一緒にいることができるからです。

和魂洋才と「開かれたアイデンティティー」

このようなことを考えていきますと、日本人は日本の伝統の中にいるのだから、日本の仏教的な考え方を持っている。けれども、アメリカ人と議論する時には、日本人も個を確立して自分の意見を言える人間になる必要があるのではないかという考えが浮かんできます。そんな器用なことはできないと言う人がいるかもしれません。でも私は、それができると思っています。非常に難しいことは事実ですが、何とか頑張ってやってほしい。私自身も、それほど上手ではありませんが、できる限りそうすることを心掛けています。

自分の持っている東洋的、日本的、仏教的な素晴らしいものを大切にしながら、西洋のよい部分をどんどん取り入れていく。そうすることによって、自分のアイデンティティーを死ぬまでかかって作っていく。私のアイデンティティーとか、日本人のアイデンティティーというものは、こういうものだとか、こうあるべきだなどというものではありません。一人ひとりがどうやって生きていくかということにこそ、本当のアイデンティティーがある。私はそれを「開かれたアイデンティティー」と言っているんです。

二十一世紀日本の構想懇談会の最後の結論は、「立ち向かう楽観主義」という表現になりました。立ち向かっていこうではないか。立ち向かっていく限り、日本は心配しなくても大丈夫だ。そういう楽観を持ちながら、それでもなお立ち向かっていこうという意味で、「立ち向かう楽観主義」と言ったのです。

これを、私流に言えば「開かれたアイデンティティー」ということになります。さらに、それは明治時代に掲げられた「和魂洋才」に通じます。日本の和の魂を大切にしながら、西洋の才、つまり、自然科学や科学技術を取り入れていく。この「和魂洋才」という考え方は、和魂というものが最初にあって、その上に洋才をポンと乗っけることだと考えている人がいます。でも、それは間違いだと私は思います。そもそも和魂というものは、始めからきっちりとしているものではなくて、だんだん作り上げていくものではないのか。

そう考えていましたら、『源氏物語』の中に、すごくおもしろいことが書いてあったんです。主人公の光源氏が、漢詩や漢文の勉強をさせるために自分の息子を大学に入れるんです。すると周りの人達が、光源氏の息子ならば確実に出世できるのだから、無理に勉強する必要はないではないかと言い出します。その時、光源氏が言った言葉が「和魂漢才」。その上で彼は、「漢才をもって、大和魂を磨かなければならない」という、とても大切なことを言っているのです。

　私はそれを知って大変うれしくなりました。現在の我々が「和魂洋才」ならば、洋才で和魂を磨こうではないか。つまり、自分は最初から決まりきった和魂を持っていて、そこに新たな洋才を継ぎ足すのではない。自分の持っている和魂がどういうものかはわからないけれども、その和魂を洋才で磨いていく。磨き上げるとどうなるのかもわかりません。それでも、磨いていこうではないか。死ぬまで磨いていこうではないか。そんなふうに、私は考えるようになったのです。

　そして、私は和魂洋才を考えているけれども、洋魂の人は反対に、もう少し和才で磨いた方がいいのではないか。そう考えて、私は外国へ行くと仏教の話をするんです。「日本では、皆さんとは全然違う考え方がありますけれど、これはどうですか」とか、「私は仏教的な考え方を臨床心理学に取り入れているんですが、これが結構役に立っているんですよ」というわけです。

　私は、これこそが本当のグローバリゼーションだと思いますね。アメリカの人にもヨーロッパの人にも、もっと東洋のことを知ってほしい。それは、かつてユングが行ったことですけれども、それをもっとやってほしい。そうすることで、彼らは和才で洋魂を磨く。我々は洋才で和魂を磨く。そのように考えることが、閉じられたアイデンティティーではなくて、開かれたアイデンティティーなのだと私は思っています。


（平成十二年十一月十四日）

釈迦の生き方

佐々木閑（ささきしずか）

本日はお招きありがとうございます。花園大学の佐々木と申します。私、元々は浄土真宗の寺の生まれなんですが、後継ぎ後継ぎって言われたもので、親の言うことなんか聞くもんかっていうんで、反発をしまして、坊さんなんかなりたくないって、それで工学部に入りました。そして工業化学というのをやりました。しかし、二十二歳で卒業する頃になってくるとだんだん人間の生き方というものを真面目に考えるようになってきました。

何が問題なのかというと、やっぱり歳を取っていくと、だんだん死ぬんだなということを真面目に考えるようになってきたんですね。

二十二だから、まだまだ先はあったんですけども、しかしながら、やはり人が生きていくというのは、これは死との闘いであるというようなことを考えるようになりました。

それで、嫌だ嫌だと言っていた仏教ですけれども、もう一度見直してみると、案外面白いじゃないか、悪くはないなという気がしてきました。それで、工学部から文学部へ今でいう編入学ですね、四回生卒業してからもう一度三回生に戻るということで、文学部の仏教に移りました。

それまでは、仏教、仏教といってもよくわからなかったんですね。例えば、親鸞聖人がどうこうとか、法然上人がどうだとか、道元さんがどうだというような、そういう人たちの一人一人の生き方が、それぞれ仏教なのかなと思っていたんですが、実際に入って勉強してみますと、実はおおもとは釈迦という人から出発した一本の糸であるということがようやくわかってきました。

日本の仏教というのは、そういう沢山の糸の分かれた中の様々な要素が入り混じって成り立っているのですが、その一つ一つを別個に見ていっても、仏教の本筋はどうもわからないんじゃないかというような気がしてきて、これはやっぱり元へ戻らなくちゃいけないということで、いわゆるインドのおおもとの仏教、つまり釈迦に興味が惹かれていきました。

二五〇〇年も前の人だからどんな人か全然わからないんですけれども、とにかくどんな人だったんだろうということに大変興味が沸きまして、それで仏教研究というものに身を入れるようになって、そこで私は初めて真面目な人間として人生を歩み始めたわけなんですが、大分時間がかかっちゃったんですね。真面目になるまでにね。

そして、こんな歳になるまでずっとやってまいりました。皆さんにも今日そうやって私が調べたこと、あるいは自分で考えたことで、釈迦というのは、どういう考えの人だったのかというのをできるだけ具体的なイメージで知っていただきたいというのが今日、ここへ来た理由です。
若い人の前で仏教の話をさせてもらうというのは、大変私にとってありがたいことなので、そういう思いで来ております。

とにかく、あまり聞いたことのない仏教の話を今日はしようと思います。若い方には一時間半じっとしてるのは退屈かもしれませんが、どうぞしゃべらずに私語をせずに座っていて下さい。私は、仏教の授業というのは、ただ知識を得るだけではなくて、正しい姿勢でものを聞くという一番大事なことも学ぶ授業だと思っております。まあ静かに聞いてください。

今から二五〇〇年前のインドにお釈迦様という立派な方が現れ、この方が出家をして修行をして、そして最後は菩提樹の下にお座りになって、そこで悟りを開かれました、というのが仏教の出発点ということになるのですが、これだと実は仏教の本質がわからないんです。

なぜかといいますと、どうして釈迦は、その時仏教を作らなければならなかったのかということが全然説明されていないからです。

これだけですと、お釈迦様は、たまたま思いついて、趣味で仏教を作ったんじゃないかとそんなふうに思われるのです。ですから今日お話をするのは、釈迦がなぜ仏教を作ったのか、その必然性は何かというお話をしたいと思います。

したがって、話は釈迦の伝記ではなくて、釈迦よりも前の話から始まらなければならないのです。釈迦よりも前の時代にどうしても仏教を必要とするような社会情勢があったために、それに応えて釈迦は仏教を作ったということです。

じゃ、その社会情勢とは何だったのかということを話さないと仏教の本質がわかりません。それで今日は、釈迦よりも前の時代の話から始めます。でもまず、とっかかりは紀元後の一七〇〇年代から一八〇〇年代のころから始めます。今からいうと二〇〇年程前の話ですね。そのころのインドをちょっと想像してほしいのです。

たった二〇〇年程前のインドで何か起こっていたか。おわかりですか？　二〇〇年前っていうのは、ヨーロッパの国々が世界を征服していた時代です。イギリスとかフランスとか、そういった国々が世界の各地に飛び出して行って、弱い国々を抑えつけて、植民地にして、そしてそこから富を吸い上げていた時代なんですね。

では、植民地って何のためにとるんですか？　植民地というのは、一見、持っているとそれだけで得をしているような気がするんですが、実はそんな単純な話ではなく、植民地を持つにはそれなりの合理的な理由があります。それは何かというと、実に簡単な理由です。儲けるということです。当たり前ですね。

子どもの遊びじゃないんだから他の国取って、さあ取ったぞ偉いだろうって、そんな威張ったってしょうがないんで。その植民地を持つことによって、自分たちの国が儲からなければ意味がないわけです。

だから、何の価値もないような土地を植民地に取ったって、それは何の価値もないわけ。それで、このインドという国は、二〇〇年前にどこの国が植民地にしていたかというと、イギリスです。

インドもそれからスリランカもそして今でいうところのパキスタン、アフガニスタン、あの辺りは、みんなイギリスの植民地だったわけです。イギリスという国は大変ずる賢い国で、世界で一番うまいやり方で植民地支配をした国です。

では植民地支配でうまいやり方は何かというと、できるだけコストをかけずに沢山儲けるということです。当たり前ですよね。コストがかかったら大変なので、儲からなければ植民地を持つ意味がない。できるだけ低コストで植民地を持つためにはどうしたらよいかということをイギリスは常に考えた国です。

考えてみてください。インド一国を植民地にして、例えばそこから儲けようと思ったらどれだけコストがかかるか。そのためにはインドの人々を全部抑えつけなければならない。

インドの人たちがみんな独立したい、「我々は自由だ」と叫ぶのを全部上から武力で鎮圧しなければならないから、どれだけ沢山の軍隊をここへ駐留させなければいけないか。そして、司法、行政、その他の様々な機関にどれだけのお金をかけて、全体を統一しなければいけないか。

普通だったらイギリスの方が破産してしまいます、そんなことをしたら。ということは、もっと見返りのあるものが入って初めてイギリスは植民地を持つ意味があるわけです。

それで、イギリスがこの国を植民地にした時に、すぐやったことは、この国で一番儲かるのは何だということを考えたわけです。どうすれば儲かるかということを考えた。

そして、どういう方策を取ったかというと、イギリスの国の中の一流のエリートたち、オックスフォードとかケンブリッジを出た一流のエリートの、様々な種類の学者をイギリスの本国の十倍ぐらいの給料を払ってインドへ送るんです。高官として。そしていろいろな儲けの道を探っていったわけです。

ですから、いろんな学者が送られました。地質学者、植物学者、動物学者、言語学者、いろんな種類の学者をイギリスはインドへ送り込んだわけです。そして、どうなったかというと、見事にイギリスは儲かるものをいっぱい見つけた。

それが、イギリスという国を世界一の貿易国、債権国にした理由です。そのイギリスの植民地政策には面白い話がたくさんあるのですが、今はとばしまして、そうやってイギリスからインドへ送られた、ある一人の言語学者のことからお話を始めます。

その人の名前は、ウィリアム・ジョーンズといいます。四十カ国語が使えるという天才的な言語学者です。

イギリスから大変なお金をもらってインドに赴任し、そしてインドの言葉を調べ始めるわけです。そして彼は研究を始めた途端にびっくりするわけです。それは何かというと、その当時土地のインド人がしゃべっている言葉が自分の母国語の英語と同じ言葉なんです。同じっていうのは、同一という意味じゃないですよ。同じ系統の言葉なんです。文法も単語も調べてみれば、絶対に間違いなくつながっているということがわかるわけです。これは、大変ショッキングな話なんですね。

私は、これをいつも例え話でこういうふうに言うんです。日本人が、ロケットを作って火星探検に行ったんだと。日本人の宇宙飛行士が火星に着陸して、そして誰もいないと思った火星の地面に降りて、ヘルメットかぶって歩いていたら、岩影から足が八本ある蛸のような火星人が現れて来た。そして、火星人はどうしたかというと、突然日本語で「こんにちは」と言った。びっくりするよね。何でここ（火星）で日本語聞くの？　っていうことになるでしょう。それとほぼ同じショックなんです。このウィリアム・ジョーンズの話っていうのはね。

ヨーロッパでは、それよりももっと古い言葉で、ラテン語という言葉がある。これはローマで使っていた言葉ですね、古い言葉。そのラテン語とインドの言葉を比べてみるとますます似ているということがわかる。

ヨーロッパでもっと古いのは、古代ギリシャ語です。インド語と古代ギリシャ語を比較してみると、もう誰が見ても明らかに同じ言語なんです。

では、この事実からどういう結論が出ますか？　今の言葉を比べたら、ちょっと似ている。もっと古い言葉を比べたら、もっと似ている。古くなればなる程よく似ている。

じゃ、どういうことが推測できますか？

それは、元々が一つの言語だったということです。元が同じだったということです。何千年もの間に技分かれして、少しずつ違っていったけれども、元を辿れば辿るほど、一つのものに近づいていくということです。そうですよね。

ここで、初めてヨーロッパの言語と、それからインドの言語は実は同じ言語であるという、世界の大発見がおこなわれたわけです。

これは、ヨーロッパの人にとっては大変なショックでした。今まで野蛮な国だと思って馬鹿にしていたのに、実はそのインド人が我々ヨーロッパと同じ民族なんだということになってきたわけです。そしてその時からヨーロッパでは、一大インドブームが起こるんです。インドを研究するということが、ヨーロッパにとっては大変な問題になってくる。自分たちのルーツの研究になってくるわけですから。

ウィリアム・ジョーンズがこういう発見をしたのが一七九〇年代です。今から二〇〇年ちょっと前ですね。

その後、一八〇〇年代に入ってからヨーロッパでは一大インドブームが起こって、ヨーロッパの主要な大学には、みんなインド学講座、あるいはインド学部というのができるようになるんです。フランスにもイギリスにもドイツにも、そういった各国の主要大学にはインド学講座というのが置かれるようになっていくわけです。すごいですね。

さて、それで、もっと言葉の研究を進めて、どこからどこまでが一緒なのかっていうのを調べてみたら、まずヨーロッパの言葉は、ほぼ九十九％インドの言葉と同じです。フランス語だろうが、ドイツ語だろうが、何を取ったってみんな同じです。つながっています。

インドとヨーロッパの間には、私たちが今知っているイランとかイラクというような国がありますが、そこはどうなんだろうというふうに調べてみると、古代イラン語というのが残っています。これも、一緒でした。つながっていました。つまり、西から東まで、サーッと一面同じ言語であったことがわかりました。すごいことです。

考えてみると、このヨーロッパの人たちが、やがて新大陸を発見してアメリカに渡ったわけですよ。北は、イギリス、フランス系、南はスペイン、ポルトガル系の言葉が入っています。今でもそうでしょう?

それが、全部ヨーロッパの言葉であるということは、アメリカだって全部この同じグループに入るということです。では、一番東、日本に近い所は、どこまで来るのか、その言葉はどこまで来ているかというと、これは敦煌です。

敦煌で見つかった古い、今はもういなくなってしまった民族の文書が残ってましたが、その言葉が、やはり同じ系統でした。だから、一番東は敦煌まで来てます。

それが、全部一つの言葉なんですね。信じられないですよね。でも、そういうことが、実際に見つかったわけです。

それで、その一番おおもとの言葉をどういう名前で呼ぼうかということになる。もうしょうがないから一番てっとり早い言い方で、インド・ヨーロッパ語っていうんです。途中にイランが抜けているから、イランの人怒っちゃうかもしれないけども、ともかくインド・ヨーロッパ語と呼ぶのです。

我々は、これはモンゴロイド、東洋系の言葉なので全然違いますが。ヨーロッパからインド、敦煌辺りまでは全部インド・ヨーロッパ語なんです。

ちょっと言っときますと、ヨーロッパの国々の言葉の九十九％だと言いましたが、少しだけ違う、インド・ヨーロッパ語でない言葉が少し残っています。それは、一つは、スペインとフランスとの中間、間にピレネー山脈という山脈がありますが、この山脈よりちょっと下がった所にバスクと呼ばれる地域があります。バスク地方。

このバスク地方のバスク語は、インド・ヨーロッパ語ではありません。恐らくその地方に昔からあった、古いヨーロッパ語なんでしょうね。そういうものがあります。

それから、逆に今度は新しくって、ヨーロッパの中でも新しく入って来た言葉なので、インド・ヨーロッパ語でない言葉があります。

ヨーロッパ人は、みんな白人だと思っていたら大間違いで、ヨーロッパには我々と同じような黄色人種の血の流れた国が、いくつかあります。それは、いつできたのかというと、モンゴルがヨーロッパに侵入した辺りからモンゴロイド、いわゆる元の人たちが入り込んで作った国があります。

モンゴルがヨーロッパに入った時は、自分たちのことをフンと呼んでいました。俺たちは、フンだって言って入った。ヨーロッパの人たちはフンが来た、恐ろしいと言って怖がった。そのフンが作った国が、今でもヨーロッパに二つ残っています。

どちらもフンの国っていう名前で今も呼ばれています。フィンランドはフンランド。そしてもう一つ、フンガリア。ハンガリーですね。これらの国の言葉はインド・ヨーロッパ語ではないんです。

それぐらいです。あと、エトルリアとかありますけども、それ以外のほとんどは、このインド・ヨーロッパ語なんです。よろしいですか？

ここで、一つの事実がわかりました。ヨーロッパからインドまでは一つの言語である。そして私たちは、もしそういうことを聞かされると、すぐにこう思います。あっ、それじゃ昔は一つの民族がいて、その民族が、何千年もかけてヨーロッパとイランとインドへ分かれて行ったんだなと。

ところが当時のヨーロッパ人はそうは考えなかったんですね。いいですか？　もういっぺん言いますよ。

言葉が全部同じだということがわかったのに、それなのに、ヨーロッパの人たちは、「一つの民族が何千年もかけてヨーロッパからインドまで広がったんですね」とは言わなかったんです。

それはなぜでしょう。

時代は、一八〇〇年代です。まだ、キリスト教が強い。

キリスト教の人たちにとって世界の歴史というのは何ですか？　それは、ネアンデルタールでもなければクロマニヨンでもない。全ての歴史は聖書です。聖書に書かれた、アダムとイブから始まる、あの創世記が、世界の歴史なんです。

その聖書を認めておきながら、それとは別個に何千年もかけてどこかの民族が、ヨーロッパ人になりました、イギリス人になりました、ローマ帝国を作りました。全然それは、聖書と話が合わないわけです。

ですから、当時のヨーロッパ人は言葉が一緒だというところまでは認めたにしても、それが一つの民族であるということは、認めることができなかったんです。これを認めることができるようになったのは聖書が崩れてからです。聖書の権威が崩れてから。

つまり、聖書の歴史は本当の歴史ではない。本当の歴史は、地球の歴史は、何億年もかけて少しずつ進化してきたこういう歴史であるということが初めてわかって、その段階で初めて、単一民族説というのが出てくるわけです。

それはいつかというと、もう今言いましたね、進化という話が出てきたことからわかるように、チャールズ・ダーウィンが「進化論」を発表して、世界がそれを認めた時から後です。だから、ダーウィンの「進化論」がいかに世界のいろんな人の考え方に影響を与えているか、というのがわかりますね。

ダーウィンの「進化論」は、『種の起源』という本ですね。ご存じだと思いますが、『種の起源』という本をダーウィンが書いた。これが「進化論」の最初です。一八五九年です。

ですからウィリアム・ジョーンズが、言葉の発見をしてから、約五十年程して「進化論」が出てきて、そして聖書の歴史が崩れ始めた。その中で、ヨーロッパの人たちは初めて、「ああ、それならば一つの民族があって、それがいろんな所へ分かれていったと考えても不思議じゃないな」と考え始めるわけです。

じゃあその一番最初の民族って誰なんだ、何という名前で呼ぶべき民族なんだという話になってきます。ヨーロッパからインドまでのこの一つの文化圏を調べた場合に、その中で一番古い本は何かというと、これは実はインドに残っている本が、その中で一番古いということがわかりました。その一番古い本のことを『ヴェーダ』と言います。実際は本ではなく口伝で伝えられたものですが、今でもインド人の多くの人たちが、この『ヴェーダ』を唱えます。インドでとても聖なる言葉です。聖典です。

この『ヴェーダ』の中で、自分たちの民族のことを聖なる民族と呼んでいる場所があるんです。その「聖なる」という言葉は何ていうかと言うと、これは「アーリア」と言います。

そこで今の学者たちは、一応便宜的にその民族の一番おおもとの起源を、「アーリア人」と呼ぶことにしているんです。

ですから、言ってみるとイギリス人もフランス人も、みんなアーリア人の子孫です。インド人もアーリア人の子孫です。イラン人もそうです。みんなアーリアということになる。

ではそのアーリア人は、どこから出て来たんだろうか。これは、我々人類の永遠の謎の一つです。アーリア人というのは、一体生まれ故郷はどこなんだ、ということを沢山の学者が今研究をしていますが、なかなか見つからない。今のところウクライナ地方、あるいはスカンジナビア半島などが候補地ですがよく分かりません。

私の高校の時の同級生が、今科学者になって遺伝学をやっているんです。静岡県の三島に国立遺伝学研究所というのがあって、そこで遺伝の研究をしてますが、聞きましたらこの間インドの遺跡から、今から三〇〇〇年程前の人骨が出た。これは火葬ではなくて土葬にしてあるんです。これが大事なんです。火葬にした骨は、ＤＮＡが全部崩れてしまいますので、駄目です。土葬にした骨からは、ＤＮＡが採れる。

そのＤＮＡを採って、そのＤＮＡの特性をもし調べることができるならば、それを今現在のヨーロッパの各地の民族のＤＮＡと比較検討することによって、どことつながりが一番深いかということを調べることができるんだというんです。

もし、これがうまくいくとアーリア人の系統だとか、そういうものを調べる新しい道筋になると言っていました。今その骨を分析中です。「早く教えて」って言うんだけども、なかなかうまく出ないんだと言ってました。

以上、まとめて言うとこうです。大昔アーリアンという人たちがどこかから出て来て、それは西に東にずうっと広がって行ったんです。同じ言葉を携えながら広がって行った。

そして、その一部はインドに入ったわけです。だから、インドの言葉になっているんです。今のインドへ行くとわかりますが、北の人たちと南の人たちとでは明らかに人種が違います。行ったことのある人はご存じかと思いますが、南のインドへ行きますと、私たちアジア人に非常に近い顔のインド人で、色も黒い人たちがいっぱい住んでいます。

それに対して、北の方へ行きますと、色が白い人たちがいっぱいいます。

これはね、つまり元々インドに住んでいた人たちがいて、そこへ後から白人系のアーリア人が入って来たからです。つまり、上から侵入してきて、元々住んでいた人たちを下に押しつける形になって、上に新たな人種が入るということで、北と南で二種類の人種構造を取るようになったわけです。

アーリア人がインドに入ってきた時の具体的な様子はよくわかりません。軍隊を形成して、一挙に攻め込んで、占拠したというようなそんな形ではは全然ないのであって、何百年もかけてぽつぽつぽつぽつと、移住しながら気がついてみたら人種が増えていたというようなそんな形の、ゆっくりした侵入だろうといわれています。

いずれにしても元々のアジア系の人がいたところへ白人系の人が入って来て、二種類の人種構造ができたことは間違いないんです。その人種構造の特性は何かというと肌の色が違う。

もっと簡単に言うと、見ればわかる。見ればわかる人種差別というのは、恐ろしいんですよ。元々が違う、見た目の違う人たちが作る差別構造は、きついんです。アメリカの白人、黒人もそうですね。そして、インドに起こったこのアーリア人の侵入によって作られた、二種類の人種構造は、まさに肌の色なんです。

本来ならば、上のアーリア、下の原地人ということで、二種類の構造になるはずですが、更にそれがいくつかの職業的な違いによって、これが二つではなくて四つに分かれたわけです。もうだんだんわかってきましたね。これが有名なカーストです。

カーストという言葉は、これはポルトガル語です。インドの言葉じゃありません。ですから、本当のインド語が別にあります。それは、ヴァルナといいます。意味は、簡単です、「色」です。そのものズバリ。肌の色。バラモン、クシャトリア、ヴァイシャ、シュードラ。この四つをカーストと言います。上から順番に下がっていきますが、しかし実はこの四つプラス、この下にもう一つ階級があって、それは「カースト制度に入れてあげない」という人たちです。

カースト制度に入らないということは、これは極端にいうと人間として扱わないということです。そういう人たちはチャンダーラと呼ばれる。このカースト制度は、アーリア人が入り込んで来たことによって生まれたわけですから、すごく古い時代、おおよそ今から三五〇〇年から三〇〇〇年ぐらい前、つまり紀元前一五〇〇年から一〇〇〇年ぐらいの間にこういうことが起こったのではないかといわれています。記録がないからよくわかりませんがね、年代のことは。

このバラモン、クシャトリア、ヴァイシャ、シュードラ、チャンダーラというカースト制度はそのあとどうなったかというとどうもなっていません。今もインドに残っています。だから、インドは今でもカースト制度の国です。

憲法上は、法律上は、人間は全て平等であって、カースト制度によって人を差別することは許されないということになっておりますが、実際の現実生活の中では、やはりこれは強い社会の縛りになっています。今もあります。

この間インドで総選挙がありましたね。有権者七億人というとんでもない選挙だったけれども、その選挙の政党を見ていたら、何十ものいろんな政党が並び立っているんですが、その中にはそれぞれのカーストを代表する政党というものが、ちゃんとありました。

そうすると、その党首はね、「私はチャンダーラの代表として虐げられたチャンダーラの人権と権利を守るために今、立候補します」と、こう言う。そうすると、もちろんその支援者たちは、その階級の人たちです。

そういうふうに今でもインドは、この差別制度を中心として動いている国なんですね。さて、そこでこのカースト制度の原則を今からお話しします。これが、仏教と密接につながるからです。

まず、カースト制度の基本は何かというと、絶対に変えられないということです。生まれた時に決まります。どの家、どの家系に生まれたかによって、カーストは絶対的に決められてしまいますので、生まれた後に何かをして上に上がるとか、そういうことはありえません。

カースト試験なんてのがあってね、受かったら上へ上がる。それだったらいいんだけども、そんなものはどこにもないので、生まれた瞬間に決まります。

例えば、チャンダーラで生まれた人が、一生懸命頑張って、そして例えば勉強して、会社の社長になり、やがて政治家になって、首相になった。ありえます。できます。できるけども、その人は、死ぬまでチャンダーラなんです。チャンダーラの首相ということで、社会的に身分は下だというふうに思われたまま一生を終わるわけです。

簡単に言いますとバラモンというのは、どういう人たちかというと神様との間に交信をする人たちです。

神の声を聞き、我々の声を神に届けるということができる、神と我々との仲介役に立つのが、このバラモンと呼ばれる人たち。つまり、このバラモンを怒らせるとバラモンは神を使って我々に悪いことをするわけです。怖いですね。

その代わりバラモンを奉って、沢山の貢物をあげるとバラモンは我々のためによいことを神様にお願いしてくれるわけですね。これは強いですよ。神様を味方にしているんだからね。だから、バラモンが一番上に来るわけです。

クシャトリアはその次の現世、この世の中での力を持つ人たち。お金があって、権力がある人たち、王侯、貴族、そういう人たちがクシャトリアといわれます。だけども、クシャトリアもバラモンには頭が上がらないわけです。

ヴァイシャが一般的な市民です。

それからシュードラは普通これは奴隷というふうに訳されますが、決してイメージとしては、足に鎖を付けて働かされている奴隷という意味じゃないんです。そういう奴隷はインドにはなかったんですね。そうではなくて、いわゆる小作とか、召使のように、ご主人に使われて、そして職業を変える自由がない、そういう人たちです。これが、シュードラと呼ばれるんですね。

チャンダーラは、もう食べるのも必死、動物並みの扱いをされる人たちです。

この五つが生まれながらにして決まっていますので、社会は全部血筋と家柄で決まっていきます。結婚はどうするのかというと、違う階級の人が結婚をしていきますと、どんどん制度が崩れていきますから、絶対にそれは許されない。誰が許さないのかというと、もちろんバラモンが許さないんですよ。

そこで、違う階級の人が結婚をしないような様々な方策を考えてあります。例えば、違う階級の人が結婚をした場合には、できた子どもは下へ落とす。下に属する。男が上で女が下の場合、できた子どもは、女性の方のカーストになります、低い方。

女が上で、男が下、これはもっと悪い。できた子どもはチャンダーラになる。だから子どものこと考えたら結婚できない。先行きの不幸を考えたら。そういう悪辣な形で血が混じらないようになってるんですね。

このようにヴァルナつまりカースト制度は五段階なんですが、インドでは、このヴァルナが更にサブ・カーストと呼ばれる、小さい職業ごとの区分に分かれていくんです。それがいくつあるかは誰も知りません。

話によると四〇〇〇から六〇〇〇といわれています。つまり、インドは人間を四〇〇〇から六〇〇〇のカテゴリーに区分してランキングを付ける、そういう国なんですね。それがほとんど職業と対応してるんです。

例えば、皆さんがよくご存じの蛇使い。私はインドで何べんも会ってます。近所にはいないと思うんですが。笛吹いて、コブラがフニャァーとこう踊る、あれです。

あれは蛇使いカーストです。そういう村があって、そこに住んでいる人たちは蛇使いというランキングに属します。だから、そこで生まれた子どもは、もうそのカーストの子どもですから、蛇使いになるんです。もう決まってるんです。

昔の日本みたいにね、どこどこに生まれたから、もう必ずそこに住むんだっていう話ですよ。その村では、子どもが生まれると、その子どもにおもちゃを与えますが、おもちゃは蛇です。

小さい時から蛇に触っていれば怖くも何ともないよね。そうやって、最初は毒のない蛇に触らせて、そのうちにコブラでも平気で触るようになって、そういうふうな形で職業訓練までこのカーストは行うようになっているわけ。大変なもんですね。今はこのような状況も少しずつ変わっているようですが、でもまだまだ先は長いようです。このカーストに基づく一つの社会組織のことを、これをバラモン教と呼びます。なぜならば、一番トップに来るのがバラモンだから、バラモンを中心とした社会構造ということで、これをバラモン教と呼ぶんです。

私は、バラモン教というよりもバラモン主義と呼んだ方がいいんじゃないかと思っています。資本主義とか、共産主義と同じように、その当時のインド社会全体を動かしていく、一番基本原則という意味では、宗教というよりは、これはひとつの社会原理ですね。

だから、バラモン主義と呼んだ方がわかりやすいと思いますが、いずれにしてもそういう価値観で、当時のインドは運営されていたわけです。これも全てアーリア人の侵入から始まった一つのインド独特の社会現象ですね。

これが三〇〇〇年から三五〇〇年ぐらい前だろうといわれている。そして、それが三〇〇〇年、四〇〇〇年、五〇〇〇年たつとバラモン主義の世界はだんだんこうインド全域に広がっていきます。

そうするとカースト制度ででき上がっているバラモン主義が、何ていうか沢山の富を産み出す土地に広がっていくわけです。ここで問題が起こってくる。

何かというと、実際に富を多く産み出す場所で、権力を持つのは、実はバラモンではなくて、現世の王侯貴族たちだから、クシャトリアなんです。

みんなが貧乏だったらね、今言った神様が中心の世界でいいんだけども、沢山の富が取れるようなことになってくると、要するにお金持ちというものが生まれてくるわけです。そのお金持ちというのは、実際はバラモンじゃなくて、二番目のクシャトリアたちが、お金を儲けていくわけですから、社会構造の中で一番上にいる人たちよりも、二番目にいる人たちの方が力が強くなってくるわけです。

これが、今から二五〇〇年前なんです。これが釈迦の時代ですよ。

こうして、カーストを中心としたバラモン教の世界観をひっくり返そうかという動きが、やっと二五〇〇年前に現れてくるわけです。

お釈迦様は階級は何ですか？　お釈迦様はどこで生まれたんですか？　学生さんたちもすでに何回か授業を聞いているはずだから、知ってますよね。お釈迦様はカピラ城と呼ばれる今でいうネパールの中の小さな国の王子として生まれたということは知っているでしょう。王子様ですよ。

本来ならば王子になるところを途中で出家して、それをやめて宗教家になったんですから、そこから明らかにわかるとおり釈迦の階級はクシャトリアです。

バラモン教というのは、どう見たってバラモン有利です。生まれが全てを決めるんだから。その後、頑張っていっぱいお金を儲けても、どんなに努力をして地位を高めても、自分のこの身分というものは決して変えることができないというのが、バラモン主義ですから。これに対して反感を持つ人、これをひっくり返そうと考える人が当然出てくるわけです。

どこから出てくるかというと、一番虐げられたチャンダーラやシュードラからは出て来ないんです。そんな力はないんです。社会的に全てを奪われていますから。

階級闘争が起こる時には必ず一番上と、それからその下にあって、上よりも力を持った階級との間で起こります。

それが、まさに今から二五〇〇年前のこの辺りで起こったことです。反バラモン主義の登場です。

バラモン主義は、人間の価値は、生まれた時に全部決まるというんです。したがって、これに反対する人が出て来たとしたら、対立する人は何ていうか。当然それを否定しますから、「人間の価値は生まれた時に決まるのではない」と言います。当然ですよね。

じゃあいつ決まるのか。人間の価値が生まれた時に決まるのでないなら、いつ決まるのか。それは生まれた後に決まってます。

もし人間の価値、あるいは幸せのレベル、ランキングがあるとしたら、それは生まれた後に決まるはずです。

じゃ、何が決めるのか。当然生まれた後に決めるものは何かといったら、その人その人が自分でどれだけ何をするかによって決まる。つまり、もっと簡単にいうと、努力によって決まるということになるんです。

ここで初めて人の価値は努力だという、新しい考え方が出てくる。今の我々だったら当たり前のことですね。私たちはこんな時代に生まれてとても幸せですよ。努力した分だけ、その人の価値が高まるって考えてくれてる世の中に生まれて、皆さん本当に幸せだと思いませんか？

江戸時代だって士農工商ですよ。それは絶対に曲げられない身分制度で、生まれた時にその人の生き方が全部決められているっていうのは、こんな寂しい話はない。二五〇〇年前のインドでは「人間の価値は努力だ」という、この新しい価値観が生まれてきたのです。

それではどんな努力をするのか、ここが問題です。努力、努力と言いますが、何をどうすりゃいいんですか？　ということになってくるわけです。

そのころのインド人は、努力といっても何が努力なのかわからない。基準は誰も与えてくれなかったわけで、突然そんな話になったわけだから、みんな迷っちゃったわけです。みんなばらばらいろんなことを言い出すわけですよ。人それぞれなんですよ。

その当時、反バラモン教の人たちがいっぱい出て来ました。その人たちは、みんなそれぞれがてんでばらばらに、「これが私の努力だ」といって、勝手なことを言い出したわけです。中には変な努力がいっぱいあるわけです。

例えば、「死ぬまで片足で立っている」。本当ですよ。なぜならば、それはとても辛いことです。その辛いことを死ぬまで続けるというのは大変な努力でしょう。

もっと簡単にいうと、肉体をいじめてその辛さを我慢することが努力だと考える一つの流れです。「死ぬまで爪を切らない」というものもある。見たことがありますか？

大抵こういうとこで話をして、見たことある人っていうとね、必ず手を挙げる人がいます。はいっ見たことある人。ねっ、いるでしょう。テレビで見たんでしょう。

どんなテレビかと言うと『世界奇人、変人、大集合』みたいな番組。なに人でしたかって聞くとたいていインド人でしたとみんな言う。それは無理もない。なぜかというと爪を切らないというのは、その時代からの伝統なんです、インドの。

努力の一つの典型的なパターンとして、今もインドに残っているんです。爪を切らないとどうなるかというと、くるくるくるっと巻きます。三十年、四十年切らないとこうなるんです。それをいつも抱えて歩く。ほとんど片手が使えないんですね。努力です。

このようにその当時、努力が必要だということで、それを肉体的な苦痛、肉体的な我慢が努力だと考える人たちが現れました。しかし、それとは別に、違うことを考える人たちも出て来ました。それはどうかというと、こういうふうに考えます。

私たちの幸せというのは、生まれた時に決まるのではなくて、生まれた後の努力によって決まるのである。ここまでは一緒です。しかし、その努力によって幸せな人生を送る時に、その努力が、もし肉体的な苦しみや痛みを我慢することだと考えると、肉体の我慢と心の幸せは全然つながってこないじゃないかと、こういうことになる。

もっと簡単にいうと、何で爪を伸ばすと心が幸せになるのかわからないということです。そうでしょう？　片足でずうっと立って、忍耐力はつくけども、忍耐力がつくということと幸せは全然関係ないじゃないの。

もし、我々が本当の幸せというものを心で感じるのならば、その幸せのための努力は、心の中でやらなくちゃ駄目でしょう？　という考え方の人たち。つまり、肉体をいじめることには何の意味もないのであって、本当の努力というのは、我々が心の中で何をするかという点に全てがかかってくるという、もう一つの別の流れの考え方の人たちです。

肉体をいじめる人たち、この人たちのことを苦行者と言います。苦行ですね。一方、苦行でない人たちもいる。それは心派、心の中で修行をするという人たちです。

どちらもカースト制度に反対をして、反バラモン教を唱える人たちなんですが、その努力の方法が、肉体へ向かうのか、精神に向かうのかで二つに分かれるわけです。そして、釈迦という人は、その「精神派」のチャンピオンなんです。

お釈迦様の伝記を簡単に言います。三分で言います。

お釈迦様という人は、今から二五〇〇年前、北の方、ヒマラヤが見えるような山の上の方の涼しいカピラ城という国で生まれました。そこの王様の息子として生まれました。

ですから、放っておいたらそのまま王位を継いで、その国の王様になるはずだったんですが、しかしやがて若い時に自分の人生を考えてみて、「人間の幸せというものは、決してお金だとか地位だとか名誉で購えるものではない。なぜならば、人間は必ず死ぬからだ。病気になるからだ、年を取るからだ。この三つだけは、お金や地位と全く関係なく、全ての人間に振りかかる不幸であり、そしてそれは最大の不幸である」と考えるようになりました。

私はお釈迦様ほどじゃないけど、二十二歳の頃にそんなことを考えて仏教に変わりましたけども、そういうことをお釈迦様は考えて、そして自分の王子としての地位を捨てた。

捨ててどうしたかというと、人間は全て本当は、別のところで幸せの道を見つけなくちゃいけない、生まれや血筋で幸せを掴むことはできないと考えて反バラモン教の道に入った。そして、修行を始めるわけです。

ところが、ところがですよ。釈迦は最初に修行で失敗をするんです。どう失敗をするかというと、苦行の道に入ってしまう。

これは、釈迦の伝記をご存じの方は、誰でも知っておられることですが、釈迦は最初、自分の体をものすごく痛めつける辛い修行に入るわけです。そして、何も食べずに断食をしながらガリガリに痩せ衰えて、まるで死人のような骸骨のような姿になって、何年間も修行をするわけです。

この時の仏像がパキスタンに残ってますよね。釈迦苦行像といって。私も見たことありますが、どこからどう見てもこれは死骸をそのまま描写したものだと思うぐらいガリガリの恐ろしい仏像です。

しかし、釈迦は、それを何年間か続けた結果、それは間違いだということに気がついて、全部捨てます、リセットします。そして、肉体をいじめることには何の価値もない、それは私の目的とする人生の幸せとは関係がないことであると気づくわけです。

肉体的に苦痛を感じることは、ちっとも修行にならないということを感じて、それで目の前を通った山羊飼いの娘さんに、「すまんけれども君の連れているその山羊の乳を私に飲ませてくれんかね」と言って、その山羊の乳を飲んで、健康を回復し、ふっくらとした体に戻り、それから自分の本当の修行を始めた。

それはどこで始めたかというと、木の下に座って穏やかに坐禅をしながら、全てのエネルギーを、肉体ではなくて、精神の方に向ける、そういう修行に入りました。

だから、外から見ると何もしてないように見える。それが、今の仏像ですよね。ガリガリに痩せた仏さんの仏像なんて見たことないでしょう?　みんな健康優良児みたいな顔して福々しくなっているよね。

あれが、釈迦の修行の本質を表している姿です。その時の乳粥をくれた女の子の名前は、スジャーターといいます。私はいつも新幹線に乗ると、必ずアイスクリームを食べることにしている。それは仏さんに対する供養だと思って食べてます。新幹線のアイスクリームはスジャータ・アイスクリームっていうんです。知ってました?　そこから来てるのね、スジャータ。

本当は女の子の名前は最後を伸ばすからスジャーターというのが正しいけど、商品名だからしょうがない。また、これがおいしんだね、すごくね。他のアイスクリームよりもずっとおいしいので、どうぞ皆さん、新幹線に乗ったら必ず（笑い）。手を合わせながら食べてください（笑い）。

そして、釈迦は菩提樹の下に穏やかに座りながら悟りを開いたといわれている。この仏伝、釈迦の話というのは、まさに釈迦が作った仏教の本質を表しているわけです。

釈迦の修行というのはね、決して滝の下で水を浴びたり、火の上を歩いたり、そんなことは一切しません。肉体は何も使わない。ひたすら座る。その代わり何をするのかというと精神を集中するんです。

精神を集中するというと、皆さん、「何のことだろう」と思うんですが、それはとても素晴らしいことなんです。普通ではできないことをするんです。

皆さんは、精神集中をして、何か素晴らしいことを成し遂げたことありますか？　いかがですか？

あのね、精神集中とか瞑想とかいうと、すごく難しいことを言ってるように思いますが、実は恐らくここにいる人は全員精神集中の経験があります。それは、どういう時かというと、一番わかりやすいのが、数学の問題を解いている時です。

学校でね、宿題に数学のプリントもらって来るとするでしょう。パッと見ると何か三角形か四角形が書いてあって、そしてこれを証明せよと書いてあるわけです。嫌な感じですよね。宿題だからしょうがない。眺めたり嫌だなと思いながらテレビ見たりぶらぶらして、あられ食べてジュース飲んで、なかなか取りかかれないわけです。まあ、やろうかということで、その数学の問題をやり始めると、まずどうするかと言うと、その問題を読む。読みながら頭の中にその問題が語っている世界を作り上げていきます。

「三角形ABCがあって、その中点を結んで」なんて書いてあると、それを作っていくわけです。そして、証明せよと書いてあるから、これを証明しなくちゃいけないということはわかるんで、そしたらそれから頭の中で何が始まるかというと、頭の中で作った世界をいろいろとあっちをこうして、これをこうして、これを消して、ここに補助線を引いてってなことを一生懸命やり始めるわけです。

その頃からだんだんあられを食べなくなってくるんです。そして、何となく、あれこれあれこれいっぱいやってるうちに、何となくこの辺りがいけそうだなという気配を感じてくると、テレビの音も聞こえなくなってくるわけ。そして、じっと考えていくと、やがて何が起こるかというと、いらない情報を捨て、必要な情報だけを残して、それで何かの道筋を作っていくという、その作業が頭の中で行われていきます。そして、どうなるかと言うと最後に解ける。解けたでしょう、皆さんも。

「私は、一生に、まだ一度も数学の問題解けたことがない」という人はいないと思うんで、必ず解ける。そして解けた時には、最初わからなかったいろんな情報の選別が全て終わって、そして頭の中には正しい道筋だけが、きちっと残ります。それは、もう二度と消えることがありません。一度わかったら。

そして、一番大事なこと。今言った私のこのプロセスの中で、いいですか？　その最終的な答えは、最初から問題の中にあったんです。数学を解いている途中に、誰かが新しい情報を入れてくれたとか、新しいことを言ったから解けたわけじゃなくて、もう問題の中には一番最初から答えは入っていたわけ。

ただ私たちは、いろんな他の情報に紛らわされたり、いらない組み合わせを考えることによって、惑わされていたことで本筋の道が見えなかっただけであって、それを我々は精神を集中することによって、情報を整理して、最終的な真理に辿り着いたわけです。

これは、簡単なミニ悟りなんですね、わかりますか？　ミニ悟りっておかしいけどね。釈迦は、数学の問題なんか全然解きませんでした。数学者じゃないから。しかし、釈迦が考えたのは、代わりに私たちの心の中は、どういう要素でできていて、それがどういうふうに組み合わさって、どういう感情を産み出していくのだろうかという、私たちの精神の動きですね、このプロセスを考えていったわけです。今で言うと自分の精神を自分で分析するようなもの。

ただ、分析するだけではなくて、分析した結果、私たちの心に苦しみ、悩みを産み出すそのプロセスは何かということを考えて、そして結局、じゃその一番大本の原因は何なんだと考えたんです。

結果が苦しみであるならば、その原因を辿っていって、その一番大本の原因を見つけて、それを消すように毎日努力して、もしそれが消えたならば、後はドミノ倒しのように最終的に苦しみまで消えていくではないかと、こう考えたわけです。

非常に抽象的に思いますけども、しかし実質問題としては、これはありうる話です。釈迦が、一番最後に見つけたその苦しみの大本は何かと言うと、これは自分中心の不合理な考え方。自分を中心に全てを考えていくところに不合理性があるということです。

世の中は、自分中心になんか動いていません。いろんなものが、原因と結果が組み合わさって動いていくだけの話なのに、そこに自分がいて、自分に有利にものを考えて、そして自分に都合のよいものを引き寄せて、「これは俺のものだ」と考えていく。そこに現実とのギャップの苦しみが生まれてくるんだと、こうなるわけです。

その不合理性のことをまとめて「無明」と呼びます。これが、釈迦が見つけた苦しみの原因です。しかし、無明というのがわかったところで、それを「はい、わかりましたね、消しましょうね」と言ったって消えるわけがない。それは染み付いていますから。その染み付きを消すためには毎日「消さなきゃ、消さなきゃ、消さなきゃ」ということを、考え続けることになる。これが、仏教の修行を長い時間をかけて続けなければならないという理由です。

一応、ここで話をまとめてみましょうか。

アーリア人の侵入によって、インドには生まれながらの血筋による身分制度、カースト制度が生まれました。それによって人間の幸せ、幸福は全て生まれと血筋だけだというような非常に偏った人間観が生じてきました。

それに対して、それは間違いであって、人間は全て生まれは平等である。平等な人間が生まれてから何をするかによって、その人の幸せは決められるべきだと考える反バラモン教の人たちが出てきました。

その反バラモン教の人たちにも大きな二つの流れがあって、肉体をいじめて苦行をすることでそれが達成できるという人たちと、自分の精神構造を変えることによって初めて幸せというものに到達できるという二つの系統がありました。

その中の後者の代表が釈迦です。ですから、釈迦の仏教というものの基本を言うならば、まず人間は生まれながらに全て平等である、ということの点が絶対的に必要です。これを曲げたら仏教ではありません。

そして、我々の心は自分自身で変えることができるんだ、という前提ですね、これも仏教の基本です。「変えられない」とか、「そんなこと無駄だ」とかそういうものではありません。それは、肉体的に我慢をするという問題ではなくて、自分の心を自分で分析し、そして自分で改造していくという強い意思が、そこに必要になってくるというわけです。これが、釈迦の作った仏教です。

しかも釈迦は、それを自分一人だけではなくて、「他の人たちにもこの道を知らせたい、教えたい」と考えましたので、みんなを集めて、「もし私が言う道に同調する、賛同する人がいるならば、私がやり方を教えるから私のところへ集まりなさい」と言って弟子を集めました。これが、仏弟子と呼ばれる人たちです。

ですから仏弟子は何をするのかというと釈迦が辿ったのと同じ道を辿ることになります。釈迦は、自分一人で、その道を切り開いたので大変な苦労をしましたが、仏弟子たちは、釈迦が、もう既に歩いた道を教えてくれますから、後はその釈迦の教えに従う形で、釈迦の歩いた道を後を辿って行くということで、釈迦と同じ悟りに到達することができる。これが、仏教という一つの集団宗教の基本です。

ですから、仏教は、集団で修行をするサンガという一つの組織を必ず作るわけです。一人一人がばらばらで、山の中で暮らすというようなことは仏教では言いません。必ず一緒になって暮らせというわけです。

この釈迦の仏教の修行の姿を今一番日本でよく残しているのは、禅宗の僧堂。つまり、雲水さんが男は男だけ、女は女だけで、朝から晩まで厳しい修行をするあの姿です。釈迦の時代と全く同じとはいいませんけども、比較的よく残している。あの姿が本来の仏教修行者の姿だったということなんです。

ここからいろいろと話が始まるんですが、今日は、もう終わりにします。ちょっと変わったかたちで釈迦以前から釈迦までの時代との仏教の話をしました。どうもありがとうございました。

（平成二十二年十二月一日）

私の仏教学
――自洲と法洲の対峙――

吉津宜英（よしづよしひで）

皆さんこんにちは。多くの方々が聴いてくださり、この大講堂が満杯になっていることにびっくりしております。

ただ今、大野榮人禅研究所所長から丁寧なご紹介をいただきました吉津でございます。珍しい名前だと思います。私の寺の本寺が福山市北吉津町にありますので、明治の初め末寺十ヶ寺がすべて吉津姓を名のりました。生まれは広島県でございます。新幹線で行きますと岡山、新倉敷、福山です。福山駅で降りて福塩線というローカル線に乗り換え、四〇分位北に入ると府中があります。この府中市、人口四万人位の都市ですが、そこの小さな曹洞宗の寺に生まれ、仏縁をいただき駒澤大学に入学し、教員になりずっと学ばせていただいております。

今日こういうチャンスをいただきましたのも、大野先生はもちろんのこと、多くの先生方とのご縁と思います。こちらには私が日頃お世話になっている先生が多いものですから、それだけでも緊張してあがっております。それに加えて公開講座ということで、外来の方々も多くご参集くださいまして光栄の至りです。まあ、ここに立った以上はまな板の上の鯉ですから、ともかく私の話を聞いていただくしかございません。

さて、本題に入りまして、私の話のポイントを最初にお話しすることにします。対峙ということです。言葉としては、何かと何かがぶつかり合う、AとBが対峙する。ここでは自分を拠り所とすることを自洲といいます。洲というのは島という字と同じです。自洲というのは修行のベースとしての自分を大切にするということです。

法洲というのは、お釈迦様がお説きになった教えです。それを洲と言い、島であるとは、どういう意味でしょうか。ガンジス河という大きな河を皆さんはインドの地図でご存知と思いますが、この河は大雨が降りますとすぐ洪水になります。少し高い所でないと水害を受けて危ないのです。ですから小高い島が大切なのです。水に流されないように少し小高い所を大切な住居にしているということです。

ガンジス河の中流域を教化されたお釈迦様のことを考えてください。そうすると仏教ではバラモン教やヒンズー教などの有神教とは違いますから、何が大切かと言うと、まず仏様と教えと修行者、仏法僧の三宝とも言いますが、法洲です。そして修行して悟りを開いていくために大切なのが、この自らを島とする、自分を拠り所とする、すなわち自洲ということです。自洲と法洲が仏教では二つの大きな拠り所であるのです。

自分というのは誰かと言いますと、私は私でございますし、皆さんお一人お一人が自洲なのです。仏教は我々一人ひとりが何をやるか、どんな行いをするかを問うわけです。そして自洲が何を基準に、何を目的に、何を対象に学び、実践するかというと、これは他ならぬ法洲であるわけです。

お釈迦様が一生の中で三五歳の時に悟りを開かれて、八〇歳まで生きられた。大変なことですね。皆様の中にはかなり私より人生の達人の方がおられるように拝見いたしますけれども、そういう方の前でお話しするのは、正に釈迦に説法でして、これはやりにくいのです。人生を語るにはちょっと若造でございますし、寺に生まれたからといって仏教を分かっているわけではないものですから、困ったものです。

私が主張したいのは、仏教というのは対話の精神なのだと、お互いに話し合う、お互いに向き合う、これが大切なのだ、ということを一貫して申し上げたいと思います。対峙という言葉は、悪い言葉として使っているのではありません。これはある人とある人が向き合う、対話する、という表現でも良かったのですが、私は対峙ということを良い意味として捉え、背中を向けるのではなく、向き合って、面と向かっていこうということです。

　これが仏法を学ぶ姿勢ではないかと考えます。禅のほうでも問答と言います。これは禅僧と禅僧が真剣な会話をすることです。挨拶という言葉は禅の大切な言葉です。挨拶という言葉を漢和辞典で引いてみてください。これは真剣にやりとりして「おはようございます」「こんにちは」と言うところから仏法は始まるということを言おうとしているわけです。禅僧はそういう形で一生懸命、一体自分とは何か、仏法とは何か、真実とは何か、ということを学んで行こうとしたのではないでしょうか。

　神様がいない宗教である仏教は、人間と人間とがぶつかっていって、そしてそこに何か真実である法を自覚する、そういう実践形態しかないのです。私たち自身である自洲と、私たちの前におられる、私にとっては今日聴いてくださっている皆様は私にとっては法洲です。私はいささか大きな声でしゃべらせていただいて、皆さん方にとって僭越ではございますが、皆様方にとりまして、お釈迦様には失礼ですが、一応私は法洲の立場としてしゃべらせていただいており、自洲でもおありになる皆様に法というものに関して何かを感じていただければありがたいことです。今日のご縁をいただきましたことは、私にとって聞いていただく皆様は法洲なのでございます。結論的に言えば、お互いにどちらが絶対的に自洲でも法洲でもなく、相互に自洲になったり、法洲になったりしながら、聞法や実践や勉強に努めていると申せましょう。

最初に対峙というのは対話と読み替えていただいてよいのだと申し上げておきたいと思います。これは自らと法だけの問題ではなく、お互いの人間同士、親子、友人、夫婦、すべてに、対話ということが日本社会において一番求められていることだと思うわけです。どの世界でもそうではないでしょうか。また仏教はそれを一貫してお釈迦様以来説いてきているのではないかということを皆様にお話ししたいと思っております。

大体結論は終わったのでこれで講演を終わってもよいのですが、これで終わると大野先生が飛んで来て「先生、まだたっぷり時間があります」とおっしゃると思いますので、レジュメに添ってできるだけ分かりやすくお話ししたいと思います。

「私の仏教学」という題名をつけましたが、これも重く考えていただかなくてもよいです。私がいかに仏教に迫っているかということです。今私が申し上げたことを逸脱し、齟齬するものではございません。レジュメを用意いたしましたから、レジュメに添ってなるべく分かりやすく申し上げます。だいたい大きく、A・B・C・D・Eというふうに分かれております。

A「問題提起」は、あまり言うこともありません。現代の日本社会の中で仏教、仏教者、仏教学者のあり方を誰が（who）、いつ（when）、どこで（where）、何を（what）、どのように（how）、何故（why）という5W1Hの問いとして考えてみたいのです。

若い一年生の皆さん。この愛知学院大学の日進学舎の素晴らしい自然の中で学ばれるようになりまして、高校時代とは違う雰囲気の中でいろいろお考えになることも多いのではないかと拝察いたします。ここに5W1Hと書きましたが、やはり我々は日々何かを問うているのではないでしょうか。今も話をしながら、私も自問自答しております。

皆さん全員、「宗教学」を受講されますね。駒澤大学では「仏教と人間」と少し限定した科目名になっていますが、こちらと同様に入学生が全員「仏教と人間」を受講しています。私も一つ担当しておりまして、非常に楽しく講義を進めております。楽しいというのは少し語弊があるかもしれませんが、問題提起のところに書きましたように、いろいろ疑問を出して考えていくということがやはり大切なのではないでしょうか。

本日の題ではこのように考えたいのです。現代の日本の社会の中で、仏教、あるいは仏教者、あるいは仏教と関係ない方もたくさんおられるわけですが、今日は禅研究所主催の講演会でございますから、仏教に焦点を当てさせていただきます。端的に言えば、一体おれは何者なのだろうか、という問いもあります。どのように勉強したらよいのだろうか、人生をどのように送ったらよいのだろうか、こういう問いを発しながら勉強していくことは非常に重要なことではないでしょうか。

何かに問いを持つところから学びが始まります。私も問いを持って学んでおります。問いを持てばかえってなかなか分からなくなるわけです。なぜそんなに仏教、仏教と言うのですか、と学生諸君は言いたいかもしれませんね。駒澤大学の学生さんもそう思っている人が多いですね。なぜ愛知学院大学に入って仏教なのだろうか、先生方も考えておられるかもしれませんね。

B「日本仏教の現状――大きな二つの流れ――」については、現在の日本仏教の中に大きな二つの流れがあるということです。

Bは、「⑴伝統的な大仏・大法・大僧の流れ」と「⑵明治以来の近代仏教学の将来と発展」の二節に分かれております。⑴は仏教の大切な宝である三宝について、少し耳慣れない言葉ですが、大仏（大きな仏）、大法（大きな法）、大僧（大きな僧）ということを、私は特に大乗仏教について考えております。

仏教では三つの宝物があります。仏様という宝物、教えという宝物、そして修行している人がまた宝なのです。日本の伝教大師最澄もおっしゃっていますね、「修行僧こそ国の宝である」と。皆さん方も宝です。お父様お母様にとって皆様は宝です、仏法僧以上の宝かもしれません。

大きな三宝の流れ、これは、仏教が日本に伝来したのは六世紀ですが、それ以来ずっと流れてきている、ということを述べるのがこの⑴であります。⑵でいう明治から日本は国が変わったわけです。歴史で学ばれたように鎖国から開国になったのです。仏教の世界でも、後ほど説明します伝統的な大仏・大法・大僧は中国から朝鮮半島を経て伝わってきました。明治になり、ヨーロッパ世界から、それとは全く異質な仏教、近代仏教学が伝わってきたのです。

この近代仏教学を言語で言いますと、スリランカ、ミャンマー、タイなどのパーリ語という言葉を中心にしている仏教があります。そしてサンスクリット語という言語があります。主として大乗仏典がサンスクリット語という言葉で書かれています。時代的にはイエス・キリスト様が十字架にかけられた以前の紀元前一世紀ごろに大乗仏教は興起し、サンスクリット語で書かれた文献がたくさん残っているわけです。

そしてもう一つはチベット語です。現在はチベット仏教の最高指導者ダライ・ラマはチベットからインドに亡命しています。このチベット仏教の文献がまたたくさんございます。明治になると、これらの三つの言語の仏教文献がヨーロッパからその研究成果と共に日本国内に入ってきた。これを我々は近代仏教学の流れと呼ぶわけです。

この明治からの近代仏教学の伝来以前の仏教は、百済から日本に伝来してから、聖徳太子の活躍もありましたし、南都六宗・平安二宗、そして鎌倉新仏教へと展開しました。今に至るまで続いているこの仏教を、私は大仏・大法・大僧の伝統仏教と呼ぶのです。なぜ大をつけるのかは後ほど説明しますが、そういう仏教の伝統が現代でも生きているわけです。愛知学院大学、駒澤大学共通に禅宗の中の曹洞宗という一派が設立した大学でありますが、曹洞宗もその伝統仏教の一翼を担っているわけです。

しかし、駒澤大学の私たちも、愛知学院大学の禅や仏教専攻の先生方も、この伝統仏教の流れに属しておられると同時に、今や近代仏教学の流れの中にも所属しているわけです。言ってみれば現代の仏教は鳴門の渦潮のようなものであります。どーっと伝統的な仏教が厳然と流れています。もう一つ違った方向から近代仏教学が、スリランカ、タイ等から一度ヨーロッパに行って、ヨーロッパ経由で日本に来ているのですね。そういう近代仏教学を、明治初期に日本の先覚者がヨーロッパに留学して持ち帰り、それがどーっとした流れとしてまた厳然として流れています。現代日本の仏教世界には二つの流れがぶつかって渦巻きが起こっている、大変な渦巻きです。両者には矛盾した面もあり、かなり異質なものなのです。この渦潮の中で、私、吉津も結果的に悩んでいるのだということです。

私は曹洞宗という伝統的な寺に生まれたのでどちらかというと大仏・大法・大僧の伝統の方から仏教を学び始めました。先ほど大野先生が私の紹介をしてくださったように、私の専門は東大寺のあの大きな仏様、大仏様、その根本にある教学である華厳学です。私の研究はどちらかといえば伝統的な研究ですが、『華厳経』にもサンスクリット語やチベット語のテキストもあり、先学の研究成果もありますので、私もやはり明治に伝わったヨーロッパ経由の近代仏教学の恩恵を受けながら研究をしているのです。

こちらには道元禅師の研究をなさっている先生もたくさんおられますけれども、その方々も状況は同じなのです。研究対象は日本の伝統的な仏教を対象にしておられても、近代仏教学のパーリ語、サンスクリット語、チベット語等の成果を参照しないでやっておられる方はたぶん一人もいない。みんなこの渦巻きの中で、私たち日本の仏教徒は、一体仏教とは何か、伝統的なものが良いのか、近代仏教学のお釈迦様の言葉に近いパーリ語とか、あるいは大乗仏典を書いた言葉であるサンスクリット語か、伝統的な立場を残しているチベットの言葉による仏教が正しいのか、などと悩んでおります。今皆さんが図書館などで仏教の本棚をちょっとのぞかれただけでも、いろいろな立場の方がさまざまな仏教の本を書いておられるということをよくご認識ではないかと思います。

大仏・大法・大僧について簡単に申し上げます。今、世界の中で生きている仏教をあえて大きく分けるとすると、まず、スリランカ、ミャンマー、タイ、カンボジア、ラオス等の上座部という学派があります。部派仏教と申します。以前は二〇ぐらいの学派があったのですが、現在は上座部だけが残っています。お釈迦様からの伝統を私たちはまっすぐ受けているのだという自信に満ち溢れた仏教です。この関連の仏教の本も現在は日本語でもたくさん出ています。その上座部という仏教と、もう一つが大乗仏教です。特に大仏、大法、大僧と大の字をつけているのは、この大乗の流れであるとご理解いただきたいと思います。

大乗経典の中でも、皆さんは『般若心経』をよくお読みになりますでしょうか。先に言及した『華厳経』、もっと有名なものには『法華経』、『浄土三部経』、『大日経』などたくさんあります。どんな経典も釈尊に由来するというのですが、大乗経典では阿弥陀仏、薬師仏などの釈迦仏以外の仏様も多いのです。そして、共通していることは、大仏、大きな仏様の存在です。大乗は大きな乗り物、一切衆生が乗って全員が仏の教えにあずかる立場で、特定の人だけが乗れる教えではないので、ともかく大きな力、救済力を持った大仏が出てくるのです。

皆さん方は、アフガニスタンでタリバン勢力が、バーミヤンの大仏を機関銃で撃って破壊してしまったのを覚えておられるでしょう。あの破壊された大仏は典型的大仏です。そういった大仏の流れが中国から朝鮮半島を経て、そして日本にまで来ていることを、宮治昭氏が『仏教美術のイコノロジー――インドから日本まで――』（吉川弘文館）で明らかにしています。日本では東大寺の大仏や鎌倉の大仏など目立つものもありますが、図像的にはあまり大仏は活性化しませんでした。むしろいつも肌身離さず持って歩く小さい仏とか、本尊という存在が活性化しますが、決して大仏の理念は失われていないのです。後に説明します、日本仏教で成立した大僧の中心に一切衆生を救済する大仏の理念は生きております。

大きな法である大法は中国で成立したと思われます。インドでは部派仏教と大乗はお互いに批判しあいました。大乗は部派を小乗と呼び、役に立たない、卑小な仏教と軽蔑します。逆に部派は大乗を非仏説と糾弾し、お釈迦様の教えと関係ない、捏造の仏教だと言い返すのです。インドでは部派仏教が主流でした。ところが中国に来ると大乗が主流になりました。その影響で朝鮮半島から日本に展開した仏教も大乗主流ですね。

また中国では、インドでは考えられないことが起きました。それは小乗も大乗も共に仏説であるというのです。これは、仏教には二つの異質な仏教が存在していて、お釈迦様は信じられないという儒教からの批判に対抗して、大乗・小乗共に釈迦仏の教えであり、矛盾などないと言い返したことによります。

また、中国自体で成立した禅宗は経典を中心とした学派仏教を批判して、師弟が問答により直接に覚りを開くなどと主張しました。その問答が語録になっています。その語録が次第に経典と同様の聖典になると、中唐の宗密などは教禅一致説、教学も禅宗も違いはないなどと主張し、その影響は宋代から強くなり、インドからの経典も中国人の著作も、また禅宗文献も一緒に編集されて、大蔵経、漢訳大蔵経、中国大蔵経が成立します。これは莫大な教えの集大成であり、これを私は大法と呼ぶのです。この大法を朝鮮半島の諸国も日本も受けております。今の日本でもまだ音読のお経が有力なのですから、中国仏教の影響は大きいですね。

さて、大僧は日本で成立したと思います。日本の宗派は南都、奈良の仏教の六宗から始まります。華厳宗が中心でした。聖武天皇が発願したのです。平安二宗、すなわち最澄による天台法華宗、空海による真言宗も日本で独特に成立しました。南都六宗と平安二宗を加え、八宗が正当な仏教とされていましたが、法然が浄土宗を主張してから、天皇の許しがなくても宗派が成立します。曹洞宗もそうですね。

日本は宗派が多いですね。これくらい宗派の多い仏教国はないのです。良い意味では仏教のメニューが多く、いろいろあって選びやすいともいわれます。中国や韓国と比べた場合、当地では学派や禅宗は存在しますが、全体的には「仏教」という意識が強いのですね。ところが日本では、仏教よりも宗派、宗旨が優先します。「おたくのご宗旨は何ですか」と聞かれ、「念仏です」、とか「日蓮宗です」とか答え、「仏教です」とはほとんど言いませんね。

日本の仏教は非常に教団が強い。この結束の強い、かなり排他的な教団のあり方を私は大僧と呼ぶのです。この排他的というのは問題点でしょう。日蓮は浄土宗などを厳しく批判したことは有名ですね。道元でも『弁道話』の中で「念仏は田んぼでカエルが鳴くようなもので、修しても益なし」と言い切っています。法然が聞いたらおこりますね。その法然も天台や真言は聖道門であり、高い教えではあるが、穢土の末法では浄土門しか役にたたないと、歯に衣を着せぬ言い方です。同じ禅宗でも曹洞宗と臨済宗は批判しあいますね。兄弟げんかがもとで徳川家康の策略で二分された浄土真宗の東西両本願寺ですら、次第に両派の教学に傾向の違いが出ているのです。

私も教団仏教がセクト的であることに批判的だったものですから、大学院時代に恩師の宮本正尊先生に申し上げたら、「吉津君、そう言うけどね、明治の初めの廃仏毀釈や神仏分離をどうにか切り抜けられたのはそれぞれの宗派が独自の努力をしたからなんだよ」と諭されました。なるほどと思った次第です。

その努力の一環が仏教系教育機関の設立と了解する次第です。先週、大野先生とご一緒に高野山大学で行われた仏教系大学大会に参加したのですが、本当に日本の仏教系教育機関の多さはすごいですね。仏教の盛んな韓国では四つか五つ大学ができている段階かと思います、台湾でもそれ以下でしょう。日本では一三〇年の間に、それぞれの宗派がもちろん危機意識を感じ、仏教と社会の問題を考えなければいけない、だから大学を作り、仏教者を養成しなければならないということで頑張ってきています。この面では大僧というものも良いところがあるわけです。

時間の関係もありますから、C「二つの流れへの対処の仕方」に移りましょう。近代仏教学がやってきまして、どんな問題点があるかというと、今さっきも言いましたけれども、これは伝統的な仏教学も実は日本に伝来した時は同じ状況だったということです。つまり文化と一緒にやってくるということです。中国の儒教や文化と共に仏教はやってきたのですが、近代仏教学もヨーロッパ近代文明と共にやってきた。

仏教だけがやってきたのではありません。日本には全くそれまで無かった新しい政治体制、経済、科学技術、教育、芸術、スポーツなども一緒にやってきました。江戸時代の人は野球はやっていなかったわけです。サッカーもやっていなかった。お釈迦様は一切智者と申された、何でも知っておられるのだということです。しかし、お釈迦様は新幹線を知らなかったのです。あまり大した冗談ではないのですが、若い教員だった頃、これを言ったとたんに前に座っていた女子学生さんが大いに笑ってくれたのを思い出します。

近代仏教学は、近代文明と共にやってきたのです。ですから私たちの悩みもまた深いのです。仏教だけのことを考えているわけにはいかなくなった。寺に生まれて、仏教学を専門にしている私の悩みもここにあります。これらの悩みにいかに対処したらよいのかをお釈迦様にうかがってみたいと思います。その結果が本日の表題に出している自洲と法洲の対峙の実践です。講演の始めに対峙とは対話であり、自洲と法洲の対峙も自洲と法洲が対話することだと申しましたが、これをいかに実践するかをお釈迦さんに尋ねてみたいのです。

詳しく引用文をお知りになりたい方は、中村元先生がパーリ語から翻訳され岩波文庫から出ている『ブッダ最後の旅』に接してもらいたいと思います。

お釈迦様は八〇歳まで長生きされました。最後の安居、ご本山に修行に行くことも安居と申しますが、雨が降る時期になりますと、あまり修行者たちは外を出歩きません。雨が降りますと生き物がぞろぞろ出てきますので、修行者が歩き回って生き物等を踏み殺してはいけないという、インドの宗教者に一般的な風習です。三ヶ月半くらい屋内で修行する時期がやってまいりました。その最後の安居の時にお釈迦様は発病されました。ただお釈迦様は日頃からのご修行力が備わっておられますから、そのときは良くなられたのです。そのときにそばについていたアーナンダ、この方はお釈迦様のご親戚筋であり、最後までお釈迦様の面倒をみた方です。アーナンダがこのままお釈迦様が亡くなられたらどうしようという思いで、「尊師、元気になられまして、安心しました」と言ったとたんに病気から元気になられたお釈迦様が、怒るようにアーナンダに言ったのがこの一節なのです。

どのようにアーナンダの思いを見抜いたのでしょうか。私が想像するに、お釈迦様が亡くなられたらどうしようか、もっと世俗的に言えば、アーナンダは、お釈迦様は自分たちのリーダーであると思っています。こう思うことに嘘はないです。ところがここで皆さん、読んでみてください。お釈迦様は「アーナンダよ、お前たちはどう考えているのだ。私は一度もあなたたちのリーダーであると思ったことはないのだよ」と言っておられます。これは重要なことだと思います。そしてお釈迦様はこうもおっしゃっている。「あなた方が私を頼りにしているなどと私は一度も考えたことはない。だからアーナンダよ、お前ははっきり言わないが私が死んだ後の後継者を指名し、遺言してから亡くなられるだろうと考えているならとんでもないことだ」というような雰囲気が伝わってくる文章です。

その後「私は八〇歳になった」と自らおっしゃっているわけです。ここで八〇歳だとおっしゃっているから、お釈迦様が八〇歳で亡くなられたということがわかるのです。他に資料がない。意外にお釈迦様の伝記は判ったようでわからないのです。良くぞここで言ってくださいました。何も言わなかったらお釈迦様は何歳まで生きられたのかというのが問題になるところでした。

そこでおっしゃったのが「アーナンダよ　それ故にこの世で自らを島とし自らを頼りにして他人を頼りとせず法を島とし法を拠り所として他のものを拠り所とせずにあれ」の一句です。これが本日の発表の題になっております自洲・法洲の一つの原文でございます。自らを、自分自身を拠り所とする。そして教えをもう一つの拠り所にするのです。

この解釈もいろいろありまして、二つの拠り所と言っているけれど、実はお釈迦様が我見をたてるような教えを説くはずはない。自分を拠り所にするなどと言うことはおかしいのではないかという解釈をする方もおられます。しかし私はそうは考えません。お釈迦様の教えというのは誓って自分を大切にする宗教であったと私は信じます。もちろん、自己中心的で自洲とおっしゃったはずはないのです。自分を大切にするということは自己中心的であるということではありません。自分を大切にする方は隣人も大切にする方であると思います。それが私の今日の講演の趣旨でもあります。

自分を大切にするということは、教えを学ぶということであり、また限りなく隣人、友達、先生たちから学んでいくのだ、ということが非常に重要なことだと思います。仏教はここに尽きるということでございます。「人生は無常であるから修行し、学び続けよ」といってお釈迦様は亡くなられました。

自洲・法洲はお釈迦様の残された文献にたくさん出てくるわけではありませんが重要なところで出てきます。そしてその教えの後で必ず四つのものをよく観察しなさいとの教えが続きます。

また四つのものに対して執着していないか、憂いは無いか、ということをチェックしなさいということを申されております。

四念処の教え、身・受・心・法を念ずる修行です。まず第一に身、カーヤとは私たちの体、身体が大切なのです。次の受は何をどう感じるか、感受、ヴェーダナーということです。我々は感情の動物だとよく言います。体面が傷つけられた、あいつが気になる、苦しい、悲しい、辛い、寒い、暑い、いろいろな感情を持って生活しています。

次に心の働きですが、心そのものがチッタです。第四の法、ダンマ（サンスクリット語ではダルマ）はいろいろな意味があり、法という言葉は仏教では多義的です。ここの法は自洲に属し、私たちの心で考える物事すべてを指します。自洲に対する法洲という法は教え全体という意味です。

この四念処の一つとして、お釈迦様がいろいろな事柄について頓着していないか、執着していないか、チェックして観察しなさい、よく気をつけてみましょうと勧めておられる。教えの基礎になるのが私たちの存在を含めた物事のあり方なのですから、法念処の法と法洲の法とは無関係ではないのです。しかし、ここではお釈迦様の教えを総括する法洲と、もろもろの事象としてのダンマ、物事の意味のダンマとは区別します。自分の心なり、頭なりで考えることは自洲としての法であるが、教えは法洲として厳然として自洲の前に存在している。私たちはブッダの説かれた教えだけを考えているわけではなく、いろいろの事柄を考えます。それらが法念処の法です。法洲はお釈迦さんの説かれた、あるいは祖師方の教えとして厳然として自洲と対峙的に存在し、対話的に関わる存在なのです。

この四つをよくチェックする。そのチェックする際に映す鏡のような役割を法洲が果たすと思います。不浄・苦・無常・無我などの基本的な教えです。我々の体に問題はないだろうか。我々が社会生活で感じていることに執着し、何か引っかかっていることは無いかなとチェックします。我々は心という霊妙なものをもっているのだけれども、何か心配していることは無いか、悩んでいることは無いか。若い方どうですか。あるいはこの素晴らしいキャンパスで学びながらもいろいろ悩んでいることもあるかもしれませんね。

私はこの四念処の実践について、身体と感覚である受ですね、それから心と法というものを現代的に少し広げて解釈しております。体といいましても、この体だけでは生きていけません。私たちの体は自然物です。自然とつながっている。皆さんと空気を共有している。大地がなかったら歩けません。早く到着したので素晴らしい日進学舎を歩きました。向こうに薬草園もあるのですね。初めて来ましたけれど広いですね。駒澤大学は本当に狭いのでこの大学が羨ましいです。

学生諸君、この自然を満喫してください。

身体は自然なのです。ですから環境問題と繋がっているのです。皆さん、タバコは喫煙場所で喫煙していますか。これは非常に重要なことです。タバコ一本吸うことがどれだけ生態系に影響を与えるかという問題があります。私もヘビースモーカーでございましたが、吸っていた時はそんなことは考えませんでした。最近、いろいろな食料問題が起きますね。人間の欲望がとんでもない食品問題を引き起こしています。この社会的チェックも身念処の中に入れて考えたいものです。

感覚であるヴェーダナーは広く人間関係のチェックです。周りの人間関係というのは心の働きを通わせながら生活しているではないですか。好きだ、嫌いだ、苦しい、楽しいと言いながら、私たちはお互いに夫婦生活を行い、社会生活を送っています。思わぬことを思わぬ人が言う、それにびっくりしながら生活している。

私も今、駒澤大学学生部で仕事をしているのですけれども、本当にいろいろなことが起きます。驚くべき人間の生き様です。これが全部、感受性になって、身体にも関係してくる。身は、身口意の三業という我々の行動の主体として考えられます。行動においては何をやるか、やらないかの一念は心の中から起きてきます。

今のタバコの例で言えば、タバコを吸いたくなったというのは心の動きでしょう。実際に吸う、それは身、体の動きです。身業です。吸いたいという心の動きをどのようなマナーとして実行するかというところに、三番目の心のところから、善悪二業の動きが出てくるのです。これは善い行いであるとか、これはいけないよと、仏教はなるべく善い、悪いを分けるような発想をしないようにするのですけれども、人間は社会の中で生きていますから、迷惑をかけてはいけないので、善悪をはっきり言わなければいけないときは明確に発言しなくてはなりません。

そして最後の法ですが、これはあらゆることが関わってきます。お釈迦様の時代には無かった現代、近代の諸問題が出てきております。環境問題はあったでしょうか。人権問題はあったでしょうか。資源の問題はどうだったでしょうか。私たちはたちまちそういうことを考えなければいけない時代に生きています。ですから仏教を勉強する、あるいは仏教を勉強しない人でもそういうことを抜きにして生活することはできないのです。それぐらいに広げて四念処を考えて行きたいと思います。

D「三つの判断（事実・価値・対峙）と対話性（対峙）への努力」ですが、三つの判断があると想定します。一般的には二つです。事実を事実として見ていく事実判断です。これは善悪を問わない。悪いことであれ、良いことであれ、すべて事実は事実として認定していくというのが事実判断です。

次にあるのが価値判断です。皆さんがどんな価値観を持つか。若い方は若い方なりに価値観があるでしょう。岩波書店の辞書に改訂版が出ていますね。皆さん方が使っている言葉もどんどん入ると思います。私には使えない、分からない言葉も入るのではないでしょうか。時代の変化により、言葉も変わり、価値観も変化します。

事実判断のほうを英語でいうと、「and の論理」といたしました。a and b ですね。そして価値判断はどうしても、善悪是非、善いか悪いか、あるいは賛成か反対か、これらの選択があるわけです。これを英語で、「or の論理」とします。a or b の形ですね。この価値判断が行き過ぎると、次に問題にする原理主義になり、仏教に正邪を求めたり、安易に人物観に善悪を持ち込んだりすることになります。行動においては善悪を判断しなくてはならない場合もありますから、この判断を全面的に否定するのは行き過ぎですが、乱用は慎むべきだと思います。

それに対してもう一つ加えたいのが、副題になっております対峙という対話的判断です。これは versus（バーサス）という言葉を略しまして vs. です。「vs. の論理」ですね。巨人 vs. 阪神戦です。野球にかぎらず、スポーツはある一定のルールの下でゲームを行う。勝負は結果です。一つ一つのプレーに意味があります。スポーツは勝負に拘らず、全力で戦い、金銭が動く商業主義でなければ、極めて対峙、対話的であり、健全であると思います。対峙の論理を対峙判断という形でここに書きましたが、対話を活性化させ、相互の認識を深めあう判断として、第三の判断として取り入れたいと提案したわけです。

今日の話の最初に申し上げた通り、仏教は分かりにくいかもしれませんけれども、人間と人間がお互いに理解しあうことだと思います。人間と人間がお互いに理解することを通して、自分自身の理解を深めて行く。こういうことではないかと考えます。それによって世の中に平和を実現していく。仏法僧三宝の僧宝、それはサンガです。和合です。仏教の目指すものはそういう和合、そういう形の平和。決して戦いではないと思います。これは家庭の中においても同様です。私はお釈迦様の自洲・法洲、つまり自分自身を大切にして大事にして、そしてもう一つ教えがあるのだよ、というところを大切にして、四念処の教え等を実践していけば、良い人生を送ることができる、善い社会が実現するとお釈迦様は教えてくださっているのだと思っております。

E「仏教原理主義、宗派原理主義への異議」のところは、私の目から見まして、やや価値判断が強くて、対話性では無い本を挙げました。この縁者の方にはご迷惑かもしれませんが、学術的な視点からの問題として私は考えました。たとえばブータンの仏教は全面的に素晴らしいと言い、日本の仏教はダメと一方的に判断したり、あるいは仏教は慈悲の教えで素晴らしいが、キリスト教やイスラム教やユダヤ教は殺戮の宗教であると決め付けるような本は対話にはならないのではないかと思うわけです。対話が成立するにはお互いに認めあって、良いところは良い、問題点は問題点として認識を深めて行くというのが学問的でもあり、建設的ではないかと思います。私がそれを十分に実現しているというわけではありません。これから実現したいという夢を持って努力していくということを誓い申し上げます。

吉津先生ありがとうございました。ご質問はございますか。

＊　　＊　　＊

《質問》

対峙という言葉が耳慣れない言葉で、対立とか対話は良く聞く言葉ですが、あえて先生は対峙の論理と言われたのですが、認識を深めるということになってくるのでしょうか。

少し話を変えますけれども、後ほど対峙ということに関係してくると思いますが、先生は『修証義』の本を出していらっしゃるということで、前々から読んでいて、『修証義』の「菩提薩埵四摂法」の教えに、「同事」という言葉が出てくるのですが、そこがひっかかっています。「同事というは不違なり、自佗は時に随（したご）うて無窮（むきゅう）なり」と最後にありますが、対峙というのは自洲と法洲の対峙というよりも、私の中には自と他の対峙という、自分と他人でもよいのですが、自分と他、他者との対峙があると言った場合に、どういう関係があるのか分からない。関係があるのではないかという気がしているのですが。

《答え》

私は関係付けて考えております。「同事というは不違なり、自にも不違なり、他にも不違なり譬えば人間の如来は人間に同ぜるが如し、佗をして自に同ぜしめて後に自をして佗に同ぜしむる道理あるべし」というところがポイントだと思っています。

佗をして自に同ぜしめてというのは、自分が他を理解する、受け入れる。受け入れて、そして次に自分が自をして佗に同ぜしむる、自分が他にむかい意見を言ったりする。その道元禅師がおっしゃっている自他の方向性が私のいう対話的対峙と通じるところがあると思います。ただ、私の自洲と法洲との対峙の学び方は道元禅師の同事行よりもきついかもしれませんね。今の道元禅師のおっしゃられる同事の受け入れ方は慈愛に満ちた人間関係の構築には素晴らしい教えだと思います。

私の対峙は仏教学という土俵の上で、法洲をいかに認識するかという問題意識が表に出ていますので、要するに法洲を事実認識として受け入れて、そしてそれに対して自分がどう考えていくか、ということがあり、対峙というのはけじめをつける面を強調しすぎていますね。しかし、対立という言葉は避けたいのです。対立というと価値判断、or の論理に傾斜するわけです。vs. の論理は、or の論理とは違うのだと言いたいのです。そこで vs. との違いを出すために、対立とは言わないで、対峙と言うわけです。相撲で例えれば、司会者が行司役をしてくださって、あなたが質問をしてくださっている。私たちは同じ土俵の上で一定のルールに従って相撲をとるわけです。勝敗は別にして、立会いから組み合って、力の限り押し合いする。ここのところは私の言う自洲・法洲論と道元禅師の同事が通じるところではないかと思います。司会者である行司さんは「この勝負あずかり」と宣言してくださるのではないかと思います。あなたが質問をしてくださり、そして私ができるだけその質問の趣旨を理解して、応答し、また一段と私の意図を理解していただこうとし、また自分の考えも深めるところに、共通点を見出しうると思うしだいです。

《質問》

自分が受け入れた場合に、自分も自ずと理解されるというか、それが後についてくるということなのでしょうかね。例えば人間関係ですが。

《答え》

自分がどれだけ質問を理解するかということによって、答え方がまた良くなるということでもあり、私の説明を受け入れていただいて、さらに一段と深い質問なり、鋭い質問をしていただくと、またそこで禅の問答のようなことになります。

《質問》

禅宗では「不立文字」と言われますね。いわゆる言葉を使わずにただ坐れと、坐禅などすると言われますね。ただし臨済宗でよくする禅問答ということもある。それは言葉を使って禅問答するのですから、その禅問答と不立文字とはどのように考えたらよろしいでしょうか。

《答え》

道元禅師は二つあるとはっきり言われています。『学道用心集』の最後のところ、「右、身心を決択するにおのずから両般あり。参師聞法と功夫坐禅となり」と言われています。坐禅をしなさい、そして師匠の教えを受け、教法に耳を傾け、ちゃんと勉強もするようにということです。文字を立てろとはおっしゃいませんが、道元禅師は不立文字を『正法眼蔵』で批判されます。教法はきちんと学びなさいという立場ですね。そして経典祖録の勉強は大切であると考えておられたわけです。しかし、文字の熟達者になれとは言っていません。文字の法師を道元禅師は嫌うのです。この道元禅師の立場と今日お話しした自洲・法洲の実践とは矛盾はしていないと思います。

（平成十九年十月二十五日）

「十牛図」に学ぶ

横山紘一（よこやまこういつ）

今日は、「十牛図に学ぶ」という題でお話をさせていただきます。「十牛図」は中国で作られた禅の入門書ですが、入門図と言っていいと思います。

十の図によって人間の心のありよう、心境を描いています。今、皆さんここに二百名くらいおられると思いますが、みんな心のありようは違います。今日は気持ちのいい人もいるし、悩んでいる人もいると思います。

そのような心のありよう、心境がどんどん高まっていく十の段階を描いています。登場物は牧人と牛との二つです。最後には童が出てまいりますけども。その二つを登場させて比喩的に、物語風に図で描いたもの、それが「十牛図」です。

これを講義してまいりますと一年ぐらいかかります。それほど内容が深いものですけれども、今日は時間が一時間半ぐらいですから、その中のエッセンスだけをかいつまんでお話をしていきたいと思います。

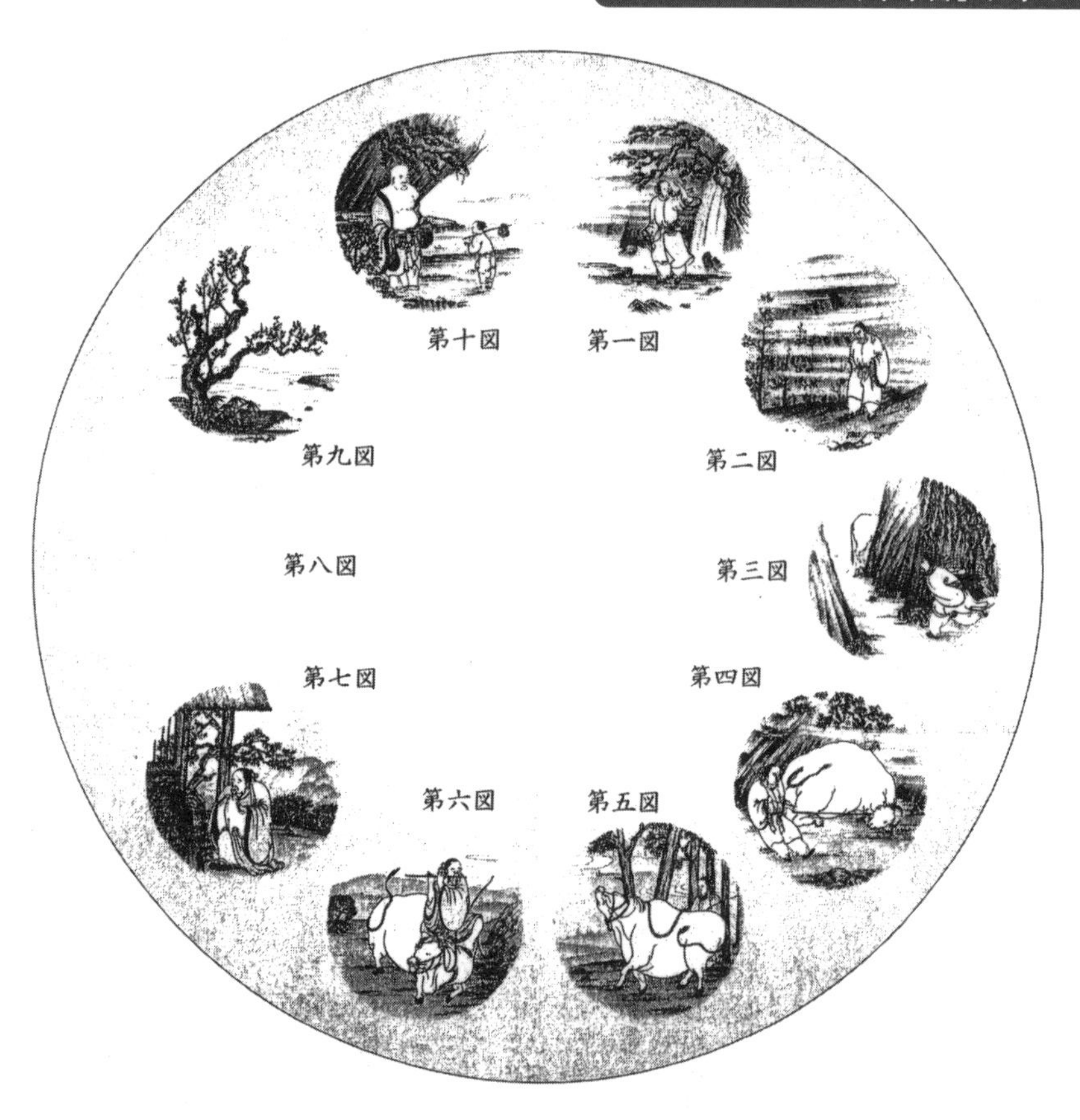

観想十牛図

発案：横山紘一　　制作：増野充洋

「十牛図」とは

「十牛図」とは、逃げ出した牛を探し求める牧人を喩(たと)えとして、牛、すなわち真実の自己を究明する禅の修行によって高まりゆく心境を十段階で示したものです。中国・宋の時代の廓庵(かくあんぜんじ)禅師の創案と言われ、日本においては、古くから現代に至るまで、禅を学ぶ絶好の入門図として重要視されてきました。しかし、この図は禅宗だけが専有すべきものではありません。人生のさまざまな重要な問題を提起し、それに答えてくれる人生の指南図でもあるからです。尋牛(じんぎゅう)(第一図)から入廛垂手(にってんすいしゅ)(第十図) までの十の図を一円相の中にまとめた「十牛図」を前にして、「いったいなにか」「いかに生きるか」という二大問題の解決を目指して静かに観想していただければ幸甚です。

お手元の資料の丸い円のなかにさらに十の小円がある「観想十牛図」をご覧ください。

この図のなかには、「尋牛」から始まりまして、最後の「入鄽垂手」までの十の図がグルッと回った図として描かれています。このような描き方は私の発想でして、これまでにない「十牛図」です。

もう一枚の「各図の説明」という資料は、各図の内容を説明したものです。後で読んでいただきたいと思いますけれども、いま簡単に説明しますと、ある日牧人が自分の牧場に行きまして、一匹の牛が逃げ出していることに気が付いた。そこで彼はその牛を捜し求めて山を越え、川を渡って何日間の旅を続ける。これが「尋牛」です。

第二番目が牛の足跡を見い出すという「見跡」です。

それから第三番目が牛を見い出すという「見牛」です。

そこで近寄って行って、持って行った綱で、その牛を捕まえるという段階が第四番目の「得牛」です。

暴れていた牛を手なずけて段々とおとなしくしていく段階が第五番目の「牧牛」です。

そこで、おとなしくなった牛に乗って跨って家に帰るというのが、第六図の「騎牛帰家」です。

それから、家に連れて帰って牛を牛小屋にいれて牧人が一人静かにうたた寝をしている、これが第七図の「忘牛存人」です。牛がいなくなって人だけが存在しているのですね。

次には何も描かれていませんが、本来はここに丸が描かれていて、空一円相といわれる段階ですが、正式には「人牛倶忘」といいます。この空一円相は、よく禅宗の師家などが筆で丸を描きますが、そのモチーフがこの空一円相です。

しかし私の発案の観想十牛図では、まったく空白にしています。なぜそうしたかといいますと、丸で描くと内と外とが分かれますね。でも、悟りの心境、悟った人間のありようは内も外もありません。そういう意味で、ここを真っ白にしました。

ただ、あえていえば、観想十牛図全体を囲った大きな丸が空一円相の丸であるということができるでしょう。

私たち凡人は迷いに迷っている存在ですね。私もそろそろ七十歳に近づきましたから、こういうところでは威張って講義してますけど、一人になると目覚し時計を置かないんですね。なぜかわかります?

チクタクチクタクいう音を聞くと一秒一秒、自分は死に近づいていると思ってしまうのですね。それから雨戸が二、三枚あるんですが、毎日、雨戸を閉める時に、ああこれで一日終った、後何回閉めるのだろうかってですね、そういうふうに考えてしまうのです。

しかし、ここの空一円相の心境に達したら、そういう問題を全部解決してしまうのですね。

このような心境に達した後の第九図と第十図とは、その空のありようを浮き彫りにしたものです。

第九図では美しい自然が描かれていますが、決して自然がテーマではありません。自然のような生き方ができるようになった人間のありようを表したものです。美しい花鳥風月がここに描いています。草とか花のありようはどうでしょうか。

私は桜が好きです。桜は毎年々々、季節が来たら咲いてくれますね。人間を差別して、こいつには嫌だから咲かないとか思いません。太陽もそうですね。太陽さんは、本当に三六五日、考えれば、地球が出来てから四五億年間、いつも毎日々々、東から昇って西に沈んでいきながら地球を照らしてくれています。太陽は決して存在を差別しません。

そういうふうに存在を差別しないようになった人間のありよう、これを表したのが第九図の「返本還源」です。ちょっと結論を言いますと、人間いかに生きるかということに関しては、できれば人間でありながら自然のごとく、仏教的に言うならば、自然（じねん）に生きることができれば素晴らしいですね。

自然という漢字は、ご承知のように、これは明治以後、ネイチャーとかナチュラルとかいうヨーロッパの言葉が入ってきて、訳語として自然という言葉をあてたのですね。しかし仏教では「じねん」と読みます。「自然法爾」という親鸞さんがよく用いる言葉もありますね。自然というのは、おのずからしかりという意味です。人間的な分別、人間的な人工を離れた自然のありようで生きていけばいいのですが、現実はそうはいきません。

本当に我々は、自然のように自然に生きれば素晴らしい生き方になりますが、しかし、いつもいつも言葉と思いによって、この一人一宇宙の世界を、もうぐちゃぐちゃにして生きています。今、初めて「一人宇宙」という言葉を使いました。今日のお話を聞いていただく前に、これを皆さんと確認してみたいと思います。今ここに六号館の教室があるといい、みんなに共通の一つの空間があると思いますね。それから、この愛知学院大学のキャンパスは素晴らしいですね。すごい広い。立教大学のに比べれば、雲泥の差があって、いいところですね。このようにキャンパスというみんなに共通の一つの空間があると思いますね。

それから、昨夜、家内と二人で、庭に立って、新月を見ながら、ああ広大な空が奇麗だね、と言い合いました。その時、常識からすれば二人に共通の三次元の空間があると思いますね。しかし、そのように思ったことは、みんな嘘っぽちなんです。

この宇宙は一四五億年ぐらい前にビックバンが起こって膨張して出来上がった、と言いますが、少し強い表現かもしれませんが、それは見てきたような嘘を言っているのではないかと私は言いたい。

一つの共通の空間があるというのは、皆さんの常識ですね。でも少し問答してみましょう。常識ではこの眼鏡入れは、自分の外にあると思いますね。でもこの中で自分の外へ出たことがある人はいますか。自分の外へ出て自分を客観的に見たことのある人は手を挙げてください。

決して誰もいませんね。だから、実は、外とか内とかいうのは、言葉の綾だけなんです。もっと問答してみましょう。皆さん、手を見てください。（前の人に手を見てもらいながら質問する。）すみません、それは誰の手ですか。（その人が「自分の手です」と答える。）そうですね、「自分の手」ですね。これが常識的な答えですが、その常識が迷いと苦しみの根源なのです。結論からいうと「自分」すなわち「我」という〝もの〟は存在しません。仏教は無我、無我と言ってますが、我が無いということはすぐに簡単にわかるんです。

「自分の手」という中に「自分」と「手」という二つの名詞がありますね。ところで名詞というのは、英語で name（ネーム）ドイツ語で name（ナーメ）と言いますが、サンスクリット語では nāma（ナーマ）といいます。英語とドイツ語とサンスクリット語とは、いずれもインド・ヨーロッパ語族に属し、おなじ語族に属しているのです。インドのサンスクリット語は古い言葉ですけど、そのサンスクリット語から出発して、それがギリシャ語、それからドイツ語、英語と発展したのですね。

したがって name も nāma もいずれもサンスクリット語の、向かう、指示する、などを意味する nam（ナム）という動詞から派生した語です。皆さんがよく知っている南無阿弥陀仏の南無は nam の音訳です。だから南無阿弥陀仏は、阿弥陀仏に自分自身を向けしめる、すなわち帰依するという意味になります。

このように、名詞というものは、必ず何かを指し示す、ということになりますが、「自分の手」というなかの「自分」という名詞が指し示す〝もの〟を、皆さん、静かに探してみてください。「手」という名詞は、こうやって見ると、手が見えますね。

次に、「自分」という名詞が指し示す〝もの〟を、目をつぶった方がいいでしょうか、捜してみてください。この中で見つけた人がいたら手を挙げてください。だれもいませんね。

いま、皆さんにやっていただいたことが、ものを考えるという思考の基本です。人間のみが持っている言葉、その言葉の向こうにある〝もの〟、言葉が指し示す〝もの〟を捜すこと、これがものを考えることの基本なんです。「自分」という名詞が指し示す〝もの〟を見つけた人はいませんね。私はこれまで、いろんな所で、この質問をしましたが、発見した人は誰もいません。これで分かることは、「自分」という〝もの〟は、実は言葉の響きがあるだけなんです。だから、無我になれじゃなくて、無我なんです。このことを皆さん、今日はっきりと確認してください。その確認は悟ったということではないでしょうか。即ち自分の中に般若という智慧が起こったと言えるのではないでしょうか。

それから「いま」という時間について考えてみましょう。「いま何時ですか」と質問するとします。そうすると、「いまは一時五九分である」と答えますね。でも、いま、いま、いまですよ。「いま」というのは、刹那であって幅がないでしょう。だから、「いまは一時五九分である」といったら多刹那にわたり、本当の意味での「いま」ではなくなっているのです。だから「いま」という時間も「自分」とおなじく言葉で作り上げた〝もの〟にすぎません。

空間もそうですね。三次元の空間があると言いましたけど、すでに申しましたが、自分の外へ出たこともないのに、これは外にある、自分を離れた外の空間にあるということも言葉の綾にしかすぎないのですね。

しかし、我々は、自分も時間も空間もあると思っていますし、それが常識です。しかしこの常識こそが迷いの根源なのです。

話題を少し変えてみましょう。「あそこに憎い人がいる。あいつは憎いんだ」と私たちはある人を憎みます。でもここでも静かに心の中を観察してみましょう。その憎い人は、心の中の映像にしかすぎません。これに気づくことが大切です。

今、皆さん、こうやってネクタイをした私のカッコウを見てください。カッコウいいと思われる方がおられますか。これも、いつも講演の時だけで、今日は家内が朝早く起きて、ネクタイを三種類ぐらい並べて、一番合うのを選んでくれたのです。

私はカッコウいい、と言っても、よくよく考えれば、皆さんのなかで本当の横山を見ている人は誰一人いません。「私」というのは、仏教的には増上縁と言いますが、増上縁を縁にして、皆さん一人一人の世界、すなわち一人一宇宙の世界の中で「私」を作り出しているにしかすぎません。この事実をはっきりと了解し確認をしていただきたいと思います。

この辺で話を「十牛図」に戻しましょう。

私は、はじめは医者になろうと思って医学コースを歩んだんですが、段々頭がおかしくなり始め坐禅を始めたんです。そして、流れ流れて水産学科に入り、そこで魚の血の研究をしていました。大学院まで行ってハプトグロビンというヘモグロビンの一種が魚にあるのかどうか研究し、世界で初めてハプトグロビンを抽出し、その組成分析まで成功しました。

しかし、段々と悩み始めました。「この自分とは一体なにか」という疑問が徐々に強くなってきたのです。分子、原子、遺伝子としての生命もいいけども、そのように対象化された生命は、鏡の中の鏡像のようなものであって、鏡そのものを、すなわち「自分そのものが一体なにか」を知りたいという思いが募り、そこで大学院をやめて、坐禅に励み、印哲に転部したのです。そこで縁があって「唯識」の勉強を始めたんですが、学問なんかどうでもいい、大切なことは「一体なにか」「一体なにか」と問いつづけることであると思って、これまで生きてきました。皆さんも今日いろんなことをお聞きになり、またいろんなことを学ばれることもいいけれども、その学ぶ土台である「自分」とは「一体なにか」を追求していこうではありませんか。

この「尋牛」の牧人も、「自分とは一体なにか」という疑問の末、牛探しの旅に出たのです。牛が逃げ出しているということは、これまで「自分」と思っていた〝もの〟が実は、全くの虚偽の自分であるということに気がついたことを喩えているのです。

そこで牛を求める旅に出掛けたのです。すなわち、この「牛」というのは、現代的な言葉で言うと「真の自分」「本当の自分」ということができます。

皆さん、鏡の前に立って、「これが自分だ」と決して思わないでください。あの鏡は、全く嘘っぱちの自分を映し出しているのかも知れませんから。鼻が高い低いと言いますけれども、皆さん、自分の顔そのものを直接見たことがある人はいますか。真の本当の顔そのものをですよ。そろそろ皆さん、頭が真っ白になったのではないでしょうか。

そんなことは不可能ですが、目玉をこうやって引き出してぐるっと回すと顔が直に見えるかもわかりません。でも、目玉は見えません。目玉は決して目玉を見ることできませんね。今言ったこと、非常に重要です。

手は人を指すことができるけど、指す手そのものを指すことはできません。刃物も大根やキュウリを切ることが、すなわち他なるものを切ることができますが、自ら刃物そのものを切ることはできませんね。

すなわちこれと同じく、我々は本当の自分を決して見聞覚知する、すなわち見たり聞いたり覚したり知ったりすることはできないのです。これも今日確認すべき重要な事実です。

だから、この「十牛図」の牧人も苦労するのです。本当の自分を見るまでは。

皆さん、もう一度、鏡の前に立っていることを想像してください。その時に映る「自分」は、「感覚のデータ」と「思い」と「言葉」とが織りなして作りあげた〝もの〟なのですね。私はあまり鏡のなかの自分の顔を見ないことにしています。見ると、「昔は紅顔の美少年だったのが、段々と皺が増え、何でこんなに老けたのか」と憂うことになるからです。

　このように、私は、感覚がデータと思いと言葉でもって、自分の顔を作りあげてしまうのです。この感覚のデータと思いと言葉をどんどんと心の深層からなくしていくならば、憂うことも、悩むこともなくなっていきます。朝、目を覚ました時に「ああ、もう一度この世に生を受けた、ありがとう。目が見えて、ありがとう」と叫ぶことができるようになります。目が見えるという、一見、単純なことに「ありがとう」と感謝するようになります。

　目が見えるとはまさに不思議なことです。ここで、このことをしばらく考えてみましょう。この辺で、仏教でいう「阿毘達磨」的思索を行なってみたい。「阿毘達磨」とはサンスクリットのabhidharma（アビダルマ）の音写で、存在の分析という意味です。ちょっと専門的なんですが、存在を分析するという表現からしても仏教はやっぱり科学的な面がすごくあるんですね。科学というのは実験道具を使いますが、仏教ではこの身、この心が実験道具です。さぁ、いま、ここで考えてみましょう。

　私がこのコップを見ますと、コップを見るという視覚が生じます。見られるコップは分子ないし原子からでき上がった物ですね。それから、見る目の方も水晶体とか網膜、細胞、ないし、ぐうっと分析して、やはり、分子ないし原子からでき上がった物ですね。

　この二つの「物」が認識関係に入った途端に視覚という「心」が生じるのです。これは不思議なことでしょう。物と物とから心が起こるということは、まさに摩訶不思議です。これはなぜなのか。もしも、このメカニズムを解明できたら、これはノーベル賞ものですが、決して誰もこれを解決することはできません。

なぜならば、ここに我々の見方に誤りがあるわけです。我々は、存在するものを「物」と「心」とに分けますが、そのこと自体がまちがっているからです。坐禅をするとこのことが分かってきます。ずうっと坐って坐って坐りぬく。たとえば、吐く息、吸う息になりきる。吐く時はただ吐くだけ、吸う時はただ吸うだけ。いわゆる随息観を修するのです。

このように吐く息、吸う息になりきり、なりきっている時は、物も心もありません。言葉もありません。思いもありません。

物も心もない。二つに分別しない状態を定心といいます。しかし、普通は、私たちは分別する乱れた心の状態で生きています。それを散心といいます。定心の時には、思いも言葉も感覚もデータもありません。これを体験されればいいですね。なかなかなれませんね。なかなか集中できませんね。人間は、いつもいつも深層からいろんな言葉とか、いろんな思いが吹き出してきますね。しかし、なりきり、なりきっていく坐禅を一年、二年ないし十年とつづけていくと、すうっと定心に入っていくことができます。その時には、物も心もありません。自分も他人もありません。有るのは、いや、有るということも無いということもありません。

　この「十牛図」の第七図「忘牛存人」を見てください。牧人は庵の前でのんびりとうたた寝をしていますね。この牧人に誰かが、「あなた、この前、検査を受けましたね。検査結果は、もう末期癌で、あと数ヶ月の命ということですよ」と彼に言っても、彼は、「ああ、そう」といって、またうつらうつら眠りつづけるのです。

　なぜ眠りつづけることができるのでしょうか。それは、この牧人には、自分とか、有るとか、無いとかいう言葉や思いは全くなくなってしまったからです。私はいま有るとか、無いとかいう言葉を言いました。問題はこの「言葉」なんです。一番の迷いの根源は言葉なんです。

　熱いフライパンに水を一滴、二滴たらすと弾け飛びますね。これと同じように、なりきり、なりきっていく、そのような一人一宇宙の中で、有る、無い、有る、無いと言った途端にその言葉は弾け飛んでしまいます。ここなんです。有るとか無いとかいう言葉は外から来たんじゃなくて、全部この一人一宇宙の内から生じたものなのです。人間はホモサピエンスですから仕方なく言葉を持っているけれども、その言葉でおかしくなってしまっているのです。まずは自分を設定し、そして時間と空間とを設定し、さらに有るか無いかと分別して悩むのです。たとえば、自分と時間とを設定して、自分は死んだら無になるのか、有りつづけるのか。そして空間を設定して天か地獄か、どちらに堕ちるのか、と考えて悩むのです。

このように言葉で考えることを「戯論」と言います。みんな戯論なのです。戯れの論なのです。戯れの語り、虚偽の語りなのです。戯論の原語はサンスクリットでプラパンチャ(prapañca)といいますが、これは、インドでは広く現象世界を意味しますが、仏教は特にそれを戯論と訳したところに注目してください。仏教は、現象は全部、この一人一宇宙の中で言葉によって戯れに語られて作られたものであると主張するのです。

私たちは、自分があり、自分が死んだらどうなるのかなと思い悩みます。これは、喩えて言えば、「表」の世界に生きているからです。存在には表と裏があります。これも皆さん今日知ってほしいことです。この「表」の世界では、自分があり、時間があり、空間があります。だから、自分が死んだらどうなるのかな、ということもあります。

しかし、もう一つ「裏」の世界があります。これが「十牛図」の第八図の空一円相の世界であります。空の世界です。この空の世界は、もう言葉や思いが通用しない世界であります。この表と裏との二つの世界があることを知ることが大切です。いつも私たちは散心で表の世界にしか生きていない。そこでは常識で生きていく。常識のみで生きていくならば、自分も苦しみ人をも苦しめていくことになります。

あまり政治的な話をしてはいけないかもしれませんが、自分の国、日本の国、日本人はすごいんだ、なに人は駄目だ、などと言って自分の国、自分の民族を大切にします。この結果、戦争まで発展することもあります。でも「自分の国」などあるのでしょうか。「自分」がないから「自分の国」などないのです。

もちろん表の世界ではあります。じゃあ、何があるか。「有るけど無いのだ。無いけど有るのだ」と考えること、これが重要です。有か無かと一方的にこだわっちゃいけないのです。あえて言うならば、「Aは非AであるからAである」と考えることが大切です。Aという実体がある、これしかないのだ、と思っちゃいけない。「AはAでないからAである」と考える。このように考えれば、生きていく中で自由になっていきます。

私の妻は、私の妻でないから私の妻であるのです。自分は、自分でないから自分である、のです。私の妻といいましたので、妻の話をさせていただきますが、六十歳からオペラの歌を習いはじめた彼女が、この前、所沢ミューズで初舞台を踏みました。素人と思いきや、素晴らしい声で歌い、みんながびっくりしました。私もびっくりしました。

私は、その時、すごいいい声だな、と聞きながら、同時に「うわーっ、僕って、すごいなぁー」と思いました。なぜかわかりますか。なぜなら、私は、あの彼女の素晴らしい声を心の中で再現する力を持っているからです。
妻の声は別にして、たとえば、ベートーベンの作った曲を交響楽団の人びとが奏でてくれますね。私はその演奏された曲を素晴らしいと感心します。でも奏でられた曲を、私は私の中で再現しているんです。この一人一宇宙の中で再現しているんです。だからこの私も素晴らしいのです。

いま、皆さん、私の声が、いいとか悪いとかという判断はやめてください。なぜなら私の声そのものを聞いた人は誰一人もいませんから。現代の医学・生理学などから考えてもいいですが、耳ないしは脳などのさまざま器官の働きで皆さん一人一人の心の中で私の声を作り出している、すなわち再現しているわけであります。

皆さん一人一人の心の中、と言いましたが、本当にただ心があるだけです。それを「唯識」と言います。ただ、識すなわち心があるだけです。でも、この心にこだわってもいけないが、まずは心があると考えましょう。

「唯識所変」「一切不離識」と言って、ただ識によって作り出され変化したものである、すべては識を離れては存在しない、というのが唯識思想の根本主張です。これは誰かによって考えられた思想でも何でもなく、事実なんです。

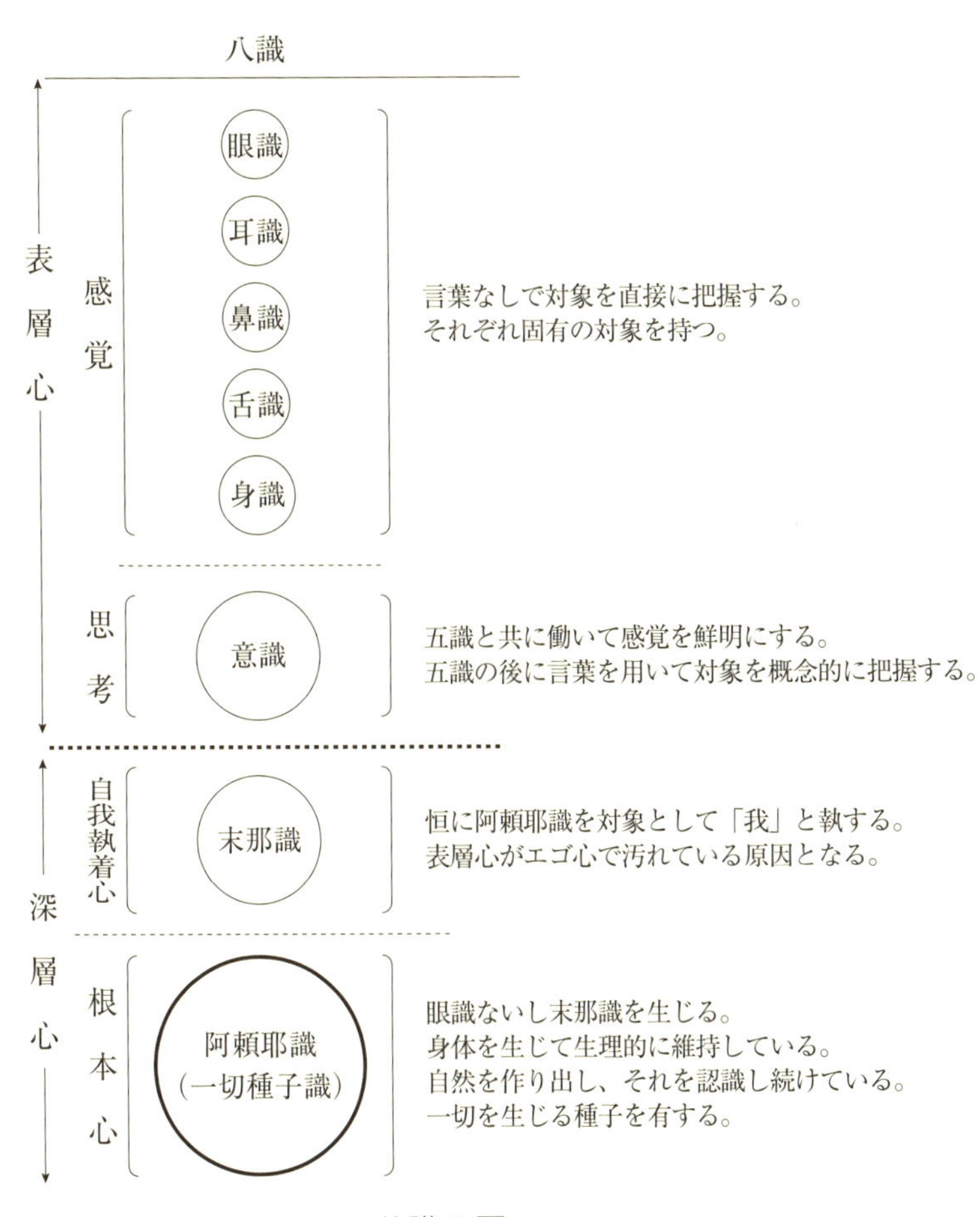
八識
表層心
感覚
眼識
耳識
鼻識
舌識
身識
言葉なしで対象を直接に把握する。
それぞれ固有の対象を持つ。
思考
意識
五識と共に働いて感覚を鮮明にする。
五識の後に言葉を用いて対象を概念的に把握する。
深層心
自我執着心
末那識
恒に阿頼耶識を対象として「我」と執する。
表層心がエゴ心で汚れている原因となる。
根本心
阿頼耶識
(一切種子識)
眼識ないし末那識を生じる。
身体を生じて生理的に維持している。
自然を作り出し、それを認識し続けている。
一切を生じる種子を有する。

八識の図

では、その作り出す根源的なものはなにか。それが「阿頼耶識」です。

資料の「八識の図」（前ページ図）を見てください。ここに八つの識が書かれていてますが、この全部を説明するとしたら一時間ぐらいかかりますから、一番下の阿頼耶識だけを説明します。

阿頼耶識の原語はアーラヤ・ヴィジュニャーナ（ālayavijñāna）で、アーラヤとは貯蔵庫、蔵という意味ですから、蔵識と意訳されます。

この阿頼耶識はまた別名「一切種子識」といいます。一切というところに赤線でも引いてください。一切、すなわち、全ての存在を生み出す種子、すなわち可能力を有した識、それが阿頼耶識なのです。一人一宇宙の中のすべてを深層の阿頼耶識が作り出す、阿頼耶識から生じてくる、噴き出してくる、これは間違いない事実ですね。

ここで、例えば「憎い人」ということを考えてみたい。本当に「憎い人」というのが、いるのでしょうか。憎い人がいるから憎いという思いと憎いという言葉が自分の中に起こるのか、それとも、憎いという思いと憎いという言葉とがあるから、憎い人というのがあるのでしょうか。この因果関係を静かに考えてみてください。

よくよく考えてみると、憎いという思いと言葉があるから、その人が色付けされて憎くなるんですね。もしも憎いという気持ちと憎いという言葉がなければ、決して目の前には憎い人が出てきません。

こんな話を講演などで一般の人にして、話を終ってから、いっぱい飲むこともあるんですが、そしたら、「先生、そうは言われてもあの部長は憎いんです」と声を荒げていう人がいます。でも私は負けません。「それでも憎いと思わないで見てみろっ」と私は反論するのです。

そこなんです。やっぱり人間は、そのくらい厳しく自分の中を律していくならば自分の世界は変わっていきます。憎いという思いが一度起こったら、その思いが次から次へと深層の阿頼耶識に植えつけられていき、深層から憎さで満たされてきます。それは恐ろしいことですね。

そうではなくて、一人一宇宙の中で深層から清らかにしていくこと、これが大切です。

「十牛図」の第三番目は「見牛」です。牛を見い出す段階ですが、具体的には真の自分を見る段階です。これは、禅宗の世界では「初見性」と言います。初めて自分の本性を、本当の自分を発見した段階です。

曹洞宗ではあまり「見性」などとは言いませんね。曹洞宗は「只管打坐」といって、ただ坐ることを重んじます。「十牛図」のように段階を踏んだ心境の変化は説きません。でもこれも、あまりこだわってはいけないんですね。

私が今その方のもとで坐禅をしている僧侶の方は、十七、八年前に私の『唯識とは何か』という本を見て、唯識を勉強したことで縁を得た方なんですが、彼は「本当に早くから唯識を勉強しておけば、全然心境の向上の早さが違っていただろう。明治時代以後、ただ坐れ、ただ坐れといってきた曹洞宗の師家が多くいたが、それは間違っていた」と言われています。

やはり理を覚えていきながら、その理に即して実際に坐禅をする、実践をすると、どんどんと心境が変わってきます。

たとえば阿頼耶識縁起という理に学びましょう。表層心のありようが深層心に影響を与えるという理です。現行熏種子、種子生種子、種子生現行という、ちょっと難しい表現ですが、この三つの過程がぐるぐる回って、心全体が活動しているという教理です。この教理を理解して、そして生き、実践していくならば、表層心も変わり、それによって、深層心も浄化されていきます。

自分を変えていこうと思ったら、一生懸命に本を読んだりして頭のなかを言葉で一杯にしないことです。事実は単純です。真理も単純です。それを言葉で表現するとき、人間はそれを複雑にしてしまうのです。

もちろん唯識思想を勉強してもいいですが、唯識思想は長い間の歴史の中で、あまりに複雑に考えられ、煩瑣な教理となった面もありますから、学ぶときに気をつけなければなりません。したがって、教理のエッセンスだけを理解することが重要です。

その教理のエッセンスの一つとして「無分別智」と「正聞熏習」とがあります。

まず「無分別智」について。

私たちの日頃の心は、もう乱れていますね。その乱れた心を、たとえば、吐く息、吸う息になりきり、なりきっていくと、次第に定まった静かな心になっていきます。でも、なかなかなりきれない。そこで、よーしやるぞ！　やるぞ！　と念の力、念力で息に集中していく。この念力を坐禅で養成して鍛えてください。なりきる力を養成してください。

何をやっても集中する力が大切ですね。

私は、これまでいろんな老師の方々のお話を聴きましたが、いずれの老師も、なりきれ、なりきれと、同じことばかり言われるのですね。念の力で、いま・ここになりきり、なりきっていけと言われるのです。

このなりきった心を「無分別智」とよぶことができます。この無分別智の火で阿頼耶識にある穢れた種子を焼き尽くしていくのです。

無分別智で他人に対してみる。すると、人を憎むという思いもなくなっていきます。無分別智はすぐには養成されません。一年では駄目です。繰り返し繰り返し一年、二年、三年と無分別智を養成していくと、間違いなく心は深層から浄化されていきます。できれば、年を取るにつれて不平不満が増すのではなくて、年を取るにつれて、すっきり、さっぱり、爽やかになっていきたいものですね。それによって、ただそこで笑っているだけでも、ものすごい利他行です。人々に素晴らしい力を与えているからです。

第五図は「牧牛」ですが、牛を飼いならすとはどういうことでしょうか。それは、心を深層からどんどんと浄化していくことです。その実践の場が世間です。世間の中で無分別智の火を燃やしながら突き進んでいく。愛憎の念が起こるときこそが正念場です。

愛する、憎む、そういう世の中で、よーし！　何だ！　と、なりきっていく。さっき言いましたが、本当に憎いという気持ちと憎いという言葉がなければ、憎い人は出てきません。そこなんです、皆さん。だから、正念場でなりきっていく。表層から、まず憎いという気持ちと憎いという言葉とがなくなり、憎い人がいなくなる。逆に、いつもありがとう、ありがとうで生きていくと、その表層心のありようが、間違いなく深層心をも変えていきます。

ありがとう、と言いつづける生き方になっていくと、その言葉は、自分にもよく、人にもよいものをもたらします。

以上が無分別智です。

もう一つが「正聞熏習」です。これもまた重要なんです。無分別智は実践すなわち「行」に関することですが、正聞熏習は理論すなわち「解」に関することです。

正聞熏習とは「正しい師から正しい言葉を繰り返し聞いて、その言葉を深層心に熏じつけていく」ことです。

短い言葉でもいい。素晴らしい言葉、美しい言葉、真実の言葉、本当の言葉、ありがたい言葉を繰り返し聞くことによって、深層の阿頼耶識の中の清らかな種子が成長していくのです。

人から聞かなくてもいい。たとえば、お経を唱えるときでもいい。「般若心経」を声高々に唱えてみてください。

私は、「色即是空、空即是色」のところだけを強く読み、心の中にその声を刻み込むことにしています。「有ることは即ち空なることであり、空なることは即ち有ることである」と心に言い聞かせるのです。前に言ったように、有と無とは熱いフライパンに落とした水のよう弾き飛んでしまう。でも、もし使おうとするならば、「有ることは無いし、無いことは有るのだ」と、言い聞かせることにしているのです。

「色即是空」だから智慧が起こってきます。色というのは物質的なものです。それが消え去っていくから第八図の空一円相が見えてくる。「空即是色」だから、空だけれども有るんですね。有るからこそ、よし人のために生きていこうとする慈悲が起こってきます。

智慧と慈悲、人間が持っている二つの素晴らしい尊厳性です。皆さんも、この智慧と慈悲とを発揮して生きることを目指してください。

「正聞熏習」に戻りましょう。正しい教えを、正しい言葉を繰り返し聞くことは、清らかな可能力である種子に栄養を与えていくことになります。正しい師につけば、それにこしたことはありませんが、そのような人につかなくてもいい、本を読んでもいいし、とにかく、ああ、この言葉はすごいんだ、よし、この言葉を繰り返し繰り返し自分の中に染み込ませて生きていくぞと思うことが大切です。

言葉として、例えば、楽しい、という言葉もいいですね。本当に心底から楽しいと言えるようになって、「楽しい」といつも自分にも人にも言い聞かせていくと、深層心から清らかになっていきます。もう一個は、「ありがとう」という言葉です。

ありがとう、ありがとう、と言えたら素晴らしい。起きた瞬間に、ああ、今日も目覚めた、また目が見える、ありがとう、ありがとう、と言おうではありませんか。

私がなぜ仏教を学び仏道を行じる人間になったかについて少しお話をさせてください。小学校二年の時に大分市にある万寿寺という臨済宗の専門道場の前に移り住みました。そこで私は稚児さんのように可愛がられて、ほとんどそのお寺で生活したんです。夜なんか、くるくるっと巻く布団に寝かせられて、コウちゃん、コウちゃん、起きろといわれて、夜中に熱いそばを食べたりした思い出があります。

修行道場ですから、月に一回、接心で僧侶が坐っているわけですが、ある日、私が住職さんに「あれ、何してるの」と質問したら、その質問には直接答えられなくて、「今度わしが部屋で坐っている時、襖を開けてみろ。すると部屋の真ん中に松の木がボンッと植っているぞ」と返答をしていただいたのです。子ども心に、えっ、坐禅すると松の木になれるっていう、そんな馬鹿なと思いながらも、「坐禅することは何かすごいんだ」と思ったのです。それが私にとっての正聞熏習であって、すなわち縁となって、それによって素晴らしい種子に栄養が与えられ、流れ流れて坐禅を始め、流れ流れて唯識思想を勉強するようになったと言えるでしょう。

やっぱり出発点は他からの「縁」ですね。しかし、「因」は自分の中にあります。全ての可能力としての因は阿頼耶識の中にありますけれども、大切なのは縁です。この正聞熏習という他者からの縁を大切してください。

以上、無分別智と正聞熏習という、二つの力によって深層を変えていくことをお話しました。

ここで、資料の一番最初のページに戻ってください。ここに「十牛図」が目指す人生の三つの目的が書かれています。

最初は「自己究明」です。私も若い時は、もう自分に苦しんで自殺でもしようと思うぐらいに本当に悩みました。そこで飛び込んだのが、円覚寺の居士林です。大学の一年か二年の頃でした。もう、この自分が嫌で嫌でたまらないで飛び込んだわけですね。

そして初めて坐った時、緊張して坐っている時、警策を持って回られた若いお坊さんが、すごいことを言ってくださったんです。それは「坐禅というのは、ただ単にぼーっとして坐るんじゃねえぞ。地球の裏のブラジルで線香の灰がポトッと落ちたら、ビクッとするぐらいの心境で坐れ」と言ったんです。

びっくりしました。えっ、えっ、坐禅すると、地球の裏で線香の落ちる音が聞こえるんだと思ったからです。うわーっ坐禅ってすごいなと、先程の松の木と同じように、驚いたのです。二度目の経験だったですが、本当にありがたいことでした。

やはり、その裏には私自身、自分に関する悩みがあったのですね。この自分を消しさり新しい真の自分を発見しようという思いがあったわけです。自分とは一体何であるか、本当の自分になりたいという強い思いがあったのです。

皆さんのなかに、自分の問題で本当に苦しんでいる人がいたら、特に若い人がいましたら、どうか、この「十牛図」を手掛かりに自己究明を、己事究明を目指してください。

次に「生死の解決」について。

「十牛図」の牧人の第二番目の目的は「生死の解決」です。生きること、死ぬこと、これは人間にとって一番の苦しい問題ですね。私は、あの宮沢賢治の「雨ニモマケズ」を読む度に、もう涙が流れるんです。「雨にも負けず風にも負けず」からはじまって、それから「東に病気の子どもあれば行って看病してやり、西に疲れた母あれば、行ってその稲の束を負い」と続きます。そして「南に死にそうな人あれば、行って怖がらなくてもいいと言い」というところが、まさに素晴らしい。言わなくてもいい、ただそこにいて、死にゆく人がほっとする、そうような人になりたいと賢治は願ったのです。

もしも、そのような人になれたら素晴らしいことですね。

世の中にはそのような人が確かにいます。私が今師事している曹洞宗の僧侶の方がそうです。よかったら一緒に坐りましょう。彼は臘八接心がはじまる十二月一日から一週間、一人で天城にある道場にこもって独接心をするそうです。道場が二つあり、もう一つは千葉の房総半島の突端の館山にあります。安房自然村という、富士山も見える素晴らしい環境の中にあります。よかったらそこに来てください。一ヶ月でも二ヶ月でも泊まることができますから。

彼は、坐禅中の世界、すなわち定心の世界の方が本当の世界、本来の世界だというのです。だから一日に散心で十何時間起きていたとしたら、すべて本当でない世界に生きていることになるのですね。

定心の世界では、有るものが有るように見えてくる世界です。皆さんも坐禅をしてください。ここ禅研究所の横にある坐禅堂に来て坐ってください。一気に世界が変わります。「十牛図」の牧人は坐禅によって世界が変わりました。第七図の「忘牛存人」の牧人は前に述べたように、末期癌ですよと言われても、「ああ、そう」と言ってまた眠ってしまいます。彼は阿羅漢になったのです。阿羅漢というのは、我愛を捨てきった人のことです。阿羅漢は、悟りの内容が仏陀よりも一段低い人なんですね。大乗仏教では仏になることを目指しますが、小乗仏教では阿羅漢になることが目的だったんです。あの素晴らしい仏陀みたいになれない、我々は、せいぜい阿羅漢になろうと考えたのです。しかし、大乗仏教になってきて、一気に変わりました。本来人間は仏になれる可能力を持っているのだ、よしっ仏になろうではないかという成仏思想が起こったのです。

しかし阿羅漢でもすごいですね。自分への執着を、すなわち我愛をなくしきったのですから。だから、自分が死ぬということは問題でなくなったのです。彼は「生死の解決」を果たしたのです。

　しかし、彼にはまだ一抹の煩悩が残っているのです。その煩悩とは何か。釈尊も、六年間の苦行の末、有頂天まで行かれるわけです。そこでバラモンの師は、汝、もう覚者として認可すると言うのですが、釈尊は頭を横に振りませんでした。まだ何かが残っていたのです。それは言葉と思いだったのです。釈尊はこの残った微細な煩悩を払拭しなければならないと考えたのです。第七図の牧人も、俺はいいところまで来たんだ、すごい人間だと思った瞬間に、「十牛図」を逆に元へ戻って、尋牛に、さらにはこの図から飛び出してしまうこともあり得るというわけです。俺は何とすごい、と思った瞬間に、「自分」が出てきたわけです。元々無いものがそこに出たわけでしょう。だから駄目なんですね。その俺っていうのを払拭するために、最後の最後の詰めの激しい修行が必要になってくるのです。禅の修行で、よく「三十棒をくらわす」と言われますが、それがそうですね。

「忘牛存人」の牧人は、実はのんびりとうたた寝しているんじゃないんです。本当は、すごい闘いがあるのです。彼は、そこで、よしっ、大死一番という気持ちで次の第八図の世界を目指すのです。

　誰しもがこういう大死一番という思いを心の中から持っているんですね。もし持っていなければ持とうではありませんか。やるぞっ！　と思って、やった瞬間に、質的に自分が変わってくるのです。仏陀になるのですね。とは言って、ここまではなかなか至り得ません。でも皆さん、共々、それを目指そうではありませんか。「人身受け難し今既に受く。仏法聞き難し今既に聞く。この身今生において度せずんば、さらにいずれの生においてか、この身を度せん」という三帰依文の冒頭にある文句を声高々に毎日お唱えしようではありませんか。以上が「生死の解決」です。

次に最後の「他者救済」について。

この牧牛は、最初から何を目指したのか。彼は最初から「他者救済」を目指していたのです。釈尊自身そうだったのです。なぜ彼は王子の身分を捨てて出家されたのか。それは、みんな生老病死の苦を背負って生きている。その苦しみは、一体なぜ起こるのか、どうしたらそのように苦しむ人びとを救うことができるかという思いで王子の地位を捨てて、激しい修行の世界に飛び込んで行かれたのです。

皆さんもこの牧人の最後の目的である他者救済、これを目指して生きようではありませんか。自分なんか元々ないのだから、自分なんかどうでもいい、と思って頑張ろうではありませんか。そこに本当の幸せがあるのではないでしょうか。

私はよく大学の授業で学生たちに、どういう時に幸せを感じるかと、箇条書きに書いてもらいました。そしたら、彼らは「好きな音楽を聞いている時」「友人たちと雑談している時」「好きなことをしているとき」などと答えてきます。でも、そこには全部「自分」というものがあるのですね。

もちろんそれも幸せですが、本当の意味での幸せでしょうか。本当の意味とまでは言わないにしても、心の底から、ああ生きてよかった、生きてよかった、ありがとうというような幸せは何かということです。それは、エゴに満ちたこの己を全面的に燃やし尽くしていく、人のために燃やし尽くしていく、智慧と慈悲との二つを発揮しながら他者のために生きていく、そこに心の底から幸せを感じるのではないでしょうか。

蝋燭に火がついて燃えている様子を考えてください。この蝋燭の芯が、いかんともしがたいエゴなんです。俺が、私が、と執着する「自分」です。そのエゴに火をつけようではありませんか。その火は一つは光を、もう一つは温かさを出しますね。光が智慧の喩え、温かさが慈悲の喩えであります。人間はみんな貪り、怒り、愚かさという煩悩の塊であります。この煩悩の塊であるこの身を、この与えられたこの生のエネルギーを死ぬまで人のために使い、どんどん使い切って何もなくなって、すっきり、さっぱり、爽やかに「では、バイバーイ」といって死を迎えようではありませんか。私もそうやって死んでいきたいと願っていますが、そういう人が沢山いて、激しい修行の世界に飛び込んでいくのです。たとえば、正眼短大での私の教え子の中で正眼寺に入って修行する人がいます。来年もまた何人か出家していきます。そのような人は、二年か三年たってお会いすると、もうお顔が全然違いますね。本当に違ってきます。深層が変われば、表層のお顔も変わってきます。

このように智慧と慈悲とを発揮しながら、他者救済のために生きる人を「菩薩」といいます。資料に書いておきましたが、与えられた「生のエネルギー」をどういう蛇口を通して発揮していくのかが問題です。エゴに満ちた欲望だけを発揮して生きていく、次に少しは他者への愛を発揮する、最後は菩薩の誓願を持ちつつ生きていく、さあ、どの蛇口から生のエネルギーを発揮するのか。もう菩薩の誓願しかありませんね。

だから、毎日、手を合わせてお経を唱えることがあったら、心の底から「一切の人よ、どうか幸せになってください」と言いながら、その思いを念の力でグウーンと全宇宙に及ぼそうではありませんか。他者救済を目指して、祈りの毎日を、実践の毎日を、共々生きていこうではありませんか。

あちこちと話が飛びましたが、これで一応授業を終わらせていただきます。

ご静聴ありがとうございました。

（平成二十一年十一月二十四日）

インドにおける仏のすがたの変容

立川武蔵（たちかわむさし）

一

ご紹介いただきました立川です。今日はインドにおける仏のすがたの変容についてお話をしたいと思っております。

初めにインドのバラモン僧の習慣に従って、古代のウパニシャッドの一節を読ませていただきます。これはインドで式などが行われる際、初めに読み上げることになっているものですが、わたしもそれに習って読みあげたいと思います。『タイッティリーヤ・ウパニシャッド』の一節（三―一―二）です。

〔ウパニシャッドを詠む〕

これは、父ヴァルナのもとに息子ブリグが参りまして、ブラフマンとは何か、と聞くくだりであります。父ヴァルナは、ブラフマンとは食物であり、息であり、目、耳、心、言葉である。そして、そこからもろもろのものが生まれ、それによってもろもろのものが生き、死んだ後はそこに帰っていくもの、それをブラフマンであると知れと答えます。これを聞いて息子ブリグは苦行を行い、ブラフマンを知ったということです。この一節は、ヒンドゥー教ではよく知られています。仏教誕生以前のテキストであって、仏教のものではありませんが、今日お話ししますブッダの姿あるいはブッダの本質とも深く関係します。

仏教の開祖ゴータマ・ブッダのイメージは、今日までいろいろな地域でさまざまに変わってきました。今日は、主としてインド・ネパール仏教におけるブッダのイメージの変容についてお話します。

インド仏教の時代区分についてはご承知とは思いますが、まず簡単に述べておきましょう。インドの仏教には、紀元前五世紀頃から紀元一二〇〇～一三〇〇年の間つまり十七～十八世紀の「寿命」がありましたが、このインド仏教の時代を三期、つまり、初期と中期と後期に分けることができます。初期仏教はブッダの時代から紀元前一世紀あたりまでで、この初期仏教の前半を「原始仏教」と呼ぶ研究者もおられます。初期仏教の後半は一般に部派仏教と呼ばれております。紀元一世紀頃からおよそ六〇〇年のあたりまでを中期仏教（インド中期仏教）と呼ぶことができます。中期および後期のインド仏教は大乗仏教が主流です。

インド仏教の第三期つまり後期仏教は、六〇〇年頃から一二〇〇〜一三〇〇年までの数世紀をいいます。この後期仏教の中で仏教のタントリズム（仏教の密教）が生まれます。密教あるいはタントリズムと呼ばれているかたちは、現在、東南アジアに流布しています上座仏教（テーラヴァーダ仏教）にはなく、大乗仏教においてのみ見られれます。

今日は、主として大乗仏教における仏のすがたについてお話します。さて、初期仏教の時代、ブッダがおられた頃あるいはブッダが亡くなって一〜二世紀まではブッダが人間の姿で現されることはありませんでした。「聖なる」者が人間の姿で表現されないということは、インドにおいて特に珍しいことではありません。仏教の誕生以前、紀元前一五〇〇年あたりから約一〇〇〇年の間はヴェーダ聖典を中心とした宗教が勢力を持っておりました。当時は、例えば、ホーマ（護摩）、すなわち火の中に供物を入れるといった儀式が行われておりましたが、その際、神々の影像は用いられませんでした。ホーマなどの儀式において用いられないというのみではなく、ヴェーダの宗教においてバラモンたちは神々を彫像に作ったり図像に表したりするということもなかったのです。

インド仏教のあらすじをお話しましたので、次にブッダのすがたの変容を見ていくことにしましょう。

二

今日のお話をこの写真（図1）から始めることは、適切なことだと思っております。これは、ニューデリーの国立博物館で展示されている釈迦の遺骨です。十九世紀の終わりに北インドのネパール国境近くのピフラハワで発掘されました。これが本当に釈迦の遺骨なのかどうかはよく分かりませんが、今日ではおそらくそうであろうと考えられています。

名古屋市の覚王山には日泰寺がありますが、日泰寺とは日本とタイのお寺ということです。明治期にタイの王室から日本にほんの少しの釈迦の遺骨、遺骨というよりは遺灰を譲り受けまして、それを祀る寺として日泰寺仏塔を作ったということです。日泰寺にある遺灰は、ピフラハワで発見された遺骨の一部をタイ王室が譲り受け、またその一部を日本が譲り受けたものだと聞いております。

図1

仏教の歴史を考える場合、釈迦が涅槃に入ったことが重要です。また、ブッダの遺骨を人々がどのように考えてきたかということは、特に日本仏教にとって重要です。

『大般涅槃経』（ブッダ最後の旅）と呼ばれている経典には、ブッダの遺体が荼毘に付された時に雨が降ってきて、クシナーラーの住民たちも香りの良い水をかけたとあります。それは遺骨を採るためだったと思われます。事実、この骨を間近で見ますと、途中で水をかけたと思われる跡があります。釈尊が亡くなった後、八つの部族が参りまして八つに遺骨を分け、仏塔（ストゥーパ）を作って祀ったといわれております。

お話のはじめにそぐわない写真と思われる方もいらっしゃるかもしれませんが、ともかく釈迦の涅槃と遺骨が仏教徒にとってはじまりになるということを確認しまして次の図に参りましょう。

図2にはストゥーパつまり仏塔が見られます。これは、ニューデリーにある国立博物館にあるものですが、二世紀頃のものと考えられます。この写真に見られる卵型は仏塔の基本の形です。この仏塔には卵型の上に平頭と呼ばれるものがついていますが、これが仏塔の基本形であります。仏塔とは釈

図2

図3

迦の涅槃（輪廻より抜け出したこと）のシンボルです。ブッダの滅後、ブッダは人間の姿に表されることはなく、当時、ブッダを礼拝しようとすれば人々はこの仏塔を礼拝していたと考えられます。

図3の作品は実に古いものであり、おそらく一世紀頃のものと考えられていますが、ベルリンのインド博物館に所蔵されているものです。人々は丸い環のようなものを持っています。これは花を糸でつないで花環にしたものです。ブッダを礼拝する際、人々はこの花環を持って仏塔に掛けていたことが分かります。

インド、ネパール、チベットでは、仏教のシンボルといえば仏塔です。また今の東南アジアにおいて、仏像はもちろんありますが、仏教徒にとってもっとも基本的なものは仏塔です。

図4

図5

図4は、少し時代が下りまして、三世紀頃のものです。ニューデリーの国立博物館の所蔵品です。人々が仏塔を礼拝している様がよく描かれております。死者を荼毘にした後、遺骨や遺灰を川に流す場合も、あるいは土に埋める場合もありますが、その荼毘が行われた地に木を植えることが、インド古来の習慣でした。多くの国で死者儀礼にあっては木が重要な役を果たすことがしばしばなのですが、図4でも木が聖なるものとして礼拝されています。仏塔の上に木を植えることもよく行われておりました。というよりも、平頭は、元来は樹木の周りの柵をデザインしたものと考えられます。図5はカルカッタのインド博物館にあるもので、紀元前一世紀頃の有名なバールフット仏塔の遺跡のも

図6

図7

のです。人々は聖樹を礼拝しています。

図6を見てください。椅子つまり座はありますが、ゴータマ・ブッダのすがたはありません。人々は手を合わせて礼拝をしています。椅子の上部に法輪がありますが、この法輪がブッダの説法のシンボルです。これは一～二世紀の作例と考えられます。

初期仏教においてブッダが歴史的な人間、歴史的な存在であったことはよく知られていたのですが、すでに述べたように、ブッダを人間の姿に表すことはありませんでした。それは、人間の姿に表すことがむしろブッダの力なり威厳を損ねるのではないかと、人々が心配をしたためと考えられます。今日ユダヤ教とかイスラム教において神を人間の姿で表すことはありません。

この仏塔（図7）は、ラオスの首都ヴィエンチャンにありますラオス最大の仏塔タートルアンです。この仏塔がいつの頃の造営であるのかはよく分かりませんが、この地に伝えられている話では、ここに仏教寺院が三、四世紀からあったということです。現在の形に近いものができあがるのは、十二世紀あるいは十三世紀以降のことだと思われます。東南アジアの仏教では仏塔が大きな位置を占めるのだということを強調しておきたいと思います。

紀元一、二世紀以降、ブッダは人間の姿で表されるようになりますが、仏塔の重要性がなくなった、あるいは減少したわけではありません。インド、チベット、ネパールの仏教史の中では仏塔の重要性を常に考えておく必要があります。

仏塔を見て人々はブッダを思い出します。日本における仏塔はインド、チベットなどの場合とは異なっております。日本における五輪塔とか仏塔は一般の人の墓として機能する場合が一般的です。インド、ネパール、チベットにおける仏塔の意味と日本における仏塔の意味はかなり違うということをまず覚えておいていただきたいと思います。もっとも最近の東南アジアでは一般の人の墓としての仏塔も多く建てられています。

日本の仏教寺院の境内にはしばしば五重塔や三重塔などの仏塔がありますが、それらの屋根の一番上にお椀を伏せたような小さなものがあります。あれが仏塔の本体なのです。三重塔、五重塔のほとんどの部分は仏塔の基壇でありまして、仏塔の本体は小さなお椀を伏せたようなものです。お椀を伏せたようなもの、これは卵であり世界を意味するのですが、この世界という意味が日本仏教ではほとんど消えているといえましょう。

三

ブッダの滅後二～三世紀経ちますと、ジャータカ（本生物語）が生まれてきます。ジャータカとはブッダの前世を語る物語です。ブッダの在世当時には輪廻説が存在したことは確かなのですが、釈迦自身は輪廻説をほとんど取りあげませんでした。しかし、時間が経ちますと、釈迦族の太子として生まれたあの生涯の前世が何であったか、と人々は考えはじめ、前世をテーマにしてさまざまな物語をつくるようになりました。つまり、釈尊にも前世があったのだということを人々が認め始めたのです。

図8はアジャンタ石窟の中の十七窟に残っている壁画です。難民たちが旅をしていると象に出会います。難民たちは水がどこにあるかを象に尋ねます。象は水のありかを教えて、付け加えます。「向こうに象が死んでいます。あなたたちはその象を食べたらよいでしょう」といって象は先回りをして、水のある所で死んで横たわります。水のある所

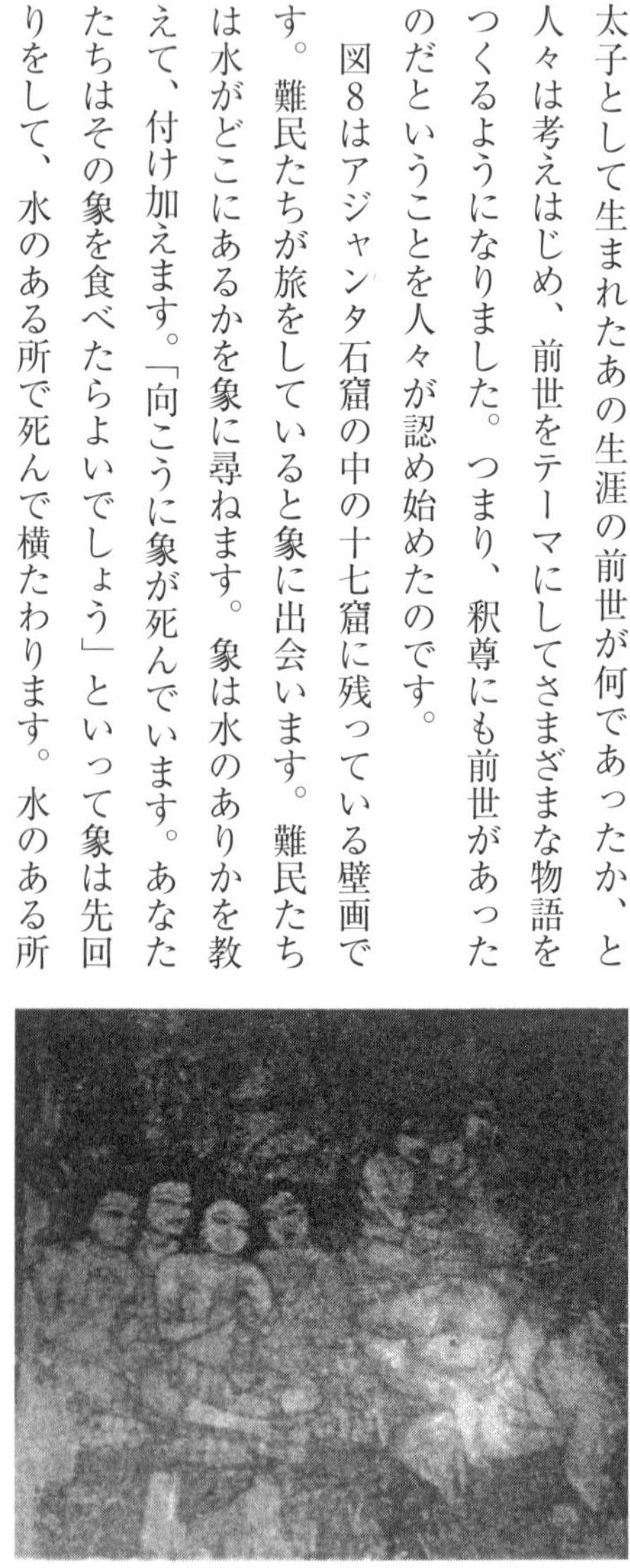

図8

に着いた難民たちは、水を飲み、象の肉をバーベキューにして食べたという話ですが、実はこの自分の命と肉体を捧げた象は修行中の菩薩としてのブッダつまり、ブッダの前世だったのであり、このような自己犠牲によって功徳を積んで次の世ではブッダとなった、とジャータカ物語は説きます。このように、出家して悟り、人々のために働き、涅槃に入ったというブッダの生涯を、自己を捧げて人々のために尽くした生涯であった、と人々がブッダの生涯を解釈してジャータカ物語を作ったのです。

ジャータカ物語はブッダの過去世の物語であって、次の世のブッダの物語ではありません。しかし、人々は次のように考えはじめました。「肉体を持ったかのシャカムニは亡んでしまったけれども、ブッダはどこかにいてまた説法をしているのかもしれない。というよりも、ブッダはまた姿を現してわれわれを導いてくださるに違いない」と考えはじめたのです。

大乗仏教の台頭以降、仏教はそれまでとは異なる新しい世界に入っていきます。つまり、ブッダが再び自分たちの前に姿を見せてくださるに違いないといった信仰が大乗仏教の根幹になったのです。阿弥陀とか大日とかいった仏たちは、そのように期待し望んだ人々が釈尊のこの生涯を解釈し直すことによって、生み出された仏なのです。

四

インドの西北地方ガンダーラの地方において紀元一、二世紀に人間の姿を採ったブッダが造形作品として表されるようになりました。これは皆さんよくご承知だと思います。この像（図9）では流麗な衣の襞と少しギリシャっぽい造りが特徴となっています。ここでは写実的な姿で人々やブッダが表されております。

図10

図9

図10のベルリンのインド博物館の所蔵品では、ブッダは右手の先を大地につけております。シッダールタ太子が魔を降伏して悟りを開いたときの様子を、このような仕草で表すことになっています。この写真に見られる姿は写実的ですが、ガンダーラ仏の表現は一般に写実的です。図11（ベルリンのインド博物館所蔵）の中央には、赤子が描かれていますが、ブッダの誕生の場面です。ここでもブッダは超人的な神としては描かれてはおりません。

図11

図12の作品は、先ほども触れましたベルリンのインド博物館にあるものですが、これもガンダーラ様式のものですが、三世紀頃の作品です。これもガンダーラ様式のものですが、三世紀頃になりますと、今まで描かれなかった、涅槃に入った姿のブッダが描かれることになります。それ以前は仏の涅槃は仏塔によって表されていましたが、涅槃に入ったブッダつまり、人間の姿のブッダが涅槃に入ったときの姿を描くには、ブッダの滅後、幾世紀もの時間が必要でした。

デリーから車で数時間行ったところにマトゥラーというところがあります。ここを中心に一、二世紀頃に造形運動がおこります。注意すべきことは、マトゥラーでは仏教のみではなくヒンドゥー教やジャイナ教の「神々」の像も作られたことです。ガンダーラ地方では、題材が仏教に限られておりまして、その後ガンダーラの様式がインドに長く残ることはありませんが、マトゥラ

図12

図13

ー様式のものはこの後のインドの造形運動の核となっていきます。

図13は弥勒菩薩です。水瓶を持っています。ガンダーラ様式にあっては着物の襞が強調されますが、マトゥラー様式の場合、着物の襞が目立つということはほとんどありません。

図14はサルナート様式の仏像で、ニューデリーの国立博物館所蔵品です。ガンダーラ様式の仏像に見られた衣の襞はほとんど見られません。マトゥラーの彫像は赤い砂岩に彫られることが多いのですが、この像の場合は白と黄色の中間色の砂岩に彫られています。ここでわたしが強調したいのは、今われわれが見たマトゥラーのブッダもサルナートのブッダも出家の比丘の姿で表されているということです。

時代が下ってまいりますと、図15のようにブッダは冠をつけた姿で表されるようになります。これもニューデリーの国立博物

図14

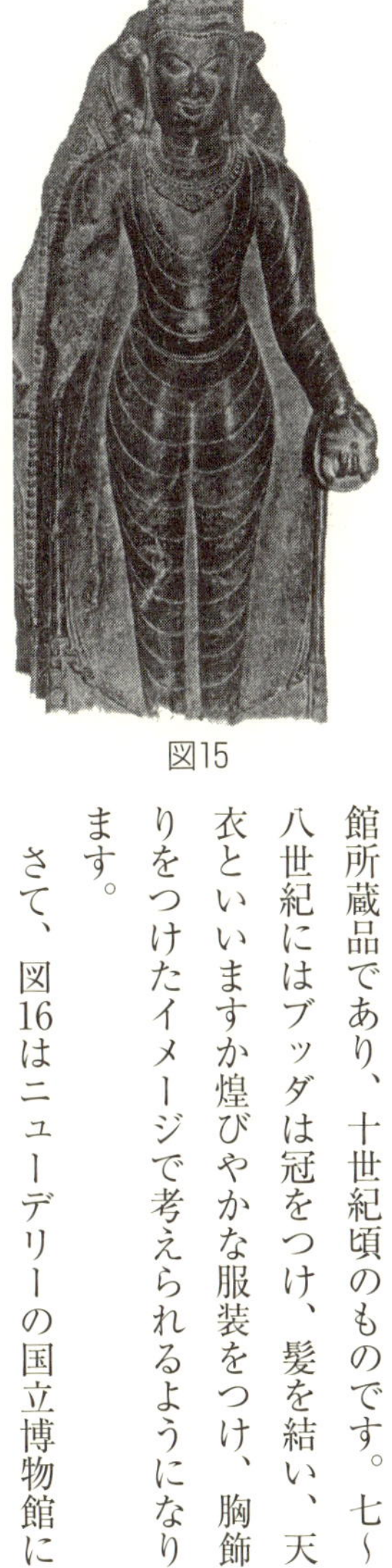
図15

館所蔵品であり、十世紀頃のものです。七～八世紀にはブッダは冠をつけ、髪を結い、天衣といいますか煌びやかな服装をつけ、胸飾りをつけたイメージで考えられるようになります。

さて、図16はニューデリーの国立博物館にある、トゥルファン出土のもので、九～十世紀のものですが、このころになりますとブッダが宇宙論的に考えられます。いわゆるコズミック・ブッダといわれているものです。中央アジアでは、「宇宙的」つまり、ブッダの身体が宇宙と考えられ、その宇宙全体を覆うような姿でブッダが表されることが多くなります。宇宙的ブッダのイメージがインドにおいても見られるのですが、中央アジアにおいて、より多くなります。

図16

五

また仏塔の話に戻ってまいりますが、図17の仏塔はエローラの仏教窟第十窟のものです。仏像の後ろに仏塔が見えます。仏塔もその前の仏像も同一の巨大な岩から掘り起こされたものですが、仏塔の前にこういった仏像が作られるようになります。このエローラ第十窟はおそらく八、九世紀と考えられますが、この時期には仏塔の側面にこのように仏像が彫られることが多くなります。

図17

ようするに人々は土饅頭のようなあるいは卵のようなイメージに満足することなく、その仏塔からブッダが人間の姿をとって現れることを

図18

期待して、あるいは現れていると考えて、そのイメージを造形作品に残すようになったのです。

図18の仏塔は、カトマンズ盆地の東部にありますボードナートと呼ばれる仏塔です。この仏塔の特徴は、平頭の部分に目と鼻が描かれていることです。仏塔の平頭に目鼻が描かれていること は少なくともエローラ石窟において見られません。

このネパール仏塔には多くのチベット人が参拝に来ます。ここの仏塔の名前はチベット語で「チャルンカショル」といいます。この名称の由来を語る話が伝えられています。あるお婆さんが仏塔をこの地に建てたいと地主に申し出ます。するとその地主は、「建てても（チャ）良い（ルン）と口（カ）が滑った（ショル）」と伝えられています。それならば、ということで、そのお婆さんはとてつもなく大きな塔を建ててしまったということです。チベット人たちがネパールにやってくるときにはこの仏塔に参拝するといわれています。

ここでは仏塔がブッダの身体と考えられていることに注目しましょう。先ほどの図17の場合には、仏塔の側面からブッダが出現したのですが、図18では仏塔の平頭そのものに目鼻がついています。このようにすれば、仏塔がブッダが坐っている姿だということを明白に示すことができます。

すでに前に述べましたように、卵は世界を意味します。卵形を基本にしている仏塔は世界を意味し、さらに坐っているブッダの姿でもあるということになってまいります。ようするに、ブッダは世界であり、世界はブッダの身体だ、というような考え方が生まれてきたのです。世界が神の身体だという考え方は、ヒンドゥー教では紀元九世紀頃から一般的となります。八、九世紀以降の仏教においてもそのような考え方が見られるようになります。後でマンダラについてお話いたしますが、マンダラは神々が住む館なのですが、一方ではマンダラ全体は一人の巨大な仏の身体であるとも考えられています。その巨大な仏の身体はとりもなおさずこの世界であるというのが、仏教のタントリズムの結論であります。

今日のお話の初めに、仏教にとって仏塔が重要だと申しました。世界であり、ブッダの身体であり、マンダラでもあるものを表すには仏塔はすぐれたシンボルです。仏像のみによっては、世界のすがたをとるというような象徴意味を表すことは困難です。

六

ヒンドゥー教にシヴァ神という神がいますが、シヴァのシンボルの最も重要なものはリンガです。「リンガ」とは男根を意味します。仏塔の上部すなわち平頭を取りのぞいたものをヒンドゥー教徒は、リンガと呼んでいるのです。ヒンドゥー教および仏教両方とも、世界という姿の「神」

を崇めてきたのです。このように、ヒンドゥー教と仏教とはインド的なベースに基づいています。そのベースとは、世界を卵（アンダ）で表したということです。ヒンドゥー教のシンボルと同一になってしまいますから、ヒンドゥー教徒に対抗するために仏教徒はこういった平頭をつけたと考えられます。その卵の上に仏教徒は平頭をつけて仏塔としました。一方、ヒンドゥー教徒は平頭のないもの、つまりリンガを崇拝します。仏教徒が仏塔を拝むのと同じように、ヒンドゥー教徒はリンガを拝んできたのです。

仏教は仏塔というシンボルを当初から今日にいたるまでもっておりますので、世界とブッダとの関係をシンボリカルに表すことができるような装置をもっていたということができます。

図19

今日のお話の最初に、インド古代のウパニシャッドの一節を読み上げましたが、インドの伝統によれば、宇宙の根本原理であるブラフマンは食物であり、息であり、眼でもありました。ようするに、世界あるいは世界を構成するものが根本原理なのです。仏教においても、仏塔がブッダの悟りの境地を意味するとともに、世界のシンボルであり、さらにブッダの身体をも表すと考えられました。このように見てくると、バラモン教（あるいはヒンドゥー教）と仏教とは共通の基盤に根づいているということが分かります。

図19は、カトマンドゥ盆地のものですが、ご覧になって分かるように、この仏塔の本体は平頭の下の卵形です。卵形およびその下部がメール山であるといってもよいでしょうし、世界といってもよいのですが、その四面に仏が配置されます。図19に見られる中央の仏は禅定印を結んでいます。この印からこの仏は西方に位置する阿弥陀仏であることがわかります。写真左の仏は北に位置する不空成就如来です。写真右の仏は宝生如来です。そして、この写真では見えませんが、阿弥陀仏の反対側にあるのが阿閦（あしゅく）如来です。このように金剛界の四仏が仏塔の四面に彫られていますが、これは立体的なマンダラであると考えられます。後世はこの仏塔全体が、四人の仏を含んだまま、一人の巨大な神の姿であると考えられます。

七

さて人々は、肉体をもった釈迦は死んでしまった、しかし、ダルマ（法）そのものは永遠のはずだ、ダルマがブッダにちがいない。そして、どこかの時点では肉体をもたなくても、すがたをとってわれわれの前に現れてくるはずだと、あるいは現れてきてほしいというような願いを人々は持つようになりました。

このような考え方が、紀元後四世紀あたりまでには三身仏の思想、つまり「三つの位態にある仏の思想」として結実することになります。第一が法身仏、第二が報身仏、第三が化身仏です。法身仏とは法そのものを体としている仏です。この仏には姿かたちがなく、見ることができません。二番目の報身は、歴史的に肉体を持ったゴータマ・ブッダのような存在でなくても、姿かた

図20

図21

図22

ちをもち、働きをもってわれわれの前に現れてくるであろうと考えられている仏です。第三の化身仏とは歴史上に肉体をもって現れた仏、つまりゴータマ・ブッダ（釈迦牟尼）です。

図20はカトマンドゥ在住の画家が描いた白描ですが、ここに見られる仏は東方に住むと考えられている阿閦仏です。インドの神や仏にはそれぞれの乗り物として動物が定められていますが、この仏は象を乗り物としていますす。図20を描いた同じ画家によって図21も描かれましたが、この図に見られる仏は孔雀に乗っております。孔雀に乗る仏は阿弥陀仏です。この二つの図に描かれた仏は多くの腕を持ち、多くの面を持っています。このような姿の仏は日本ではなじみがありませんが、後世のインド、ネパール、チベットにおいてはよく知られています。

図22は、カトマンドゥ盆地にはスヴァヤンブーと呼ばれる仏塔がありますが、その仏塔の西の側面を掘り込んだくぼみに祀られている阿弥陀仏です。阿弥陀仏はここでは金色に塗られていますが、伝統的には体の色は赤いとされています。

阿弥陀はわれわれの国である娑婆世界に住むのではなくて、極楽浄土というわれわれの世界からはるか彼方にある「銀河」に住むと考えられております。しかし、浄土経典には、われわれが阿弥陀仏を見ようと思えば、この娑婆世界において見ることができる、と述べています。

図23はさきほども名前を挙げました阿閦仏ですが、冠をつけております。これはカトマンドゥ、チャウニー地区のネパール国立博物館所蔵のもので、十六、十七世紀以後の作品と思われます。もっともこのような阿閦仏のイメージは、インドではすでに八、九世紀には存在したと考えられます。これまで見てきたように、グプタ朝までは仏はほとんどの場合、出家僧の姿をしておりました。その後は、菩薩のように宝冠をもち、きらびやかな衣を身につけた姿で表現されることが多くなります。

図23

このようにブッダは出家僧の姿で表されていましたが、七世紀頃には飾ったブッダとして現れます。これは大きな変化です。大日如来のイメージが確立するのは大体七世紀頃ですが、大日如来とは東大寺の毘盧遮那仏が密教的になった仏と考え

図24

ることができます。この仏は飾られたすがたで表されることがしばしばです。

　図24の仏は大日如来です。十世紀頃のインドのものですが、ニューデリーの国立博物館所蔵のものです。これも冠を被っています。この仏が結んでいる、金剛を持った覚勝印（智拳印）は十一、十二世紀編纂のインドのマンダラ集『完成せるヨーガの環』（ニシュパンナヨーガーヴァリー）第十九章「金剛界マンダラ」に述べられる大日如来の印相と一致します。これが出家僧の姿でないことはいうまでもありません。

図25

　次の図25も冠を被った大日の姿を示しています。チベットに伝えられた金剛界マンダラの中尊としてカトマンドゥのチベット仏教寺院の壁に描かれたものです。図24、図25に見られるよう

図26

に、大日は一般に四面を有すると考えられています。五、六世紀までは、法（ダルマ）そのものは背後に控えており、人間の姿をとることもなく、法そのものが説法することもありませんでした。それまでは法身仏は人格（ペルソナ）を持っていなかったのですが、この七世紀頃からは、大日は説法する法身仏であると考えられるようになりました。

このように仏の姿がさまざまに変わってまいります。一、二世紀ごろにブッダは人間の姿で表現され、四世紀頃にはブッダの三つの位態として「三身」が現れました。そして、七世紀頃には、ブッダ比丘の姿ではなく、菩薩のように着飾った人間の姿で表され、さらに、法（ダルマ）そのものが説法するとも考えられるようになりました。その後一、二世紀経て、八、九世紀には、おそろしい姿のブッダが現れます。例えば、図26はそういった仏の一人であり、ヘーヴァジュラ（呼金剛、こんごう）と呼ばれます。頭蓋骨を持って妃と抱き合って踊っているようなおそろしいすがたのこの尊格は護法神ではなく、ブッダつまり世尊です。大阪の国立民族学博物館所蔵のものです。こういった新しい姿のブッダが登場いたします。九世紀の中頃、中国から日本への仏教の公的導入が終結しましたので、日本にはこのような形の密教はほとんど入ってきておりません。

八

紀元五〇〇年あたりに簡単なマンダラが成立します。マンダラとは当初は携帯用の祭壇であったようなのですが、九世紀頃になりますと、世界の中心である須弥山をマンダラの中に組み入れまして、マンダラが一つの宇宙図としての意味をもってくるようになります。

今日は時間の関係上マンダラのお話はできませんが、マンダラには三つの要素が必要です。第一はマンダラに登場する神々あるいは仏たちがいることです。第二は神々（仏たち）が住む館つまり場です。図27（法界マンダラ、カトマンドゥ）に見られる四角い枠は、並んでいる館を表しています。その館の屋根が透明であって、中を上から見ることできると思って下さい。このようにマ

図27

ンダラは、神々と仏たちが住む館上から見たものです。館はメール山の上に建っていますから、館の外の緑の部分はメール山頂の芝生であるとでも考えてください。

もう一つ、マンダラには重要な要素が存在しなくてはなりません。人がマンダラ図に対して行為しなくては、マンダラはマンダラとなりません。その中に入っていくなり、これを礼拝するなり、この中に入っている仏たちと一体になる修行をするといったかたちの実践行為がマンダラには必要です。これが第三の要素です。

九

われわれはまず仏塔を見ました。そして釈迦（シャカ）あるいはブッダが人間の姿で表されるのを見ました。人間の姿で表されたブッダが順次、煌びやかに飾られるようになり、さらにはおそろしいすがたに描かれるようになったのも見ました。一方、この仏塔の側面にはブッダたちが彫り込まれるようになりました。九、十世紀になりま

図28

すと、仏塔とマンダラとが合体をいたします。

図28は立体的なマンダラです。中央にそびえ立っているのは須弥山です。このマンダラは、カトマンドゥ盆地のチベット仏教寺院にあるものですが、元来はチベット仏教のものではなく、カトマンドゥ盆地のネワール仏教のものです。というのは、このマンダラの下部にはサンスクリットの銘があります。もっともこのマンダラの様式にはチベットおよび中国的要素が見られます。このマンダラのレプリカが、チベットに住んだ経験のあるネワール人によって作られ、今日、国立民族学博物館に展示されています。

図29も国立民族学博物館所蔵のものですが、チベット仏教の立体マンダラです。ブータン様式

図29

図30

によって作られています。『チベット死者の書』と一般に呼ばれている書がありますが、この書は中有と呼ばれる期間、魂が漂うさまを描いています。人が死んで、次の肉体を得るまでの四十九日間、魂は「空中遊泳」のような状態にありますが、この期間を中有といいます。その期間にさまざまな仏や菩薩が現れて死者を導こうとします。この導きを説明したものが『チベット死者の書』ですが、図29はこの書に述べられる仏・菩薩と彼らが住む館とのコンプレックス（複合体）をマンダラとして表現したものです。図30は図29の部分を示しています。

十

インドおよびその周辺国のブッダのすがたの変容について述べてまいりましたが、ここでまとめてみましょう。

仏塔は、ブッダの遺骨（仏舎利）が基本になっております。今日の東南アジアにおいて仏塔は仏舎利を含まねばならないと考えられています。ブッダが涅槃に入ったということが仏教徒の出発点であり、終着点でもあります。それを仏塔という形で人々は表したのです。ちょうどそれはキリストが十字架上で死んだということがキリスト者の始まりであることと同じです。

仏塔は、およそ一、二世紀の頃にはすでに世界としての意味を与えられたと考えられます。一方、仏教徒は仏塔をブッダの涅槃のシンボルであると考えました。このように仏塔には、この世界から超越したすがた（涅槃）と、この世界そのものを表すというように、相反する方向を有する二種類の意味があります。

時代が下るとともにブッダが人間の姿で表されるようになり、そして初めは僧形であったのですが、煌びやかな姿に表されるようになり、そして、信仰の中で対話の相手とあるいは交わりの相手となる、人格（ペルソナ）を持った尊格として成長していきました。大日も阿弥陀もそのようなペルソナを持った信仰の相手であります。

仏塔の側面に仏像が彫られることもありますが、このような仏塔は後世マンダラと呼ぶことのできるような造形として作られていきました。もう一つ最後に重要なことは、インドではマンダラがブッダの巨大な宇宙的身体として考えられたということです。マンダラの中ではブッダは「世界の中へ」という求心的働きを強めます。一方、浄土教にあっては、阿弥陀仏に見られるように「世界の外へ」という遠心的働きを有します。ブッダ（仏）に見られるこの二面性は、先に述べた仏塔の二面性と呼応します。

ご清聴ありがとうございました。

（平成十八年六月二十二日）

仏教瞑想論
――アジア諸地域の特徴について――

蓑輪顕量（みのわけんりょう）

はじめに

瞑想の基本は心を何かに結びつけるところにあります。結びつける対象は業処（kammatthāna）と呼ばれます。また、瞑想はその機能から大きく二つの範疇に分けられました。

まず最初に心の働きを静めることを目的とした瞑想が存在しました。それが、止（samatha）です。止は三昧と禅那の二つに区分されます。三昧は意味の上から「心一境性」と翻訳されましたが、それは心を一つの対象に結びつけることを意味していました。

止（samatha）
　三昧（samādhi）　心を一つの対象に結びつける「心一境性」
　　十遍・十不浄・十随念・身至念・入息出息・梵住など
禅那（jhāna）　四禅（初禅（尋・伺・喜・楽・一心）〜第四禅（不苦不楽・捨・念・一心））

四無色禅（空無辺処・識無辺処・無所有処・非想非々想処）

もう一つの範疇は観（vipassanā）です。観は文字通り、観察することが中心となりますが、身体が感じ取っていることをすべて気づき続ける観察です。

このように仏教の中の瞑想は大きく二つの範疇に分かれるのですが、その基本的な性格は、「心の働きを一つの対象に結びつけること」と、そしてそれに「気づく」ことでした。止も観も一つ一つ気づくことを行っていますので、それは変わってはいません。では、まず両者の相違から確認していきましょう。

一　止と観の相違

止は、観察の対象（業処 kammaṭṭhāna）が一つに限定され、他のものに心の働きが移った時に、最初のものに戻るという特徴が見出されます。目指されているものは心の働きを減少させて静かにすることです。ここでも心の働きの一つ一つに「気づく」ことがポイントになります。一方の観は、観察の対象が一つに限定されず複数のものになり、恒に身体が感じ取っているものを気づき続けるところに特徴があります。目指されているものは、受↓想↓行↓識の一連の心の反応を途中で気づいて、心が一気呵成に反応して、さまざまな働きを生じさせることから脱却させることです。ここでも「気づく」ことはポイントになります。

このような、止と観に関する言及は、パーリ聖典の中に見出すことができます。たとえば、次の経典を見てみましょう。『思念を発す――念処経（第十経）（*Satipatthāna-sutta*）』の一節です。

法を知る（五蓋を知る）

比丘たちよ。どのようにして比丘たちは諸々の法について法を観察して住するのか。比丘たちよ。比丘は五つの障害の法について法を観察して住する。……比丘たちよ、比丘は内部に欲望指向があるとき、「私の内部に欲望指向がある」と知る。……あるいは内部に瞋りある時、「内部に瞋りがある」と知る。……あるいは内部にうつ気と眠気があるときに、「内部にうつ気と眠気がある」と知る。……あるいは心の浮わつきと後悔があるとき、「内部に心の浮わつきと後悔がある」と知る。……内部に疑いがある時に、「内部に疑いがある」と知る。このように内部にもろもろの法について法を観察して住する。

五蘊について観察する

「比丘はもろもろの法について、すなわち五取蘊について法を観察する。……比丘は、このように色形あるもの（色 rūpa）がある」「このように色形あるものの生起がある」「このように色形あるものの消滅がある」「このように感受（vedanā）がある」……「このように想念

（saṃjñā）がある」……「このように作りなそうとする意志（行 saṃskāra）がある」……「このように識別知（vijñāna）がある」……と、このように、内部にもろもろの法について、すなわち五取蘊について、法を観察して住する。生起、衰滅について観察して住する。

（『中部経典』春秋社、一四五～一四六頁）

この記述においてはさまざまなものが知られる対象としてあげられています。しかし、特に重要なものは呼吸の観察、すなわち入息出息を観察することです。これは入息出息観（ānāpānasati）と呼ばれますが、実際に行っていることは、入る息に「入る」と気づき、出る息に「出る」と気づくことです。簡単に表に表してみますと、次のようになります。

実際の動き	名前付け
入る……	「入る」
出る……	「出る」
入る……	「入る」
出る……	「入る」
…………	

〈繰り返し〉

〈入る……「入る」〉が一つのセット

ここで、一つのセットと申しましたが、前のものは「捕まえられるもの」であり、後のものは「捕まえるもの」です。この両者は、実際の動きが色（rūpa）と呼ばれ、捕まえている心の働きの方は名（nāma）と呼ばれます。ここでは、呼吸を気づき続けていて、ただ一つの行為と思っていたものが二つに分離されることになります。このように見えたとき、すなわち気がつく智慧が名色分離智と呼ばれます。なお、後の法相教学などでよく使われる見分、相分ですが、色が捕まえられるもの（grāhya）であり、名は捕まえるもの（grāhaka）になりましょう。そして前者は相分であり、後者は見分に相当します。

さて、このように名色に分離されるようになると、次第に次のようなことが自然と見えて参ります。見えてくるものは「セットになったものが短い間に生じては滅している」ということであり、それは永遠ではない（＝無常 anicca）ものであり、それは好ましいものではない（＝苦 dukkha）であり、そしてそのように生じては滅していくものは自分の思い通りにはならない（＝無我 anattan）ということです。

これが原始仏教で盛んに説かれる無常・苦・無我です。（なお、これに空が加わるのは、大分時代が下がってからです。）

また、この入息出息の観察から次のような大切な見方も出て参ります。それは、
・前の捕まえられるものが生じたときに、後の捕まえる心の働きが生じている
・前の捕まえられるものが滅したときに、後の捕まえる心の働きも滅している
というものです。これを普遍化した表現が「此れあるとき、彼あり、此れ滅するとき、彼滅す」です。この表現は既に私たちに馴染みの深いものですが、所謂、縁起の表現になります。まさしく縁起（paṭiccasamuppāda）の理法は、この入息出息の観察、それも生滅を見るところから生じていることになります。

二　観察対象の種類

では、心を結びつける対象、すなわち業処はどのようなものがあったのでしょうか。一般に大きく四つの範疇に分けられ、それは総称して四念処と呼ばれました。観察の対象となっているものは、身（kāya）・受（vedanā）・心（citta）・法（dhamma）とされました。これらに対する観察が行われたのですが、これらの四つは、大きな範疇を示すものであり、具体的にはもっと細かく分類されました。たとえば受ですが、それは、感覚の観察（受の観察）でした。

人間が外界の刺激を受け止める受容器官は六根と呼ばれ、それらは眼・耳・鼻・舌・身・［意］

です。その各々に対象が存在し、また感覚が存在します。図示すれば、次のようになります。

器官	認識	対象	感覚	受容を表す言葉
眼根	眼識	色	視覚	見る
耳根	耳識	声	聴覚	聞く
鼻根	鼻識	香	臭覚	嗅ぐ
舌根	舌識	味	味覚	味わう
身根	身識	触	触覚	触れる
［意根	意識	法	意識	考える］

では、具体的に視覚等の感覚と対応する言葉で説明します。気づくのは、「見ている、見ている、……」と気づく、「聞いている、聞いている、……」と気づく、「嗅いでいる、嗅いでいる……」と気づく、「味わっている、味わっている……」と気づく、「触れている、触れている……」と気づく、「考えている、考えている……」と気づく、ことです。でも大事な点は言葉を使わないで気づくことです。

実はここに重要な視点が込められています。それは、私たちの心の働きには、

外界の刺激 ↓ その刺激を受け止める ↓ 受け止められた情報としてのイメージ
（色 rūpa）（受 vedanā）（想 saññā）
↓ そのイメージを作り為そうとする働き ↓ そのイメージを「～である」と判断する
（行 saṃkāra）（識 viññāṇa）

という一連の流れが存在していると分析されているのです。私たちの心は外界の刺激を受けて、反応を起こしていきます。そして次から次へと反応が起こり、さまざまな感情が生じたり、判断が生じたりします。そのような働きに気づくことによって、通常では、〈受→想→行→識→感情〉と連続する一連の反応を、識のところでストップさせることができるようになります。

このような視点から見た場合、原始仏教に頻出する五蘊説は、実は瞑想との関わりの中で登場したものであることが分かります。また心の観察から考えると、重要かつ最も基本的な教説であることも確認されます。

ですから、観の観察の時には、すべての働きを気づき続けるようになりますので、そのために心は忙しくなります。知覚している働きを一つずつ全て気づき続けるようにするわけですから、当然です。これが観の特徴となります。繰り返しになりますが、止の場合、観察の対象は一つのものに限定され、つねにそれに還り続けるところに特徴があることは言うまでもありません。

ところで、気づきと言っても、受のところで受けとめることは実際にできるものなのでしょうか。私たちは、たとえばものを「見た」場合、「見る」という知覚で止めることはまず困難であるように思います。必ず判断のところまで走っているようにも思います。でも、たとえ見て「何々だ」と判断するところまで走っても、それが好いものであるのかどうかに行く前で止めることは可能だと思います。

ところで、おもしろい例があります。道を歩いていて、誰かと肩がぶつかったとします。あなたならどうしますか。「気をつけろ」と怒鳴りますか、それとも、ぶつかったときに感じるのは「痛み」でしょうから、「痛み」「痛み」と気づきますか。「痛み」「痛み」と気づいて、それから優しく「気をつけて下さいね」と言うのが、修行経験の有る方の取る態度となりましょう。そして「触（触れる）」の場合は、そのままに受けとめることが比較的容易のようです。

では、観は何を目的に実践されたのでしょうか。その点から言及してみましょう。

原始仏教からの基本的な教説の一つに四苦八苦というものがあります。人生の実存的な苦しみを生・老・病・死・求不得苦・愛別離苦・怨憎会苦・五蘊盛苦と八つに表現したものです。また、心に生じる様々な根本煩悩、すなわち貪・瞋・痴・慢・無明・見・疑などから、その他の様々な心の働き、たとえば恨み・妬み・怒り・忿などのどちらかと言えば好ましくない心の働きが、私たちの心には生じる可能性があります。これは、誰もが持っている可能性です。これらの心の働きが生じて、その働きに支配されてしまうと、決して良いことはありません。しかし、これらの心の働きは、外界の刺激を受けて心が生じさせる反応に他なりません。そのような理解からみれば、切っ掛けになるものがなければ、心の働きが起こることはありえないはずです。（実際には、外界の刺激が無くても心に生じてくる働きはありますから、すべてに当てはまるとは考えることはできませんが……。）ですから、観の練習をすることによって、心の一連の働きは途中で止められるようになるはずです。外界からの刺激、そして受容、そして認識、新たな感情の成立、と連続して心の反応が続いていくのでしょうが、それをどこかの段階で気づくということは、そこで心の反応が止まるということを意味します。

こうなれば、感情に支配されることは少なくなるでしょう。また、それらの煩悩・害心は生じる機会を失います。それらは、心の一連の反応の結果、生じてくる心の働きに他ならないからです。

このように考えますと、観の実習で、私たちが生まれてからこの方、なじみにしてしまった一連の心の反応を断ち切ることができることが分かります。ここに、観の大きな目的があると言うことができます。

なお、注意が必要なのですが、東アジア世界では、観の用語の使用法が少し曖昧です。たとえば空観という言葉がありますが、それは「一切が空である」と認識し続けることであります。これは、一つの概念に心の働きを結びつけていますので、観と言われても、実は機能的には「止」の範疇に入ります。それは原始仏教で範疇分けされた分類に従えば、「随念による修習」の一つに入ります。それは、あくまでも「止」の働きを持ったものであり、いわゆる「観」ではないことに注意が必要です。

三　アジア諸地域の瞑想

1　ミャンマーの瞑想

では、次に各地における仏教の瞑想の現状について概略を述べたいと思います。ミャンマーにおいて仏教は国教です。軍事政権も仏教を信奉し、国定の仏教教科書が二種類、存在しています。仏教の流派には九つ（Thudhamma, Shwegyin, Mahadwara, Muladwara, Anaukchaungdwara, Welwun, Hngettwin, Mahayin）が存在しています。

さて、ミャンマーの修行道は仏教が伝播して以来、変わらずに伝持されてきていたのかと言いますと、実はそうでもありません。修行道は一時期衰えていた時代があり、その復活は十九世紀末頃の運動に始まります。丁度、その頃はヨーロッパ列強がアジア世界に進出し、アジアを侵略して植民地化を推し進めていた時期と一致しますので、それに対する抵抗運動の一環として仏教の復興が行われたと考えられます。

現在、ミャンマーにおいて瞑想センターを持って活躍しているところに四大流派が存在しています。大きくマハシー（Mahasī）系とレディー（Ledi）系とに分かれるようですが、それぞれを簡単に紹介します。まずマハシー系です。

(1) Mahasī Sāsana Yeiktha Meditation Center

このセンターはマハシー・サヤドゥ（Mahasī Sayadaw 一九〇四～一九八二）によって一九四九年に開創されました。本部はヤンゴン市内にあります。

瞑想の中心は、念住の観察（satipaṭṭhāna vippasanā）です。それは心に生起する思いや肉体に感じられる現象を逐一観察することに主眼が置かれています。伝統的な四念処（座っていて呼吸の観察、但し、おなかの膨らみ凹みで観察する、から、心に生じる働きに気づき続ける、体で感じる感覚を気づき続ける、など）を実習します。この集団では、止（samatha）としての瞑想（入息出息など一つのもののみを観察すること）はあまり行っていないところに特徴があります。

その理由は、一度心の働きを静めてしまうと、対象に心を向け、気づき続けるのに改めて努力をしなければならなくなってしまうからだそうです。

出家者、在家者向けの宿泊の施設が有り、食事も支給されていました。朝食は五時三十分より、昼食は十時より始まり、十二時以降は非時食戒を守り、ソフトドリンク以外はだめとのことでした。

六週間から十二週間にわたる瞑想の期間が設けられており、参加する在家の修行者には八斎戒（五戒と不歌舞観聴、不坐広高大床、不塗飾華蔓、非時食）を保つことが義務づけられていました。朝三時には起床、そして就寝する夜十一時まで、瞑想の実践が瞑想ホールにて行われていました。実際に座って観察する瞑想と歩く瞑想との双方が実習されていました。また、指導者による個人的なインタビューが、瞑想の合間に定期的に設けられており、また上級の指導者による説法も存在していました。

(2)　レディー系の瞑想センター

レディー・サヤドゥ（Ledi Sayadaw 一八四六～一九二三）は二十才で具足戒を受戒し、ミャンマーの北方のマンダレーにおいて活躍した比丘です。後に北部の町に移り僧院を開創し、一八九七年にパーリ語で『最上の灯明（*Paramattha Dīpani*）』を著述しています。以後、弟子の育成に努め、生涯に七十作以上の著作を残しました。一九一一年にインド政府より第一大教師

（Aggamahāpandita）の称号を頂戴していますので、ミャンマーの瞑想を考える上では最も重要な人物です。彼の系列に入る瞑想センターが以下のものです。

Mogkok Vipassanā Yeiktha

このセンターはモコック・サヤドゥ（Mogkok Sayadaw 一八九九〜一九六二）によって創設されました。その特徴は自我（self）への執着に対処することを大切にしていることと、修行に入る前に輪廻の説明をしていることにあります。我見への対処をまず最初に行い、次いで縁起の教説を説き、正しい認識を知ることから始めようというものです。どちらかというと教理的な部分も明確に主張していると言えます。

瞑想を実践する道場の中には縁起と輪廻を組み合わせて教えるダイアグラムが有りましたが、それは縁起に重点を置いていることの現れと言えます。

(3) The International Meditation Center

このセンターはウーバーキン（U Ba khin 一八九九〜一九七一）によって創設されたものです。レディー・サヤドゥより瞑想を習得したウーポーテート（U Po Thet）の弟子に当たる方がウーバーキンですので、レディー・サヤドゥの孫弟子に当たります。ここの道場の特徴は、止と観との双方を、ともに重視するところにあります。十日間のコースを毎月、開催していました。また、とても興味深いことなのですが、在家の方、しかも女性の方が今も指導者として教えていることです。

修行の最中は五戒を遵守します。最初の五日間は止を実習します。この時には入息出息を止として実習するそうです。そしてその後の五日間は、観を実習します。ここの道場では、以前のもの（すなわち他の道場等で修得したもの）はすべて放棄することを求められます。

一日の時間予定は、朝四時起床、そして瞑想、次に六時三十分に朝食を取ります。九時三十分には指導者によるインタビューがあります。その後、また瞑想です。十一時には昼食、そして午後一時までは休憩です。一時から五時までは瞑想を行い、五時から六時はお茶と休憩の時間です。六時から説法があり、七時三十分から九時まで瞑想、そして九時には就寝というような時程でした。

なお、参加者は一度コースに参加して基本的なことを学べば、あとは自由に参加しても良いとのことでした。

ちなみにこの道場から巣立っていった弟子の一人にゴーエンカ（Goenka）氏がいます。彼はインドのムンバイ郊外のイガットプリに拠点を持ち、現在ではAssociation of Vipassanā Meditationというセンターの指導者として活躍しています。

（4） Sunlun Buddhist Meditation Center

この道場はスンルン・サヤドゥ（Sunlun Sayadaw 一八八九〜一九五二）の創設したものです。ここの特徴は、激しく音を立てながら出息と入息とを繰り返し行い、「鼻の先で衝突する空気による流れを観察した後（四十五分）、合図に従って激しい呼吸を止め、体全体において発生する感覚（痛み）を観察する（四十五分）」ところにあります。大変に変わった方法を推奨していますが、私たちの五感によって捉まえられる感覚を、意図的に発生させるところに特徴があると言えましょう。

さて、最後に、現在のミャンマーにおいて瞑想に関する著名な僧侶の方がおられますので、その方を紹介してミャンマーの紹介を終えたいと思います。その方は、パオ（Pa Auk）比丘という方です。彼は一九三四年、ミャンマー中南部ヒンタダに生まれました。一九四三年、サリン僧院において出家をし、一九五四年イェギィ僧院にて受具足戒をします。一九五六年には法師（Dhammācarya）の資格を取得します。その後、瞑想禅修に励み、また頭陀行（dhūtanga）を実習したと言います。一九八一年より衆僧の教導に力を発揮しました。自ら『涅槃に至る道（*Nibbānagāminīpaṭipadā*）』を著作し、一九九六年にはミャンマー政府より大業処阿闍梨（Mahākammaṭṭhānācariya 大禅師）の称号を授与されました。

現在、パオ比丘は東南アジア全域に知られる比丘となっています。実際、台湾にも支部がありましたが、嘉義郊外の法雨道場は、彼を師と仰ぐ道場です。パオ比丘は『清浄道論（*Visuddhimagga*）』を根拠に瞑想の体系を提唱しています。それは、

①安般念から色、無色禅へ

②安般念から観禅へ

という二つの方向性があるというものです。

⑸　ミャンマーにおける瞑想の特徴

さて、ここでミャンマーの瞑想の特徴を考えておきたいと思います。ミャンマーの瞑想は、原始仏教からの瞑想を忠実に継承していると考えられるのですが、アーナーパーナ・サティすなわち安般念の業処の一つとして、おなかの「膨らみ」、「凹み」が生まれているところに一つの特徴があります。見つめ続ける対象に新しいパターンが生み出されている、それは、工夫の創設があったとも言えましょうが、とにかく業処に新しいものが生まれていました。

それから、止（samatha）を実習せずに、いきなり観（vipassanā）を実習させる流派が存在することも一つの特徴と考えられます。実際には止を実習し、心の働きを捉まえることに習熟した上で観に進むのが良いように思われるのですが、止の段階が省略されてしまう場合があるようです。

また、瞑想の実習に際しては指導者が修行者にインタビュー（質疑応答）をすることが一般的のようでして、必ず日々の修行の進捗状況が確認されています。このように師と弟子の間で交わされる質疑応答は、問答のようなものであると考えれば、ここには中国世界の語録の原型みたいなものがあるようにも想像されます。もっともこれは全くの想像の域を出ませんが。

2 タイにおける瞑想

次にタイランド（以降、タイと略記します）における瞑想について概観します。タイにおいても、僧伽の瞑想はインド仏教以来の伝統に則っていますが、ミャンマーのマハシーの影響が強く認められます。タイの仏教界の中で瞑想の第一人者と呼ばれる人が存在しました。その方が、二十世紀に活躍したプラ・ダンマ・ティーララッチ（Phra Dhamma Theerarach ?～一九八八）という方です。亡くなってから既に二十年以上が経っていますが、とにかく瞑想の第一人者として有名な方だったようです。それではティーララッチ比丘の主張の特徴をかいつまんで述べます。

⑴ Phra Dhamma Theerarach

彼は、まず人間界に至る道として五戒と十善戒があると主張しました。そして、梵天界に至る道として、四十の止の瞑想が有り、涅槃に至る道として、観（vipassanā）の実習が存在すると主張しました。四十の瞑想というのは、『清浄道論』に登場する止の業処のことです。ここでは、観の瞑想こそが勝れており大切なものであると説いています。観の内容は、具体的には身・受・心・法を観察すること（四念処観）が基本ですが、心を一つの対象に結びつけている点（心一境性）は止と変わりません。しかし、観察の中で名色（nāmarūpa）に分離することが大事だと説くところが、止と異なります。また、実際の行法を見てみますと、

・座っているときにはお腹の膨らみ、凹みを観察し、膨らむ、凹むと気づく
・立っているときには立っていると気づく
・歩くときには右足、左足と気づく→細かく細分して気づく

ということをまずは行います。そして、観の場合、気づく対象を二個以上の複数にするところに特徴が見て取れるのですが、注意点として、一日に段階を二つ以上、上げてはいけないとしています。これは、心の気づきが追いついていかないことを誡めているようでして、慣れてくると、最初は二つのものに気づくのが精一杯であったものが、やがて三つ、四つ、と数多く気づけるようになります。ここに行くまでにはしばらくの時間が掛かるようです。

(2)　新興仏教集団タンマガーイ

次に新興の仏教集団であるタンマガーイ（Thammakai）について述べたいと思います。タイに

おいては仏教は準国教であり（国王は仏教徒でなければならないと憲法で規定されていますが、国の宗教としては規定されていません）、信者獲得は本来不要のはずです。それにも関わらず信者獲得運動を行ったのがタンマガーイです。創設者はプラモンコン・テープムニー師（Phramongkohn Thepmuni 一八八四〜一九五九　ソット・チャンタソロー師）という方であり、通称、ソット師とも呼ばれています。

師はバンコクにありますワット・パークナム（Wat Paknam）寺を中心に活動を展開しますが、師の没後、ワット・パークナム（寺）より分離し、独自の活動をする団体として認知されるようになっていきました。

その特徴は、タンマガーイ式瞑想と呼ばれる瞑想にあります。それは水晶玉を援用しながら自己の内面に光を観、そして仏を観るというものです。別の言葉に言い換えれば光のイメージを洗練し、タンマガーイ（法身）のレベルにまで到達させ、それと一体となることを目指す瞑想と説明されます。無我を観るのではなく真我（タンマガーイ）を観るとも言われます。

元はパークナム寺においての限定された活動でしたが、やがて独立し、タンマガーイ寺院を創設することになります。その後、バンコクのトンブリー地区に拠点が有りましたが、現在では、バンコク北方、空港の近くパトムタニー県に拠点が新設されました。

発展の経緯は次のようなものです。まず女性修行者と大学生のグループが独立してタンマガーイを創設したところから始まります。その内の一人が、ウパーシカー・チャン・コンノックユーン（Ubasika Can Khonnokyung　ソット師の直弟子の一人）であり、またパデット・タッタチーウォー師（Phra Phadet Thattachiwo　現在の住職）でした。

さて、それではその瞑想の内容をもう少し詳しく見てみましょう。基本瞑想は、①身体内部に水晶・光球の移動を観ることです。その特徴は、体の前に水晶玉を置き、それを見つめる所にあります。また、入息出息を気づき続けることも行います。また、心の中で、ということのようですが、サンマー・アラハンと唱えることも行います。まず、パトママック（初向）と呼ばれる輝く球体が身体の中にあり、また地・水・風・火・空・識の六元素の球体も有ると言います。その中心から、戒球・定球・慧球・解脱球・解脱知見球なるものが生まれてくるそうです。また次に、②九段階（十八身体）の内なる身体を観察する瞑想もあります。それは、人身から真我のタンマガーイ（法身）へと、観察の対象が進んでいくものともされます。涅槃処、タンマガーイの存在領域・功徳・守護力につながる瞑想とも言われます。

さて、その後、応用段階の瞑想へと展開していきます。

③護符の瞑想、他界を探訪する、守護力が備わるとか、多少、民間信仰的なところも存在しま

す。これは、タンマガーイの創設者の方が、二十世紀初頭までは存在していた民間の遊行僧の流れを汲んでいることを物語るようです。一九〇二年サンガ統治法により、経典学習の画一化、僧侶の定住化、全国寺院の組織化が行われ、彼らは都市部に定着させられましたが、その伝統が一部残ったようです。次に高度な瞑想といわれるものも存在しています。それが次の無辺微細瞑想と呼ばれるものです。

④無辺微細瞑想では微細なものを見ていき、粒子を見てみると黒と白の粒子があり、黒を取ると病が治り、白を取ると病になる……などと不思議なことが言われています。また次に⑤「闘魔の術智」と呼ばれる瞑想も存在するそうです。

このように、タンマガーイの瞑想の中には仏教の伝統の中にその淵源が見いだせない、いわゆる典拠の不明な瞑想実践が存在しています。

但し基本瞑想の①はスリランカで一八九二年に発見された文献に出てくる瞑想方法と類似しているものであることが指摘されています。（サンマーアラハンと心の中で唱えるのも同じです。）

なお、瞑想する僧侶のもたらす守護力が大事にされるところには、興味を持たされますが、現在では道徳性を帯びた正しい力が守護力の源泉であり、個人内在の守護力に変容していて、他界探訪は言わなくなったようです。

結局、民衆信仰が合理的な上座仏教の中に取り入れられたものがタンマガーイであるといえそうです。都市のミドルクラスの運動であり、保守的でかつ非合理な部分もあったところが民衆に受け入れられたポイントではないかと思われます。また、瞑想の原則から見れば、光を観察の対象とするのは、「光明による遍」の一種と考えることができます。その点では、タンマユットニカーイ・マハーニカーイなどのタイの正当的伝統派から寄せられる批判点であります、「止(samtha)ばかりで観(vipassanā)がない」という批判は、光明を見るという一つのことに心を集中させていますので、もっともかと思われます。また、現在の指導者はこのような批判を受け、伝統的な観の瞑想も指導するように変化してきています。

四　東アジア世界の瞑想

次に東アジア世界に仏教が伝わり、実際にどのような展開が生じたのか、とくに瞑想の上でどのような展開があったのかを考えてみたいと思います。その中でもっとも特徴的なことは、瞑想の新たな工夫として「公案」なるものが生まれたことだと思います。

さて、唐代の禅については、小川隆先生の研究がもっとも明快であると思いますので、小川先生の説に則って話を進めさせていただきます。

唐代の公案には必ず答えが想定されていたというのが最近の理解です。それは、必ず自己の本心に気づかせるため、己こそが仏に他ならないという前提が存在していた、というものです。たとえば、唐代禅の事実上の開祖とされる馬祖道一の問答中の答の一文に、次のようなものがあります。

『馬祖の語録』

馬祖は言う、「諸君、各自こう信じるのだ、自己の心は仏である。この心こそが仏に他ならぬ、と。達磨大師は南天竺国から中国にやってきて、上乗一心の法をお伝えになり、諸君にこのようなことを悟らせようとされたのだ」と。

（小川隆『語録のことば――唐代の禅』禅文化研究所、二〇〇七年、十三頁）

ここに登場する「自己の心は仏である」という体得こそが禅が求めて止まなかった肝要だったのだ、というのが小川先生の述べるところです。それを心底、悟らせるために、己こそが仏に他ならないのだと気づかせるために、周到に用意された文言が唐代の語録だったのだ、ということでしょう。

ところが唐代を過ぎて宋代に入ってきますと、そのような公案に新しい用法が芽生えてきます。それが「話頭」との名称で呼ばれるものです。その典型的なものを『大慧書』に見てみましよう。

あなたがもし私を信じ込まれるなら、ためしに動処で「狗子には仏性がない」という話頭を参究しなさい。悟れるかどうかは後回しにして、胸中のざわめくその時に、気の向くままに工夫し把持してごらんなさい。静を感じるでしょうか。それとも力を得るのを感じるでしょうか。もし力を得るのを感じたら、気を緩めてはいけません。静座したい時は、ただ一本の線香を焚いて静座なさい。座るときは沈み込んでもいけないし、跳ね上がってもいけません。沈み込むのと跳ね上がりとは、先聖が厳戒したものです。静座するときに、この二つの弊害が出現するのに気づくやいなや、もっぱら「狗子には仏性がない」という話頭を取り上げなさい。二つの弊害は力を込めて押しのけなくても、すぐに落ち着きます。日月のたつうちに力がぬけるのに気づきさえしたら、それがそのまま力を得るところなのです。また別に静中の工夫をしなくても、これがその工夫に他なりません。

（前略）……坐時、不得令昏沈、亦不得掉挙。昏沈掉挙、先聖所訶。静座時、纔覚此両種病現前、但只挙狗子無仏性話。両種病不著用力排遣、当下帖帖地矣。）

（『大慧書』禅の語録十七、筑摩書房、一九六九年、五七頁）

この文章中に登場する「沈み込んでもいけないし、跳ね上がってもいけません」という翻訳の元になっている原語に注意して下さい。この二つは実は昏沈と掉挙の訳語として用いられていま す。それらは、瞑想の最中に必ずと言って良いほど経験する「沈み込んだ気持ち」や「そわそわと沸き立つ気持ち」を指しています。そのような気持ちが生じたときには、絶対矛盾の問題である「話頭」を心に思い浮かべ、それを把持すれば（抱き続ければ）、その沈み込みやそわそわの心の働きは退治される、と述べているのです。これは、まさしく「話頭」が心の働きを結びつける業処としての役割を果たしていることを示しており、止の工夫の一つに他なりません。

同様の働きを知らせてくれる箇所は他にもあります。次の記述を見て下さい。

「日常、朝から晩まで生死と仏道とは有だと執着してはいけません。また生死と仏道を無視して無に帰してもいけません。ただ「狗子に仏性があるでしょうか」。趙州は云う、「無い」と参究しなさい。決して意根によっておしはかってはいけません。言葉の上でやりくりしてはいけません。また示教の語にとらわれて了解してはいけません。「狗子に仏性があるでしょうか」。「無い」。ただこのように参究しなさい。心を構えて悟りを待ち、安静を待ってはいけません。」

（不得執生死仏道是有、不得撥生死仏道帰無。但只看、狗子還有仏性也無、趙州云、無。切不可向意根下卜度、不可向言語上作活計。又不得向開口処承当。又不得向撃石火閃電光処会。狗子還有仏性也無、無。但只如此参。亦不得将心待悟。）
（同、六八頁）

ここでも話頭は、言葉の上でやりくりをするのではなく、推し量るのでもなく、ただ「参究」しなさいと述べられていますので、対象として心の中に抱かれ続けていることが分かります。すなわち心の働きを結びつける業処としての役割を担っています。

このように見てみますと、公案と呼ばれた時代から、話頭と呼ばれる時代になりますと、両者はその働きが明らかに異なっていて、話頭の場合には止の一つとして用いられていることが分かります。すなわち、中国においては、絶対矛盾の難題である公案や話頭は、宋代になると、昏沈や掉挙を退治する工夫、つまり心を落ち着かせる道具であり、止（samatha）の工夫の一つであったことが分かるのです。ここに中国における瞑想の大きな展開があるように思われます。

さて、最後に日本の場合を見てみましょう。

五　日本の瞑想

日本の瞑想について、南都すなわち奈良の地に行われた興味深い例を紹介したいと思います。それは、院政期の南都に活躍した興福寺の解脱貞慶（一一五五〜一二一三）の例です。貞慶の著作である「修行要鈔」（『解脱上人小章集』）に次のような記述が出てきます。少し長くなりますが、引用します。

質問する。出離の要道はどのようなものか。

答える。自宗の意はただ唯識観にあるのみだ。

質問する。心は静かではなく智は及ばない。どのように此の観を行うのか。

答える。しばらくはその心を守るのがよい。分に随って静かなることを得る。これを専らにして他はない。ただ心を一つの縁に懸けるのがよい。だからいつも一つの道理を思うのは、次第に心が静かになることであろうか。次に智恵や理解の深浅は、まことに人に随うというけれども、己の分を取って学ぶところの法の中で、もっとも大切な一門に依って、心を留める。その道理を思えば、自分の観察の理解である。

質問する。自分の宗を取れば、私の分に応じる。どの法門から趣くのか。

答える。実に深く実に広い。定めがたいけれども、相い求めるのに及ばない。ここに慈尊（弥勒）の教授の頌がある。［慈尊が無着に授けた］その源は、釈尊が慈尊に授けた大義である。三人の聖人があい伝えたので、ことさらに教授の頌と名づけるのだろう。彼の文についていささか自分の心を懸けるに及ぶものはない。たとえ自分の智慧や理解が拙いといっても、口に聖言を唱えて心にその理を思えば、滅罪生善、出離得脱は、ついには決してむなしくはない。
質問する。その教授の頌とは何か。
答える。頌に次のようにある。

菩薩は定まった位において　影像はただ心であると観る　義想は滅除しているので　細かく自分の想いを観察する　このように内心に住し　捉まえられたものは有ではないと知る　次に捉まえる方も無である　後の触も無所得である（菩薩於定位　観影唯是心　義想既滅除　審観唯自想　如是住内心　知所取非有　次能取亦無　後触無所得）

以上、二行八句があるけれども広く尽くしがたい。ただ「観影唯是心」の一句を誦するのがよい。念仏者が佛号を誦するようにこれを崇め重んじ、これを練習する。ほしいままにその文章を訓じれば、自ずから意味を知ることがなされよう。（『日本大蔵経』鈴木六四、十九上）

文中に「彼の文についていささか自分の心を懸けるに及ぶものはない」との記述が出てきますが、これは心の働きを一文に結びつけることに他なりません。そしてそれは「止」の基本です。弥勒教授の頌といわれるものに心を結びつける、すなわち専心するというのは、念仏と同じようなものである、との興味深い記述も登場します。

すなわち念仏と同じように「観影唯是心」と唱えることに心を集中させます。そして、「観影唯是心」と唱えることは、心の働きを静める方向に働いたということができるのではないかと思います。それは、心の働きを静める止の働きを持っていることを意味します。これは、すでに興福寺の多川貫首によって紹介されていることではありますが、今まで余り知られていなかった点ではないかと思いましたので、紹介させていただきました。

おわりに

以上、パーリ聖典の記述から始まり、東南アジア、東アジア、日本と大変、広い地域にわたって、しかも年代的にも大きく隔たるものを無視して、しかも要点のみをかいつまんでお話させていただきました。

仏教の瞑想は、実はパーリ聖典に説かれる止と観の両者を出るものではないと思います。東アジアでは、禅は禅として独自の世界のことのように考えられることが多いかと思います。たしかに東アジア世界独特の要素が禅の中に付加されて認められることは間違いないと思いますが、その基本的なところは、やはり止と観を出るものではないと思います。もう一度、仏教の瞑想という大きな視点から、東アジア世界の禅の伝統を見直してみる必要があるのではないかという提言をさせていただき、終わりとさせていただきます。ご静聴有り難うございました。

（平成二十一年六月十九日）

参考文献

小川隆『語録のことば――唐代の禅』（禅文化研究所、二〇〇七年）
蓑輪顕量『仏教瞑想論』（春秋社、二〇〇八年）
矢野秀武『現代タイにおける仏教運動――タンマガーイ式瞑想とタイ社会の変容』（東信堂、二〇〇六年）

見えない「もののけ」を描く
――鬼・妖怪・幽霊をめぐって――

小松和彦（こまつかずひこ）

日本人の想像力を探る

こんにちは。ただいま紹介していただきました小松和彦と申します。講演タイトルは、最初は『「もののけ」を描く』としたのですが、「もののけ」は本来見えない存在なので、この点をもう少し強調したいと思い、このように、『見えない「もののけ」を描く』というタイトルに変えさせていただきました。じつは「もののけ」という語も、もっと広い意味の「もの」という語に変えた方がいいのかなと思いながらも、これはそのままにしてあります。

さて、私がこのようなタイトルの演題を掲げさせていただくのは、次のような理由です。私は長い間、民俗学や文化人類学の分野で民間信仰の勉強をやってまいりました。しかもその民間信仰の中でも特に、人々がどちらかといえば嫌う「悪霊」のたぐい、例えば、鬼であるとか疫病神であるとかいった、否定すべき超自然的存在の方に関心を寄せてきました。そのような研究の末に、「妖怪」というようなものにも出会い、さらには「妖怪学」などといった言葉を使いながら、その理解を深めてきたわけです。その過程で気付いたのは、日本人は、この見えないはずの悪霊のたぐいを早くから見えるように、つまり造形・絵画化してきた、ということでした。そこで、このような、見えないはずの鬼・妖怪・幽霊、つまり「もののけ」を、先祖はどのように絵画化したとかという意味で、今申し上げたような演題でお話しをさせていただこうということになったのでした。

柳田國男は、その著『一目小僧その他』のなかで、自らの学問的営為を、次のように述べています。「私の小さな野心は、これまで余程の廻り路をしなければ、遊びに行くことが出来なかった不思議の園――この古く大きく美しい我々の公園に、新たな一つの入口をつけてみたいということであります」と述べています。これにあやかって、私の小さな野心を述べるならば、それは「古くまた興味深い日本人の思い描いてきた、見えない世界（異界）、見えない「もの」（神々や悪霊たち）の様子を覗き見ることである。ただし、私は宗教者ではないので、そのための方法は、そのような世界や「もの」を語り描いてきた資料を探し出し、それによってその世界・ものを明らかにし、ひいては日本人の想像力のあり方を明らかにすることにある」ということになるでしょう。つまり、異界や悪霊・妖怪たちが、いかに語られ、いかに描かれてきたか、ということです。

「信貴山縁起絵巻」から生まれた疑問

見えないものを描くということは、見えない世界を覗き見るということでもあります。私たちは、そういうことに昔から非常に強い願望を持っており、その世界の様子を想像し、そしてそれを描いてきました。

お手元にレジュメを配布しておりますので、これからそのレジュメも参考にしながら話を進め、ところどころで画像も紹介してみようと思います。

そもそもの出発点は、私が修士論文で「信貴山縁起絵巻」を考察したことにあります。これは、今でもとても賑わっている大阪の南の方にある信貴山の朝護孫子寺のことを描いた絵巻なのですが、縁起とは名ばかりで——通常、寺社の縁起というと寺社が建立されるに至った経緯を物語ったものなのですが——、話の中身は、この寺に住んでいる不思議な方術を使う命蓮というお坊さんの霊験譚を描いたものです。

この絵巻は、三巻で構成されているのですが、第一巻目では、空を飛び回って托鉢をする命蓮の鉢が、山崎の長者の家の倉を信貴山に運んでいくという、奇想天外な、それ自体が一つのファンタジーみたいな物語が描かれています。第二巻目では、都に住んでいる延喜の帝・醍醐天皇の

絵1　信貴山縁起絵巻

病気を命蓮が治す話が描かれています。第三巻目では、命蓮の姉にあたる尼僧が、信州から命蓮に会いにやってくる道行の様子が描かれています。

ここで重要なのは、第二巻目です。帝が病気で明日をも知れない身になったとき、帝の病気を治せる僧はいないものかと廷臣たちが相談した。信貴山にいる命蓮というお坊さんは、お鉢を飛ばすほどの力を持っているということなので、帝の病気を治すことができるのではないか、ということになって、信貴山に使者を送り、都まで来て、ご祈祷をしてくれ、と頼む。ところが、命蓮は、わざわざ都まで行く必要はない。山でご祈祷をすればすぐに治してやる、と言う。使者は、それでは帝の病が治ったとしても、どうしてあなたの祈祷によって治ったのかがわかるのでしょうかと尋ねた。これに対して、命蓮は、帝の病気が治る時に、帝は、私が派遣した、剣を衣にした童子の姿を見るだろう、と教える。その

絵2　信貴山縁起絵巻

後、帝は夢うつつの中で南の方からキラキラと光る童子がやって来るのを見る。そうしたら、あっという間に病気が快癒したという。

絵巻のその場面を見てみましょう。絵1の場面は、剣の護法が、都の方に向かって空を疾走している場面です。このような護法は、通常、人には見えないとされているのですが、こうして描かれています。したがって、見えない護法を見えるようにした、貴重な画像といっていいかもしれません。次の絵2の場面は、偉い宮中大臣が控えていて、御簾の向こうに天皇がいると思われる、素っ気ない場面です。そして、その次の絵3の場面には、また、護法童子が庭に、剣を手に持って降り立っている場面が描かれています。

さて、この場面は、何を表しているのでしょうか。剣の護法は何をしているのでしょうか。帝は病気なのですから、この剣は病気の原因であるものを追い払おうとしている、と考

絵3　信貴山縁起絵巻

えられます。病気の原因は、当時は「もののけ」と表現され、さまざまな悪霊のたぐいがその中身として想定されていました。したがって、この場面は、剣の護法が「もののけ」を追い払う場面なのですが、肝心の「もののけ」は描かれていないのですね。「もののけ」も、通常、人には見えない存在とされていたので、描かれなくてもいいわけですが、しかし、やはり見えない存在である護法が描かれているのに、「もののけ」が描かれていないのはどうしてなのでしょうか。

「もののけ」がここに描かれていない理由として、「もののけ」は帝に取り憑いているわけなので、その帝が御簾の向こうにいて描かれていないので、描かれないのが当然、という理由も考えられますし、絵師は「もののけ」のイメージをまだはっきりと掴んでいなかった、とも考えられますし、「もののけ」のイメージはちゃんと掴んでいたけれども、絵画化するのが怖かった、必要を感じなかった、とも考えられます。

描かれた「もののけ」を探し求めて

いずれにしても、この絵巻では「もののけ」は描かれていないのです。そこで、私がこの場面を見ながら思ったのは、もし「もののけ」が描かれたとしたら、どのような姿かたちをしていたのか。いま少し正確にいえば、この絵巻と同時代の絵画に「もののけ」を描いたものがあるのか、時代を下った絵画には「もののけ」を描いたものがあるのか、あるとすれば、それはどのような姿かたちをしていたのか、という疑問でした。こうして、私は絵画化された「もののけ」を探し求めるという研究を始めることになったわけです。この探究は、とてもたいへんな作業でしたが、絵巻をたくさん見ているうちに、もしも剣の護法が追い払った「もののけ」を絵画化すれば、このような姿かたちで描かれたのではないか、と思われるような画像を発見しました。これからその画像を紹介してみようと思います。

ところで、病気の原因とみなされた「もののけ」を剣で追い払う、命蓮が使役する護法童子は、命蓮に限らず、密教系の祈祷師つまり「験者」と呼ばれる僧たちに付き従っていたとされています。また、ここで留意しておきたいのは、この護法と同様の役割をもった、「式神」という超自然的な存在が、近年、映画やコミックで取り上げられて有名になった陰陽道の専門家である陰陽師にも付き従っていた、ということです。つまり、陰陽師に病気治しの祈祷を頼むと、陰陽師は彼が使役する式神をつかって「もののけ」を追い払うことができる、と考えていたのです。したがって、描かれた「もののけ」を探すためには、こうした祈祷師たちを描いた画像を探すことが重要になってきます。

ここで、日本の見えない世界の覗き方、探り方について、どのような方法があったかを整理しておきたいと思います。

類型1　「もの」(神や悪霊の類)の意思や見えない世界の様子を占いによって知る。
類型2　「もの」が人に乗り移って、人の口(託宣)を借りて語る。
類型3　現実の世界や夢のなかに、見えないはずの「もの」が登場する。
類型4　実際にあるいは夢を通じて異界を訪問し、「もの」に出会う。
類型5　姿が見えない異界の「もの」が語りあっているのを、盗み聞きする。

絵4　松崎天神縁起絵巻

絵5　春日権現験記絵巻

私の考えでは、こうした状況を描いた絵画に、ひょっとしたら、「もののけ」あるいは「妖怪」の類が描き込まれている可能性があるのではないか、と思うのです。そこで、こうした場面を描いているものを、絵巻などから探してみました。とくに、「もの」が乗り移って託宣するという状況には、二つのタイプがあって、氏神のような好ましい神が乗り移る場合と、悪霊つまり「もののけ」が乗り移って託宣する場合があるので、そのような場面を描いた絵画を探すことで、絵画化された「もののけ」に出会える可能性があります。

まず、類型2の事例として、数枚の絵をみていただきましょう。絵4は、「松崎天神縁起絵巻」の神がかりの場面です。太郎丸に菅原道真

絵6　松崎天神縁起絵巻

絵7　承久本北野天神縁起絵巻

の霊が憑依している様子が描かれています。絵5は、「春日権現験記絵巻」に描かれている、明恵上人の前で、橘氏の娘に春日権現が憑依している様子を描いたものです。この憑依はすさまじいもので、橘氏の娘は鴨居にのぼってそこに腰掛けています。絵6は「松崎天神縁起絵巻」の一場面で、偽り言をした女に天神が憑依して託宣しているところです。衣服が乱れていることからも、この憑依もはげしい様子がわかります。ただし、これらの場面には、憑依している神の姿は描かれていません。しかし、このように描かれた状況から、太郎丸や女に神が乗り移っているのだということは想像することができるはずです。

当時、「もののけ」を絵画化することはすでになされていました。十三世紀初頭の制作とみなされている「北野天神縁起絵巻」には、清涼殿に落雷して貴族に被害を

絵8　餓鬼草紙

絵9　義尚本融通念仏縁起絵巻

もたらした雷神＝鬼の姿が描かれていますが、これは菅原道真の怨霊であるとも考えられていますし、重病におちいった藤原時平のもとで、三善清行の依頼で息子の浄蔵という僧が祈祷をしたところ、道真の怨霊が現れて祈祷を止めるよう託宣する絵7の場面では、時平の耳から蛇が這い出ていますが、この蛇は道真の怨霊＝「もののけ」を表しているのだと思われます。

このように、丹念に絵巻

の画像を検討していくと、早くから「もののけ」の絵画化がなされていたらしいということがわかってきます。

浄蔵の祈祷の場面については、かつて興味深い存在が描かれているということを指摘したことがあります。それは怨霊の託宣が耳から頭を出した蛇の託宣として描かれているのですが、じつはその託宣は依坐の口を借りてなされたらしいのです。画面では、その依坐は、画面の左下、浄蔵の脇の帷に囲まれた二人の女のいずれかであると思われます。つまり、依坐が語る怨霊の託宣の場面が、時平に乗り移った怨霊＝もののけ＝蛇として描かれているわけなのです。

こうしたことをふまえると、とてもよく理解できるのが、出産を描いた場面です。例えば、『紫式部日記』の冒頭の中宮彰子が一条天皇を出産する場面では、出産を妨害する「もののけ」を退散させるために、たくさんの僧が祈祷に招かれています。したがって、出産の場面を絵画化しようとしたとき、出産をする女とともに、こうした依坐、さらには「もののけ」さえも描かれている可能性があると推測できるわけです。そこで、絵巻のなかに描かれた出産を探してみると、例えば、絵8の「餓鬼草紙」（十三世紀）にも、出産の場面があるが、それをよく見ると、産婦の近くに這い寄る「もののけ」（＝鬼）が描かれているとともに、戸で隔てられた右側の部屋では、依坐と思われる女と祈祷をする僧が描かれておりました。また、同様の場面は、時代が下ったものですが、足利義尚本と呼ばれている絵9の「融通念仏縁起絵巻」（十五世紀）にも見出されます。これは牛飼童の妻が難産で苦しんでいる場面を描いたものですが、中央に産婦がおり、その後方に産婦を苦しめている「もののけ」を描いたものと思われる赤い肌の鬼が、そして産婦の右側、別室では烏帽子をかぶった陰陽師らしい男が依坐と思われる女の前で祈祷をしている様子が描かれています。

あまり知られていないのですが、目にみえないとされていた「もののけ」は、十三世紀頃にはもうすでに絵画化され、しかもそれらの事例から判断する限りでは、「鬼」の姿で描くことが多かったようです。

「もののけ」と「護法」もしくは「式神」

絵巻に描かれた数場面から、もう本題に入り込んできました。そこで、さらに進んで、最初の方で述べた、「もののけ」を追い払う護法の問題に戻ってみたいと思います。「信貴山縁起絵巻」には、命蓮の護法は描かれていましたが、それが追い払う「もののけ」は描かれていませんでした。しかし、もしその「もののけ」を描いたとすれば、絵8や絵9に描かれているような「鬼」であった可能性がきわめて高いのではないでしょうか。そのことを示唆するのが、例えば、次の事例です。これは、「現実の世界や夢のなかに、見えないはずの「もの」が登場する」という類型3に相当します。

ここで一つ具体的な例を挙げて考えてみましょう。「宇治拾遺物語」に、次のような話が載っています。

極楽寺は堀川の太政大臣藤原基経が造った寺である。その基経は重病になった。さまざまな祈祷をしたがいっこうに良くならない。ところが、なぜか極楽寺の僧には祈祷のために参上せよとの命がなかった。この時、基経への恩義を思っていたある僧が、仁王経を奉じて勝手に参上し、中門の廊下の隅で仁王経を一心に読経していた。殿が「ここに極楽寺の僧が来ていたら、ここに呼べ」と申したので、この僧を探し出して伺候させた。殿の様子はこのうえなく健康そうであった。殿は、なぜ極楽寺の僧を呼んだのかを、次のように語った。寝ていて夢を見た。その夢のなかで、恐ろしい格好をした鬼たちが、私の体をいろいろと打ち責めていた。その時、みずらを結った童子が、杖をもって中門の方から入ってきて、その杖でこの鬼たちを打ち払うと、鬼たちはみな逃げ散ってしまった。そこで、この童子に「お前は何者か」と尋ねたところ、「自分は、中門の脇で、殿のために仁王経を唱えている極楽寺の僧の護法である」と答えた。すると、夢からさめて、それから気分がよくなった。だから、そのお礼が言いたくて、こうしてこの僧を呼んだのだ、と説明した。

　この話は、「現実の世界や夢のなかに、見えないはずの「もの」が登場する」パターンの話で、先に挙げた「信貴山縁起絵巻」に描かれた延喜の帝の病を治す命蓮の護法の話と、とても似ております。ただし、延喜の帝は剣の護法しか目撃していないのですが、この話では、極楽寺の僧の護法が基経の病気の原因である鬼＝「もののけ」を杖で追い払っており、それを基経は目撃しているのです。

　そこで、私は、次のようなことを想像してみたくなりました。もし当時の絵師がこの極楽寺の僧の護法が基経の身体を責めている鬼＝もののけを追い払っている場面を絵画化したらどのようになるのだろうか。私の頭のなかにはそのイメージが浮かんでくるのですが、そのイメージと絵師のイメージは同じなのか、それともまったく違うのか、と。すでに見たように、その「もののけ」は「鬼」のイメージとして私の頭のなかに想起できるわけですが、それを実証的に、つまり具体的な事例によって、確かめる必要があります。じつは、そのイメージにドンピシャの画像があるのですが、これは時代がかなり下った絵ですので、その紹介は後にして、ちょっと遠回りですが、古い時代の画像から迫ってみることにしましょう。

　その手がかりは、三井寺の泣不動の縁起を語った十四世紀頃の制作である「不動利益縁起」とか「泣不動縁起絵巻」と題されている絵巻にありました。これは、三井寺の高僧智興が重病になり、その寿命を安倍晴明に占ってもらったところ、もはや寿命は尽きる運命にあるので、祈祷で病気を治すことができない。ただし、その寿命を誰かに移し替えることで智興の寿命を延ばすことができるという。そこで若い弟子の証空が身代わりとなることを申し出る。ところが、身代わりとなって閻魔宮に赴くことになった証空の守り本尊であった画像の不動明王が、これに涙を流して感動し、この不動が証空の身代わりとなって閻魔宮に赴いた、という話です。

私が注目するのは、智興が病の床に伏しており、その脇で安倍晴明が命の移し替えの祈祷をするという様子を描いた数場面です。絵10には、祈祷僧に従う護法に相当する「式神」が描かれており、絵11には、この式神が空中で智興に乗り移っているとされた「もののけ」を追い払っている様子が描かれているのです。ここに描かれている「もののけ」は、典型的な鬼の姿ではなく、やせ細った異形の者であって、しいていえば上述の「餓鬼草紙」に描かれた「もののけ」のイメージに近いようです。

さて、私が頭のなかで思い描いていたイメージが、具体的な画像を通じてだんだんはっきりしたものになってきたようです。「信貴山縁起絵巻」の絵師の頭のなかにあった「もののけ」のイメージは、きっとこうしたイメージだったのではないでしょうか。おそらく絵師は、すでにこう

絵10　泣不動縁起絵巻

絵11　泣不動縁起絵巻

絵12　泣不動縁起絵巻

した「もののけ」のイメージを具体的にもっていたにちがいありません。しかしながら、絵にはしなかったのではないでしょうか。

「百鬼夜行」の絵画化

ところで、絵12の「泣不動縁起絵巻」には、妖怪を研究する者にとって見逃せない「もののけ」が別の場面に描かれています。家の外で火を焚き、祭壇を組んで祈祷をしている場面です。これも智興のための祈祷の様子を描いたものですが、ここには、晴明の脇に「式神」が描かれるとともに、祭壇の向こう側に「異形の者たち」を描き込んでいます。これも間違いなく智興に乗り移っている「もののけ」と思われるのですが、この異形の者は上述の「式神」に追われる「もののけ」とは姿かたちが異なっています。この絵巻の絵師はまた、こうした姿かたちをした「もののけ」も想像していたのです。

これはいったいどのような「もののけ」なのでしょうか。これは当時「百鬼夜行」と総称されていた、多様な鬼を描いているのであろうと思われます。「今昔物語集」や「宇治拾遺物語」には、夜中に出歩くと、鬼が群行しているところに遭遇するという話がたくさん載っています。「百鬼夜行」とはその群行からきた語なのですが、ここでいう「百鬼」とはたくさんの鬼というだけではなく、たくさんの種類の鬼という意味も込められており、「手が三つ、足が一つ、目が一つの鬼」とか「手足が多数の鬼」「獣の鬼」「馬面の鬼」「牛面の鬼」「鳥の頭をした鬼」「赤い肌の鬼」「黒い肌の鬼」「禿頭の鬼」など、多様な姿かたちをしていた、と語られています。推測するに、「泣不動縁起絵巻」の絵師は、智興に乗り移った「もののけ」として、こうした多様な鬼つまり「百鬼夜行」を意識して、それを物語るためにわずか五体ですが、姿かたちが異なる鬼を描いたようなのです。

ところで、この五体の異形の鬼たちは、じつは私たち妖怪研究者にとってはきわめて重要な画像です。というのは、ここからその後の妖怪たちが生み出されたとも言えるからです。

たしかに、一見したところでは、一方では「餓鬼のような鬼」、他方では「さまざまな異形な鬼」の描写は、矛盾しているかに見えます。しかしながら、絵師の頭のなかではけっして矛盾していなかったはずです。というのは、絵師は、五体の異形の鬼を描くことで、鬼の正体、「もののけ」の正体を暗示させようとしていたからです。

「餓鬼草紙」の鬼や「融通念仏縁起絵巻」の鬼は、それが「もののけ」であり、一見して「鬼」の姿をしていることはわかります。しかしながら、これらの「鬼」はその正体がわかりません。「もののけ」とは病気をもたらす邪悪な霊の総称であり、その典型的な姿なのであって、その「鬼」

＝「もののけ」の正体を明らかにしていません。そのような「鬼」にはじつは鬼になった由来があったはずです。すなわち、その「鬼」はもとは誰それの死霊であった、誰それの生霊であった、どこそこの牛の霊であった云々といった「正体」が託されています。そのような「鬼」の由来を少しでも絵画によって示そうとしたのが、「多様な異形の鬼」であったのです。つまり、正体を暗示されるような鬼が、「五体の異形の者」だったのです。よく見ると、五体のうちの二体は、五徳と角たらいの道具の妖怪です。鳥の頭の鬼は、正体が鳥の妖怪なのではないでしょうか。こうした多様な鬼も、おそらく年を経るに従って、もとの属性を失って、一見しただけではもはや由緒がわからない典型的な鬼の姿になっていったのではないでしょうか。

「つくも神」の流行と妖怪文化の新しい展開

じつは、このことを物語る絵巻が存在しているのです。それが、時代が下った十六世紀頃の制作の「つくも神絵巻」です。これは、古道具も百年経てば自分の力で化ける能力を獲得するというので、年末の大掃除の時に、古道具は百年経つ前に捨てられていた。しかも、なんら感謝の念もなく無造作に捨てられたので、捨てられた道具たちがこれに怒って、なんとか人間どもに復讐をしようと集まり、知恵を絞って、ついに鬼となる能力を獲得したのであった。鬼となった道具の精たちは、都に出て人をさらっては遊興にふけっていたが、鬼の横行に頭を悩ました帝や貴族が、高僧たちに、鬼を追い払うための祈祷を依頼した。高僧の祈祷で発動した護法童子たちが、鬼たちを探し出してこれを責め立てたので、ついに鬼も降参し、それまでの悪行を反省し、仏門に入って修行を積み、ついには仏になった、という話です。こうした道具の妖怪を、ここでは「つくも神」と呼んでおり、この「つくも」は「九十九」という意味で、「百歳に一歳足りない道具の精」ということを表しています。

このような絵物語を眺めて、興味深く思うのは、物語が進行するにつれて、古道具の姿かたちが徐々に変化していっていることです。最初はまったくの道具の姿だったのですが、徐々にそれに目鼻や手足がつきだします（絵13）。さらに物語が進行すると、その身体から道具であった痕跡が失せて互いに似通った鬼の姿になってしまっているのです（絵14）。

先ほど、「泣不動縁起絵巻」の晴明の二つの祈祷場面に描かれた「もののけ」が違っていることのわけを説明しました。一方は「もののけ」の出自・属性を表し、もう一方はそれをもはや失ったかたちでの表象である、と。その可能性が、この絵巻によって証明されたわけです。すなわち、恨みをいだくさまざまな事物の精は、定型化された鬼の姿かたちになるまでの一段階として、事物の属性と鬼の属性を合わせもったような姿かたちの段階をもつのです。

絵13　付喪神絵巻

絵14　付喪神絵巻

ところで、この絵巻に従うならば、「つくも神」とは、鬼となった古道具の精のことなのですが、この時代つまり室町時代に、妖怪文化史の大変化が起こります。というのは、この定型化された鬼の姿へと変貌していく一過程であった、つまり道具という出自・属性を保った状態の鬼の姿かたちが脚光を浴びることになったからです。

この時代になると、たくさんの異形の者たちの行列や宴の様子を描いた絵巻である「百鬼夜行絵巻」が制作されるようになるので

絵15　真珠庵本百鬼夜行絵巻

すが、そこに描かれた異形の者たちの大半が、こうした過渡期状態の姿かたちをした古道具たちであったからです（絵15）。つまり、この絵巻での「百鬼夜行」とはおおむね「古道具」の妖怪を意味していました。そして、この時代以降は、「つくも神」といえば、こうした道具の妖怪を指すようになっていきました。言いかえれば、この時代から、道具の妖怪は定型化された鬼へ姿かたちを変貌することを止め、道具の属性を保ったままの妖怪として活躍することになったのです。もちろん、こうした妖怪たちも、平安時代ならば「もののけ」として括られるものであったと言えるでしょう。

古道具の妖怪「つくも神」の登場は、妖怪文化史に与えた影響がまことに大きいものがありました。というのは、これによって、妖怪の種目が急増することになったからです。わかりやすく言えば、私が使っているパソコンや車も妖怪化させることができるからです。道具の妖怪のことを強調しましたが、もちろん、こうしたことは、動物や植物などの自然物についても言えることです。そのような観念が芽生えていたことは、「不動利益縁起絵巻」に描かれていた「五体の鬼」からもわかります。しかし、自然物は人間が作ったものではありません。古道具の妖怪は、人間が次々に生み出すものをも妖怪化するという点で、画期的であったのです。

見出された答え

さて、ようやくここでの話題の結論みたいなことを述べる段階に至りました。見えない「もののけ」を日本人はどのように絵画化してきたのかということを探ってきたわけですが、当初「もののけ」は「鬼」の姿をしていると見なされ、「鬼」の姿を描くことで絵画表象されたのですが、同時にそうした「鬼」が発生した原因である自然物や人工物の属性をも保つかたちでも表象されていました。そしてその延長上に、今日の多様な妖怪たちが生み出されたのでした。言いかえれば、妖怪の起源は「もののけ」＝「鬼」の信仰に求められるのです。

ここで、これまでの考察で解答を留保してきた問題について答えを与えてみたいと思います。私は「信貴山縁起絵巻」で重病におちいっている延喜の帝を治すために派遣された「剣の護法」の絵画化された姿を見ました。この絵画化は、帝の病気を外側から描くというものでした。ただし、そこには病気の原因である「もののけ」は描かれていませんでした。そこでもし「もののけ」を描いたらどのように描かれるかを想像し、それを絵画化した場面を推測させる画像として「餓鬼草紙」や「融通念仏縁起絵巻」の出産の場面、「北野天神縁起絵巻」の浄蔵の祈祷場面、「泣不動縁起絵巻」の晴明の祈祷場面などを挙げました。

これによって、私たちは、見えない「もののけ」が見える「もののけ」になっていったことを確認したのですが、私はさらにふみこんで、「もののけ」に憑かれている病人が、夢うつつのなかで、「護法」が「もののけ」を追い払っている状況を目撃した様子を絵画化したらどのように描かれるかという想像もしていました。その

絵16　付喪神絵巻

様子を語るのが「宇治拾遺物語」の藤原基経の夢でした。基経の身体を打ちさいなむ鬼たち、その鬼を追い払うために出現した護法。その答えがありました。それは「つくも神絵巻」の一場面、すなわち高僧が派遣した護法たちが、鬼たちを攻撃し追い払っている絵16の場面です。「宇治拾遺物語」の時代と「つくも神絵巻」の時代はかなり離れていますが、おそらく基経が夢で見た光景は、このような光景であったのではないでしょうか。たしかに、平安時代末から鎌倉時代の「百鬼夜行」は多様な姿をしていましたので、「もののけ」=「鬼」の姿が「定型化された鬼」とは限らないのですが、同時代の「餓鬼草子」の鬼や「春日権現験記絵巻」などの病気の原因としての「もののけ」=「鬼」は、多くの場合、「定型化された鬼」として描かれていましたので、そうした「鬼」を目撃したとみなすのが妥当のようです。

さらにもう一つ留意すべき点を指摘すれば、「憑依―祈祷」といった場面を描いていたのに対して、「つくも神絵巻」では、そうした枠組みが消滅しているということです。ようするに、妖怪退治譚になっているのです。前者から後者が生み出されたともいっていいのかもしれません。

「鬼」から「幽霊」へ

以上で、ここで私が設定した議論は終わるのですが、以下で少し余談めいたことをお話したいと思います。「怨霊」の「憑依」から「幽霊」への移行に関する話です。「死霊解脱物語聞書」という本が、元禄三年（一六九〇）に出版され、人気を博しました。これは、死霊が人々を苦しめた末に、成仏（解脱）するという出来事を記録したものです。この死霊を成仏させたのが祐天という浄土宗の僧であったので、祐天上人霊験記とでもいうべき話でもあります。

その内容は、次のようなものです。下総国（現茨城県）岡田郡の羽生村に、累という醜い女の人がいた。この女は、親譲りの田畑を持っていたので、その田畑に目が眩んだ男が累の婿になってその家に入った。入り婿となった男の名は与右衛門という。しかし、この累という女は顔が醜いだけではなく、心もねじ曲がった女だったので、きっと累にいじめられることが多かったのでしょう、入り婿の与右衛門は、耐えられなくなって、密かに累を殺そうと考え、夫婦が畑仕事を終えて帰ってきた夕方、鬼怒川のそばに差し掛かった時、累を川の中に突き落として、喉を絞めて殺してしまう。与右衛門は累の死体を同村の浄土宗の法蔵寺というお寺に運んで埋葬しました。

その後、与右衛門は妻を次々にもらったが、なぜか次々に死んで、ようやく六人目の妻に子供が産まれたので、菊と名づけた。この一人娘の菊が十三歳になったとき、与右衛門は菊に婿を取った。ところが新婚早々の正月に、この菊が病気になって寝込んでしまい、やがて、菊が口から

絵17　法蔵寺絵とき曼荼羅

泡を吹き出し、与右衛門に向かって、「私は菊ではない。私は累だ。お前に殺された累だ。二十六年前に鬼怒川で私をよくも殺したな。こうして、地獄から逃げ帰ってきて、お前に復讐するのだ」と菊の体を借りてしゃべりだしたのです。村の人達は、何とか累の霊を鎮めなければいけない、ということになり、この村の近くのお寺に来ていた祐天上人に祈祷をお願いし、その効果があって、累の霊は成仏し、菊の病気もいったんは終熄します。

ところが、しばらくして、菊がまた病気になり、またもわけのわからないことを口走りだした。そこで再び祐天上人を招いて祈祷をしてもらったところ、出てきた霊は、累の霊ではなく、六十一年前に、累の祖父が他村から娶った女に助という名の連れ子があったのだが、邪魔に思って、この子を殺していたのであった。今度は、この助の霊が出てきたのであった。これもまた祐天上人は鎮めた。

絵18「近世奇跡考」より

さて、この話は、これまでの検討に照らし合わせて整理すれば、菊の身体に「もののけ」が乗り移り、その「もののけ」の正体（出自）が、「累」と「助」の死霊（怨霊）であった、ということになります。また、これまでの検討に照らすと、この「もののけ」（累と助の霊）は、僧の祈祷によって発動した「護法」や「式神」によって追い払われた、というふうに語られてもいいはずなのですが、この祐天上人は浄土宗の僧であったので、「六字名号」つまり「南無阿弥陀仏」という言葉の力で怨霊を成仏させています。

さて、そこで、この「もののけ」の憑依の場面を絵画化したならば、つまり「もののけ」を絵画化したならば、どのように描かれるのだろうか、という疑問が湧いてきます。これまでの検討に照らすならば、この「もののけ」は「定型化された鬼」として描かれるべきかもしれません。鬼化した累の怨霊、鬼化した助の怨霊です。幸いにも、この疑問に答えてくれる絵が、この時代に描かれていました。絵17と絵18です。それを見ると、「鬼」の面影を多少は引きずっている絵柄もありますが、寝込んでいる菊の側にいるのは、「生前の姿」もしくは「経帷子を着た姿」(埋葬したときの着物)の累や助の姿です。おそらくこれは菊が夢うつつで目撃した光景を表しているのでしょう。これによって、江戸時代では、「もののけ」=「定型化された鬼」とする観念が大きく後退していることがわかります。では、それに代わって台頭してきたのは、何でしょうか。「もののけ」を「生前の姿」もしくは「経帷子を着た姿」(埋葬したときの着物)で描くということのようですが、これは、「幽霊」の描写にほかなりません。ただし、この絵画化は、菊の身体に憑依している「もののけ」の絵画化なのです。

この「憑依」という信仰的な基盤を取り除いた時に、今日私たちが考える「幽霊」が誕生するといっていいのではないかと思います。これは、「憑依―祈祷」という状況を絵画化するにあたって、通常は見えない世界での「もののけ」を見えない「護法」が追い払っているのだという信仰的なイメージを絵画化し、その「憑依―祈祷」という信仰的基盤を取り除いた時に、「護法」による「鬼」(妖怪)退治譚が生まれたと同様のことだと思われます。

この累の憑依事件に刺激されて、後に多くの幽霊譚・幽霊芝居が作られたと言われています。「真景累ヶ淵」などはその典型かと思います。

与えられた時間を過ぎておりますので、これで終わりにいたしますが、「見えない『もののけ』を描く」と題して話を進めてきたわけですが、ここに至って、その副題として「鬼・妖怪・幽霊をめぐって」を添えさせていただいた趣旨がおわかりになったのではないでしょうか。「鬼」「妖怪」「幽霊」は、じつは複雑に絡み合いながら、広い意味での妖怪文化史を構成してきたのです。つまり、現代のコミックやアニメなどサブカルチャーのなかに登場する多くの妖怪的キャラクターの祖先は、こうした文化伝統の延長として出てきたものなのです。

これで終わります。ご静聴ありがとうございました。

（平成二十四年十一月九日）

《図版出典》

絵1〜3　信貴山縁起絵巻　『日本絵巻大成』四、小松茂美編、一九七七年

絵4・6　松崎天神縁起絵巻　『続日本絵巻大成』一六、小松茂美編、中央公論社、一九八三年

絵5　春日権現験記絵巻　『続日本絵巻大成』一五、小松茂美編、中央公論社、一九八二年

絵7　承久本北野天神縁起『日本絵巻大成』二一、小松茂美編、中央公論社、一九七八年
絵8　餓鬼草紙『日本絵巻大成』七、小松茂美編、中央公論社、一九七七年
絵9　義尚本融通念仏縁起『融通念仏縁起之研究』増訂版、田代尚光、名著出版、一九七六年
絵10〜12　泣不動縁起絵巻『新修日本絵巻物全集』三〇、高崎富士彦・源豊宗編集担当、角川書店、一九八〇年
絵13・14・16　付喪神絵巻『日本の妖怪』別冊太陽、谷川健一監修、平凡社、一九八七年
絵15　真珠庵本百鬼夜行絵巻『日本絵巻大成』二五、小松茂美編、中央公論社、一九七九年
絵17　法蔵寺絵とき曼荼羅『大江戸曼陀羅』朝日ジャーナル編、朝日新聞社、一九九六年
絵18　近世奇跡考『日本随筆全集』第一一巻、国民国書、一九二九年

第二章

禅の世界

禅と桃のおいしい関係

玄侑宗久（げんゆうそうきゅう）

こんにちは。

大体お葬式でも前の方がまばらになるんですけど、そういう感じですね。今日は二時三十五分くらいまでということですので、ちょっと短いですけども、よろしくおつきあいの程お願いします。

禅と桃の、先程「優しい関係」とおっしゃったような気がするんですが、「おいしい関係」です。

桃というと桃尻娘なんていうのもありますので、色っぽい方を想像される方もいらっしゃるかと思うんですけども、そうでもないんで、予めお断りしておきます。

私の住む街は福島県の三春と言いまして、三つの春が一緒に来るということから、そういうふうに命名されたといわれております。

梅と桃と桜がほぼ一緒に咲くんですね。一緒と言いましても梅がちょっと早いです。そして、桜がその後に続いて、まだ梅も桜も散らない内に桃も咲き出すということであります。もうちょっと南にいきますと梅、桃、桜の順番ですけど、北の方は梅、桜、桃の順番です。

日本を代表する春の花木が梅、桃、桜だと思いますが、桜は十分にめでられていると思うんですね。皆さんも花見をしますし、あれだけめでてもらえる木はなかなかない。「昨日より今日よりも今桜かな」というような句もあります。元々禅と桜というのはあまり合わないんですが、どちらかというと浄土教のイメージ、西行法師がこよなく愛したのが桜です。日本人にとっては非常に大事な木であります。

梅と言いますのは道元禅師の『正法眼蔵』に「梅華の巻」というのもありますが、日本人はとても好きですね。

「梅が香や　乞食の家も　覗かるる」。

梅の香が乞食の家にも等しく匂ってくる。割合庶民的な花というイメージがございまして、どこまでも入って来るのが梅の香でありまして、また天神様になった菅原道真には「東風吹かば匂い起こせよ　梅の花　主じなしとて　春を忘るな」という歌もあります。天神様のイメージでも知られておりますので、梅もかなり日本人には愛されていると思うんです。

しかし、桃というのはどうも褒め方が足りない。どんな褒め方がなされているかと言いますと、道元禅師も桃の歌は詠んでいらっしゃいます。

「春風に　綻びにけり　桃の花　枝葉に残る　疑いもなし」。

この歌からもわかりますように、桃というのは一言でいえば無邪気、天真爛漫、疑いのない心というわけですから、ある意味では無垢ということでもあるだろうと思います。

梅とか桜は非常に褒めたたえる歌も言葉も多いんですけども、桃は禅と非常に深い関係にありながらなかなか褒める言葉が少ないということで、あえて今日は禅と桃の関係を取り挙げてみたわけです。

単純化して申しますと、梅というのはどちらかというと苦労すればする程、寒ければ寒い程強い香を放つというふうに考えられておりまして、また剪定をするのは梅だけですよね。

「桜切る馬鹿梅切らぬ馬鹿」と申しますが、剪定——つまり基準に合うように整えていく。これは一言でいいますと儒教的であります。頑張って枝ぶりを整えて、形もよくなってみんなに好かれる姿になろうというような考え方が、そこには感じられます。

桜は、元々桜という音が「さ」というものが降り立つ場所、「座」と書いて「くら」と読みます。これは折口信夫の説ですね。

「さ」というのは何かと言いますと農業の女神です。農業の神様を古い時代に「さ」と呼んだわけです。

そうして「さ」がいらっしゃったというんで、田植えをする、畑を耕す、ということがおこる。農業の女神の命を受けて田んぼに稲を植えるのが早乙女であります。「さ」の乙女ですね。時々この農業の神様というのは機嫌が悪くなる。乱れるわけでありまして、それを「五月雨（さみだれ）」と呼んでおります。

桜というのは、この「さ」という農業神の降り立つ場所というふうに崇められておりますから、非常に神に近い。

梅というのは先程申しましたように儒教となじみがいい。そして桜だけが日本の木であります。

梅も桃も中国から入って来た木でありまして、梅は中国のどちらかというと北部、つまり儒教圏の木でありますが、桃というのは中国南部、江南地方というような呼び方もいたしますけど、南の方から入って来た。これはどちらかというと道教圏であります。

道教では、三千年に一回しかならない桃の実というのがありまして、これを食べると不老長寿が得られるというふうに信じられています。ずうっと信じていたんですよね、中国人は。不老長寿というのは可能なんじゃないかということを十九世紀までは信じていましたね。最近はどうも死なないというのは無理みたいだと気づいたみたいですけども。

楊貴妃にいたしましても、不老長寿のものをいろいろ家来に捜させて食べたり、体に塗ったりということをやってたみたいですね。私の行ってました大学にも、楊貴妃がつけていた白粉を再現して作っているという先生がいらっしゃいまして、その方は白粉だけじゃなくて、どんなに高い所から飛び降りても怪我しないようになる技術というのを磨いてまして、最初一メートルくらいから始めるわけですね。

翌日は一メートル十センチ、段々段々高い所から飛び降りていくんですけども、毎年その教室からは怪我人が出て学生が骨折したとか、そういうことがありましたけども、あの先生もどうも不老長寿というのを信じていた節があるんですね。

桃には、そうした不老長寿という側面があるわけですが、ご存じの桃源郷というのもまた桃畑の先にあった。仏教でいう極楽であります。

『桃花源の記』というのを陶淵明（とうえんめい）が書きましたが、これは実際にあった落人部落みたいですね。中国に、始皇帝という皇帝のいた秦という国がありますね。あの秦の民族が山奥に住んでいたらしいんですね。それが六朝時代になって、平家の落ち武者みたいに住んでいるのが発見された。そこが非常に素晴らしい所だったという話のようです。

桃源郷というのも桃のあった所であります。

桃は、道教と密接に関係しています。皆さんは、あまり道教の跡形というのを今具体的に感じることは少ないだろうと思うんですが、当初日本が国を整備するのに使った概念というのは主に道教のものだったわけです。

例えば、八色姓（やくさのかばね）という役職がありますけども、その中に何とかかんとかの真人という位があります。真人（まひと）というのは老荘思想の荘子の言うところのシンニンでありまして、完全に道教の言葉です。

あるいは、今、神社と呼んでおりますけども、神道のあのお社ですね。神社というのも道教用語。それから、三種の神器というものがありますが、これも道教用語です。

本当に道教というのは、初期の仏教成立の時にも非常に影響を与えております。例えば衣の色ってありますすね。

一般の方が考えてどの色が偉いのかなというふうに思った時に、まずどの宗派にも共通するものとして紫色というのがあります。

聖徳太子の定めた冠位十二階でも、紫色が上位なわけです。これは、まさしく道教の考え方でありまして、紫を高貴と見るのは道教です。ところが道教というのは、国家の概念を作るのには非常に不向きな個人主義的な教えであります。ですから、後に儒教が被さってくる。儒教は紫色が大嫌いなんです。紫は下品だろうというのが儒教でありまして、儒教が大好きなのが黄色とか緋色なんですね。

ですから、臨済宗も曹洞宗もそうですけども、紫色の上に緋色の衣とか黄色い衣とかが乗っかってきた。

これはまさしく道教的な影響の上に、儒教的なカラーが被さってきたということがはっきり見える事柄であります。

そういうわけで、儒教が後に非常に強く被さってきますので、道教的な禅のカラーというのが桃を初め段々なくなってくるんですね。

禅語のなかで、桃が出てくるものと言いますと「桃花春風に笑む」、桃の花が春風に微笑んでいるというようなものがありますが、そのくらいでしょう。ほとんどないんですね。

禅というのは達磨さんが嵩山(すうざん)に籠もって始まったとされているわけですが、この嵩山というのは元々道教の聖地でしたから、道教の影響を非常に強く受けているはずなんですね。ところが、それが時代が下ってまいりますと桃が排除されてどんどん梅になっていく、道教が排除されてどんどん儒教的になっていくということが起こるわけであります。

古い時代に桃が非常に珍重された例をお話し申し上げたいと思います。

中国では、昔から三月初めの巳の日に水辺で身を清めるという習慣があったそうですが、これが日本に取り入れられまして七〇一年、文武天皇が「曲水の宴」というのを開いた。曲りくねった水辺で宴をするんですね。その時に、これは『蜻蛉日記』に書いてあるんですけども、桃花酒を飲んだとあります。桃の花を浮かべたお酒を飲んだそうです。

桃の花を浮かべるなんて、お洒落だなと思われるかもしれませんけども、そういう簡単なものじゃなくて、桃というのはもうちょっと深い意味があります。例えば、皆さん、お寺でお札というのがありますよね。お札というのはお寺でも神社でもありますでしょう。お寺でも神社でもあるものというのは大体どこから来ているかと考えますと道教から来ているのが多いんですね。お札というのは元々道教の道具。お守りとかも道教が考案したものです。

ですから、神社とお寺の両方に置かれていたりするわけですが、元々お札のことは桃符という。なぜかと言いますと、お札というのは桃の木で作ったんです。しかも桃の木の東側の枝で作ったのが本格的な桃符であります。

何でそんなに桃に拘ったのかということになるわけですけども、日本の場合は『古事記』の中にイザナギが奥さんのイザナミに先立たれた話が出てきますね。黄泉の国に行っちゃった奥さんを追いかけてどんどん行きますよね。

黄泉の国というのは土の中です。どんどん追いかけて行くというのは、つまりとうとう腐乱した遺体を見てしまうわけです。

元の夫ではあっても、この顔を見られたからには返してなるかということになりまして、追いかけて来るわけです。どんどん逃げる。イザナギは逃げる。イザナミが追いかける。そして、途中いろんなものを投げるんですね。投げつけるんです。イザナミに。山ぶどうとかいろんなものを投げると山ぶどうを食べている間だけ時間が稼げる。それでも、まだしつこく追いかけてくるので、最後にイザナギがイザナミに投げつけたのは桃三個です。

桃三個でイザナミは諦めたんです。というのは、この桃に特別な力があるというふうに思われていたからであります。

その特別な力というのは何かと申しますと、先程「枝葉に残る疑いもなし」という道元禅師の歌を紹介しましたけども、無邪気という言葉で申しました。邪気に対して一番対抗できるのは無邪気なんだという考え方であります。邪気に対して邪気で対応するというのがアメリカとイラクのようなもんでありますけども。この邪気が一番弱いのは無邪気さなんだという考え方なんですね。

禅語で「瞋拳も笑面を打せず」という言葉があります。シンケンというのは怒りの拳です。怒りの拳も笑った顔は打てない。これは、こっちをすっかり信じ込んでいる無邪気な人は殴れない、ということですね。怒りも萎んじゃうわけです。

これが、日常生活でできたらどんなにか素晴らしいだろうと思うんですね。しかし向こうが怒ってくるとこっちも怒っちゃう、というのが普通でありまして、どんどんそれがエスカレートしていくわけです。

平安時代、この桃が邪気を払うというのは一般人の常識にまでなっておりまして、例えば『延喜式』という本には、大晦日に「鬼遣らい」という行事をしたことが出ています。「追儺」という言い方もしますけども、この日には鬼をやっつけるために桃の木で作った弓と葦で作った矢を持つ。そして、桃の木の杖を手にして鬼を追いかけたとあります。

また『今昔物語』から類推すると、死者を出すと陰陽師が鬼が来るといって脅したわけですね。

鬼というのは何かというと、中国語では死んだ人のことを言うんです。死者は全部鬼なんですね。

「魂」という字があるでしょう。魂という字には鬼が付いているでしょう。左側に云と書きますけど、あれは雲です。亡くなった死者の中で空に上っていくものが魂なんです。「たましい」というのはもう一つ字がありまして、左に白いと書きますと「魄」。これは「ハク」と読みます。これは死者の中で骨の白い所に残るものこれを言ったわけですね。いずれにしても鬼というのは亡くなった人のことだったんです。

亡くなった人は、どっちに行っちゃうのか、というと、丑寅の方角だと言うんですね。丑寅といいますと北東ですね。よく鬼門と言いますでしょう。鬼門というのは鬼の門です。鬼の門というのは死者がそっちから出入りするということであります。

亡くなると鬼になる。それが、丑寅だというもんですから、牛の角を付けて寅のパンツを履かせたというのが日本の鬼の基です。ああいう鬼を日本人が造形したんですね。鬼というのは完全に元は死者のことです。

その亡くなった人が出ますと鬼が来るぞと言って陰陽師なんかが脅したわけです。

その時にどうしたかと申しますと、門の所に桃の木を大量に切って来て、門を塞げ、ということを言ったんですね。桃の木がそこにあると鬼が入れない。邪気が入れない無邪気。それが桃の木だったわけです。

これが発展して、「桃太郎」という話ができるわけです。鬼をやっつけに行くのはなぜ桃太郎なのかというと、桃にそういう力があるからなんです。

私が修行をしておりました天龍寺という所は、大きな方丈があるんですけども、方丈の屋根の屋根瓦、普通は鬼瓦をするでしょう。あれは鬼に対抗するために鬼を置いてるわけですね。アメリカとイラクと一緒なんです。

しかし天龍寺では、屋根瓦の上に桃があるんです。鬼は置かない。

そういうのが昔はあったんですね。最近桃のすごさというのが全く忘れられているという気がするんですけども。

中国の方に行きますと、中国の一番古い国であります殷の遺跡から、桃の種が大量に出土しております。あの時代から桃は沢山食べられていた。

日本人の場合は桃というと花なんですね。どっちかというと。中国人の場合は、桃と言いますとあの実なんです。

「桃李　ものいわざれども　下自から　径をなす」という言葉がありますが、桃や李の下には人が大勢集まりますという言葉なんですけど、花が綺麗だからじゃないんですね。桃と李の実がおいしいからなんです。

殷の後の周の武王が戦をやめるぞという時も「馬を桃林の野に放す」ということを言っており

ます。桃林というのは桃の林であります。

ですから、戦に使っていた馬を桃の林に戻す。つまり桃というのは平和の象徴でもあるわけです。

周の時代に沢山書かれた詩を集めたのが『詩経』という本であります。これをまとめたのが孔子ですけども、その中に、皆さん多分ご存じだと思いますが、「桃の夭々たる灼々たりその花。その子嫁げばその室家によろしかろう」というような歌があります。

若々しい桃のような娘。桃の夭々たるという言葉でずうっと続くんですけども。とにかくいい娘だということを言いたいわけですね。『詩経』独特の修辞法でありますけども、言いたいことを言うのに、まず自然描写を最初に持って来る。そこに「桃の夭々たる」という言い方が出てくるわけです。若々しい桃のようだと。その女の子を褒めたいんですね。

どういう女の子なのかと言いますと、その詩をよく読んでみますと実が大きい。多分、胸もお尻も大きかったんじゃないでしょうか。それから、茂った葉。葉がよく茂っている、ということは、ちょっと毛深いということでしょうかね。つまり、強い生命力を感じさせるんでしょうね。

無邪気で天真爛漫であるという少女のあり様が褒められているんですね。こういう女の子が嫁げばその嫁ぎ先は恐らく幸せになるだろうということが歌われているわけであります。

これは、皆さんよくご存じの儒教的な考え方からすれば、とんでもないでしょう。無邪気ならいいというもんじゃないでしょう。儒教は礼の教えですから。礼儀作法を学んで、お茶もお花もやっていなければいけない。そういう女の子じゃないと嫁いでからうまくいかないんじゃないかというふうに考えるのが儒教なわけです。「仁義礼智信」という五徳（五常）を大事にするんですね。

しかし老荘思想から言わせれば、仁義なんていうものは本来の道が廃れたからそんなもの煩く言わなければならないんだと考えます。「大道廃れて仁義あり」と、『老子』には書かれておりま す。大道が廃れたからこそ仁義が盛んになってくるということであります。

心が亡くなったから礼儀を必要とすることになってきた。

桃の世界というのはそういう礼儀とか仁義とかそういうものが生まれる前の無邪気で優しいそういう女の子なら、さぞかしいいだろうなと言っているんですね。大事なのは礼儀作法ではなかろうと。そういう世界であります。

先程日本では桃が描かれるのはほとんど花の方だと申しましたけども、日本で桃が描かれた最初は、恐らく『万葉集』の中の大伴家持の歌であります。

「春の苑　紅匂う桃の花　下照る道にいでたつ乙女」というのがあります。

紅匂う真赤な桃だったんですね。真赤な桃に日が差している。その桃の花を透かして、太陽の光が下を照らしているんですね。乙女の顔をほんのり赤く染めているという景色であります。ですから、礼儀作法とかそういうのじゃないんですね。本質的に生命そのものを称えているという世界が感じられます。

当初出てくる桃というのは日本においては花なんですね、今申しましたように。大伴家持に出した大伴家主の手紙というのもあります。「桃花瞼(まぶた)を照らして紅を分かち」という言葉が出てきますけども、桃の花と太陽の光が混ざって目に届いて非常に美しいという様子だと思います。

ところが日本にも、やがて実を食べる桃が入って来るんですね。この、実を食べる桃の代表が蟠桃(ばんとう)といいます。バントウって、旅館の番頭さんじゃないですよ。虫編に一番、二番の番と書きます。蟠(わだか)まるという字です。

バントウのトウは桃ですね。なんで蟠ってんのかと言いますとひっつぶれているんです。桃太郎の桃みたいにすんなりした形じゃなくて、ちょっと潰れた形なんです。扁平なんです。これを持って来たのが禅宗の坊さんです。

妙心寺という、京都のうちの本山ですけども、その妙心寺の山内には蟠桃院というお寺があります。この桃に縁のお寺であります。だから、禅というのは桃と元々非常に深い関係なんですね。

蟠桃というのは別名「坐禅桃」とも言います。結構毛が生えた桃です。桃で毛が生えてないのをネクタリンと言います。

禅と言いましても大まかに言いますと二つの禅があるんですね。

初祖達磨さんに起こった禅が、二代、三代、四代、五代ときます。五代から六代に移る時に代表的な弟子が二人できるんです。一人は非常に優秀な弟子だった。その名も神秀と言います。神秀のように優秀だと書きます。一方、ウソかホントかわかりませんが、その道場に無学文盲だったといわれる慧能という弟子がいた。無学文盲だという割には『金剛経』の言葉を聞いて修行をしようと思った、と言われますから、無学文盲ということはないと思うんですけども。後に六祖になる慧能と神秀という二人の方がいらっしゃったんですね。

この二人が、ものすごく家風が違うんですね。禅というのはこの二手に分かれるわけです。

神秀という人はどういう人だったかと言うと、瓦を毎日磨いていればそのうち鏡になるだろうという、極端に言うとそういう大変な努力家です。毎日毎日とにかく真面目にやってないとお悟りは開けないんだというふうに考えていた人であります。

師匠の五祖弘忍（ぐにん）大満という方が自分の今の心境を漢詩にして貼り出しなさいと弟子に言うんですね。

そうすると、この神秀は非常に素晴らしい漢詩を張り出すわけであります。ご存じの方もいらっしゃると思いますけども。どういう歌かと言いますと、「身はこれ菩提樹　心は明鏡台のごとし　時時に努めて払拭し　塵埃を惹かしむることなかれ」というんですが、つまりこの身は菩提樹のようなものであると。お悟りを開く木ですね。心は鏡のようなものだと。鏡に塵がつくでしょう。塵、埃が。それを毎日綺麗にする。そうすると埃がつかない素晴らしい心ができ上がるということを言ってるわけです。

それに対して、さっき申しました六祖慧能という方、この人は正式な修行僧というよりも台所の手伝いで、毎日石臼で米を搗（つ）いていたといわれる人です。その人が、しかし老師から見ると、本質的なことをわかっているという詩を貼り出したわけですね。さっきの神秀に対抗して貼り出した詩は、いちいち神秀の詩に逆らっていました。

「菩提もと樹なし　明鏡もまた台にあらず　本来無一物　何れの処にか塵埃を惹かん」。

実はこれ、菩提樹だというけれど樹木なんてどこにあるんだと。心は鏡だというけれども、そんな鏡台みたいなものを抱えているわけじゃないだろう。本来無一物なんだし、一体どこに埃が着くというのか、というふうに言っているわけです。

この二人の家風の違いで、即ち北宗禅と南宗禅というものに分かれるんです。神秀の毎日埃を払いましょうというのは北宗禅、儒教的な禅です。戒律を重視する戒律禅というものになります。これは、日本には伝わってきておりません。韓国なんかで時々大騒ぎする禅僧たちいるでしょう。曹渓宗って言うんですが、あの人たちは北宗禅です。日本にはついぞこの北宗禅というのは伝わらなかったんですね。梅的な禅は伝わらなかった。

日本に将来されたのは、この六祖慧能の系統でありますから、「本来無一物、何れの処にか塵埃を惹かん」という、そういう禅であります。これを南宗禅と言います。

ところが、その南宗禅として伝わった禅が、段々段々儒教化したということを私は申し上げたいんですね。

つまり、どうしても江戸時代というのは朱子学が国家の学問になっちゃうわけですからて、儒教的な価値観に逆らってはなかなか生き延びられない。ですから、元々桃の無邪気さをめでるような禅であったわけですけれども、礼儀作法を大事にするという、どちらかというと儒教的なものに変質していくということが起こります。

桃的無邪気さということを申し上げているわけですが、『老子』という本には、「笑わざればもって道となすに足らず」という言葉があります。素晴らしい道、本質を言いあてた道というのは、真面目な顔をしているもんじゃないんだと。聞いたら笑っちゃうようなものなんだよということを言ってるんですね。

老荘思想というのは非常に子どもを尊びます。老荘が一番理想とするのは「柔弱」ということで、柔らかく弱いということがじつは最も強いことなんだというふうに考えるわけであります。

これは乳幼児のあり方ですね。そこに我々も回帰できないか、というふうに考えるのが道教であり、その道教の上に乗っかったのが本来の禅、とりわけ南宗禅であったわけです。

人は成長しますと頭を使ってものを考えるようになる。言葉や論理を使ってものを考えるようになる。これは、分別といわれます。「幼な子の　次第次第に智恵づきて　仏に遠くなるぞ悲しき」という歌もありますけども、子どもの頃は無邪気でよかった。

例えばまんじゅう一つの皿とまんじゅう二つの皿を子どもに出します。そうすると最初迷わずに二つ乗った皿に手を出すんですね。この時に、社会心理学の方では「もの心がついた」と言います。もの心がつくというのはそういうことです。

ところがしばらくすると、本当は二つの方が欲しいんだけども、気を遣うんですね。気遣いが始まる。どっちにしようか迷うようになる。これを「知恵づいた」と申します。こうして知恵づ

セラー

〈新装版〉いのちの働き——知事清規を味わう

内山興正 著　禅の修行道場で役職にある人（知事）の心得を説いた道元の教えを、私たちの生き方に引きつけて平易に解説。

二一六〇円

〈新装版〉禅に聞け——澤木興道老師の言葉

櫛谷宗則 編　澤木興道老師に長年随侍した内山興正老師が、自らの修行の指針とするために書きとめた、澤木老師の鋭く深い教えの言葉の数々。

二〇五二円

お寺からの賜り物

玄侑宗久 著　物事や価値観は変わっていく。でも著者を育てた「お寺」は、「変わらないもの」が生きている場所だ。現代人に気づきをもたらす珠玉の説法集。

一七二八円

妙好人とシュタイナー

塚田幸三 著　浄土真宗の篤信者・妙好人。「人智学」を唱え、宗教、医療、教育等の分野で精神活動を実践したシュタイナー…二者の思想を読み解く。

二七〇〇円

坐禅の意味と実際　生命の実物を生きる

内山興正 著

沢木興道老師一筋に生き抜いた老僧が、禅を求める欧米人のために平易に説いた坐禅入門書。

一七二八円

山本玄峰 著

＊

大乗仏教の根本〈般若学〉入門　チベットに伝わる『現観荘厳論』の教え

田中公明 著　弥勒菩薩が説いたとされる般若経の注釈書『現観荘厳論』の真髄を、チベット仏教研究の第一人者が説き明かす。

二七〇〇円

比較宗教学

阿部美哉 著　諸宗教を客観的に捉え、その本質を明らかにする「比較宗教学」。本書では、比較論研究の歴史を考察し、「比較宗教学」を平易に解説。

二三七六円

日本仏教と庶民信仰

五来　重 著　日本へ伝来した仏教は「名もない聖たち」によって庶民信仰の仏教へと変容した。仏教と庶民信仰の歴史を民俗学の視点から読み解く。

二三七六円

あなたを幸せにみちびく 観音さま——その教えと信仰の秘訣

羽田守快 著　人生は苦しみの連続だ。でも苦しみの「受けとめ方」を変えて人生を好転させることはできる。その最良の方法の一つ「観音信仰」の秘訣を説く。

一八三六円

梵字でみる密教　その教え・意味・書き方

児玉義隆 著

神秘の文字「梵字」—その教えや意味、書き方などをやさしく解説。梵字ファン必携の一冊。

一九四四円

服部祖承 著

0円です。＊印はオンデマンド版。

くことで本来の無邪気さがどんどん失われていく。そこに理屈が絡んできて、理屈づけをしてくるわけですね。

一つを取る方が今度は礼儀になってくるわけであります。本当は二つ欲しいだろうと。そこに戻れないものならどうしようという発想が道教とか禅にはあります。ですから、人が成長に伴って身につけていく分別に対しまして、禅が重視するのは「無分別」というものなんです。分別する以前の状態です。無分別とはどういう状態か、なかなかわかりにくいかと思うんですけども、無分別という言葉で思い出しますのは、私が修行していた道場である天龍寺の、私の師匠の師匠のことです。私が道場に入った頃は、まだ健在だったんですね。毎朝毛糸の帽子か何かを被りまして、自転車で山内を散歩されるんです。

入門した当初は、私はその人が誰だかわからない。どこかのおじいちゃんとしか思っていないわけです。箒で掃いてますと「おはようございます」と、向こうから言ってくださる。「おはようございます」と応えます。

これは後で聞いた話なんですが、毎朝決まったコースを決まった時間に散歩してますと、ある場所で必ず同じ男性に会ったんだそうです。毎朝「おはようございます」と管長さんが声をかける。ところが返事しないんですね。

毎朝あいさつをして返事しない相手に、皆さん何日あいさつし続けられますか。

たいてい学校ではあいさつしなさいと言うでしょう。これ儒教的です。あいさつって自然発生的なものでありますから、しろって言われてするあいさつなんか、あいさつじゃないと私は思ってるんです。

しかし、自分があいさつをして相手が応えないという状況が続いた時に、一体何日続けられるだろうかと思うんですね。そりゃいろいろ分別しちゃいますよ。分別した挙げ句に説教し始める人が多いわけです。

しかし、この関牧翁老師という管長さんは、毎朝あいさつを返さない相手に、二年間あいさつを続けたそうです。

その二年後に何が起こったのかというと、ある朝その男性が初めて「おはようございます」と応えて、その場に泣き伏したんだそうです。何が起こったのか詳しくはわかりません。しかし、そこで大きな変化がその方の中に起こったことは間違いないと思います。それは、きっと「あいさつをしなきゃ駄目じゃないか」と説教されることでは起こらなかった変化だろうと思うんですね。あいさつをしない相手に、二年間毎日あいさつができるという、そういうことは無分別じゃないとできないわけです。

あるいは、私の友だちのアメリカ人でマーチンという男がいました。早くに父親を亡くしまして禅の修行がしたいと言って日本にやって来ましたが、道場に入る前にちょっと日本の生活に慣れるために、神戸のお寺にいたわけです。

そこでは毎朝お粥なんですね。お粥って、アメリカ人にすれば何とふがいない食べ物だろうと思うわけですよ。せめて牛乳を入れれば食べられるじゃないかと。彼は袂に紙パックの牛乳を持って来てお粥にこそっと牛乳を入れたんですね。そしたら、住職さんがたまたまそれを見つけてしまった。見つけた時に、その和尚さんは大笑いしたんです。わっははと大笑いしたんですね。大笑いされると大体やってもいいのかなと思いませんか。

翌朝も彼は、また牛乳を入れたんです。翌朝も、また大笑いするんです。次の日も、その次の日も毎日毎日彼は入れ続けた。その和尚さんは毎朝同じように笑い続けたんです。

これ、できますか。大概分別のある方は、もう何日だ、二週間もあいつ黙っているからいい気になりやがってと、日にち数えるでしょう。最初は笑った人間もその初心を失っていくんです。どんどん大脳皮質でいろんな分別をしていくんですよ。あいつばっかり認めていたんでは他に示しがつかないだろうとか。

最初おかしかったわけでしょう。おかしかったという初心を保つことは、無分別じゃないとできないんです。これは梅じゃないんです。桃の世界なんです。

変な言い方かもしれませんけども、キリスト教の方ではエデンの園に昔はみんないたと言うわけですね。アダムとイブがそこにいたわけです。しかし智恵の木の実を食べてしまった。りんごを食べてから罪を知ってしまったというわけですね。罪ある人間がいかに上手に暮らしていくかという考え方がキリスト教です。これはじつは儒教にも共通してます。だから仁義や礼が大事になる。

一方、老荘思想とか禅は、この智恵の木の実を食べる前の状態に戻れと言ってるわけですね。そして、そういうふうになることは、恐らく可能なんです。毎日お粥に牛乳を入れるのを見て毎日同じように笑える人がいるんです。

一瞬阿呆かと思うでしょう。だから、大愚良寛という方が曹洞宗にいらっしゃいますよね。大馬鹿に見えるんですよ。無分別というのは。

桃がそういう考え方であるのに対して、梅というのは段々蓄積していって進歩していくという考え方があります。若い頃はどうしようもないわけですよね。梅の木だって、老木こそ素晴らしいんでしょう。ごつごつして曲りくねって、そこに花が咲くというとこがいいわけでしょう。剪定してこういうのは邪魔だといって切っちゃって、いい木にしていくというのが梅の木の育て方なわけですね。

教育というのはある意味でこの剪定がなくてはいけないだろうと思います。生命力の向かう方向があちこちばらばらでは、このエネルギーが十分に生かせない。ですから、エネルギーの向かう方向を一つに絞っていくという意味で、剪定というのは必要だろうと思うんです。儒教的な梅的な考え方の中には、人間が段々完成していくという考え方があります。段々よくなっていく。子どもは、まだ子どもなんだからお前にはわかんないだろう。まだ小学生じゃわかんないだろう、中学生は、まだ子どもじゃないかというわけです。

しかしそうなると、いったいいつが最高なのかと。

ずうっと待っていたら、もうボケちゃったからわかんない、なんてね。いつのまにかピークを通り越しちゃったということになる。じゃあ、いつが最高なのか。

非常に難しいところでありますけども、孔子先生に言わせれば三十にして立つ。志を持って身を立てるわけですね。四十にして惑わず。五十にして命を知る。自分の立てた志が天命にかなっていたと自信を深める。そして、六十になると耳順、反対意見を言われてもそれ程腹が立たない。この辺が全盛期でしょうかね。

七十になると従心。心の欲するところに従って、しかも規を越えずと言いますが、それじゃちょっとエネルギー不足じゃないかと思うんですね。そのとおり、孔子先生は七十四で死んじゃいます。

段々よくなってやがて衰えるという、そういう考え方ですと、そのくらいまでしか保たないいんじゃないですかね。

一方、老子は百五十まで生きたといわれています。もっと長かったという人もいます。ですから、人生の描き方が全然違うんです。儒教が段々よくなって、また段々衰えていく。これ欧米人の考える人生と一緒です。しかし、道教、老荘思想では、大体五歳がピークだという一派もあるんです。その場合は、つまり大人というのは最低の状態ですね。

柔弱でもないし。しかし年をとるともう一度最高のときがやってくるんです。だんだんほどけてまた五歳に近づくんですね。しかし年齢で区分するよりも、禅では常に今が最高だと考えます。例えば今七十六歳だとしますと、今が最高なんですよ。なにしろ七十五年も待ってたんじゃないですか。今が最高のはずですよ。いつでも最高というんですかね。

だから、どこがピークかということで考えたら今の自分がピークなんですよ。丸い地球の上に立っている。どこに立ってても地球のテッペンに立ってるんじゃないですか。

そういう考え方を禅ではします。分別というのをできる限り捨てるわけですね。

我々は大学で何を学んでいるのか、というと、主に分別だろうと思うんです。皆さんは地球が太陽の周りを回っているということを知ってますよね。しかし、地球が太陽の周りを回っているということを皆さんは実感できますか。

例えば、今私は、そういう意味では秒速三十メートル以上の速さで移動をしてるんですよ。地球が回っているスピードで動いているんでしょう。みんな動いているから動いてないように感じているだけです。しかし、そういうことは実感できないでしょう。地球が太陽を回ってるなんてことは、本当に分別なんです。

実感としては太陽が地球を回っているに決まっているじゃないですか。それでいいんじゃないですか。皆さんの実感の方を重視する。天動説でいいんですよ。だって太陽が回ってくれているでしょう。私は宇宙の中心にいるんです。宇宙の中心で坐禅するんです。

そこが、まだ分別が起こらない世界なんですね。

大学という所は分別を学ぶ所でもありますから、分別と無分別の兼ね合いが非常に難しかろうと思いますけども、無分別も忘れないでいただきたいと思います。

桃というのは無邪気と申しましたけど、言ってみれば影がないんですね。苦労を売り物にしない。梅って苦労を売り物にするところがあるんですね。寒ければ寒い程強い香を放つと言うでしょう。寒ければ寒い程、だから苦労すればする程後でいいことがあると考えているわけです。苦労すればする程、後でいいことがあるんだよと思っていて大地震で死んじゃったりするんですよ。あの苦労はどうなったんだろう、ということになる。だから、大地震で死ぬということをどう考えるか。

例えばキリスト教では、大洪水が来てノア夫婦だけが生き残った。これに理屈つけるわけでしょう。ノアが最も信心深かったから生き残ったんだ、というわけですよ。あの理屈で言われると大地震で死んだ人はそれなりの理由があるということになるでしょう。どこか行いに悪い所があったんだろうと。

隣のおじいさんは生き残って、うちのおじいちゃんは死んじゃった。うちのおじいちゃんは意地悪だったんだろうか、というふうに、単純に因果律で考え易い。そういう思考の構造を儒教とかキリスト教は持ってます。

しかし、老荘思想は「天地は仁ならず」という一言で言ってしまいます。

あなたがいいことをしてた、悪いことをしてた、そういうことと自然現象は関係ないと言うんです。死ぬのも生き残ったのも偶然ですよ。いいことをしていれば自然災害に遭わないなんてことはないわけです。だから、いつ死ぬかわかんないんですよ。どんなに素晴らしいことをやっていても。

ということは、将来にいいことが起こるために努力するというんでは報われない可能性が強いということです。どうしたらいいのか。将来に貸しを残さない。今、満足してしまうことなんです。

どういうことか。例えばその辺ちょっと雑巾がけをしてくれと言われますよね。何で私がやんなきゃならないんだろうと思いながらやっている。我慢してやってる。これはやっぱり、精神衛生上もよくない。

禅をやると、そう思いながら雑巾がけなんかやらないようになるわけです。どうせやらなければならないならば、それを自分の楽しみに変えていくしかないでしょう。雑巾動かしながら自分の筋肉の動きに意識を向けていくとか、それに呼吸を合わせていくとか、自分のやり方に変えていくわけですね。

言われてやるということは世の中に生きていると起こりますよ。しかし、言われて嫌々やっているのは絶対体によくないですよ。そうではなく、その場から十分結果としての楽しみももらっちゃうんです。そうすると、後々、将来に貸しはないですからいつ死んでもいいじゃないですか。

よくお通夜なんかに行くと、もう定年でようやくこれから楽しい時が始まると思ってたのに、とみんな言うわけですね。そんなことを言ってたら、そんな時はいつになっても来ないですよ。今日の分の楽しみは今日もらっちゃわないと。今日は我慢してやったというのは今日を冒涜しちゃったようなもんですよ。いやー、いい一日だった。このまま死んでもしょうがないなと思いながら、毎日枕に頭を持っていくというとこまでいくと、大変なもんであります。

それは道元禅師のおっしゃった「修証一等」ということであります。修行と悟りは一つで等しい。悟るために修行をするんじゃないと言ってるわけですね。修行そのものが悟りだと言っているんです。それはつまり、結果を後に期待して今を我慢するわけじゃないということであります。今やっていることから楽しみもそっくりいただいてしまうんですね。

これの達人が観音様という方なんです。あの人は何をやっても遊びとしてやってますから。道元禅師や観音様に学んでいただきたいことであります。梅が正しさを主張するのに対して、桃というのは楽しさを主張しています。

よく心配症の人なんかが今の心配事がなくなったら、きっと私も楽になるんじゃないかと言って心配している人がいますよね。でも、心配の種ってなくならないってご存じですか。絶対なくなりませんよ。心配症の人は一つのことが終わったら、必ずあっという間に次の心配の種を捜してきます。そして、必ずそれは見つかります。

うちの息子はいつになったら学校真面目に行くんだと心配していた人が、段々いつになったら結婚するんだ。結婚したら、いつになったら子どもができるんだ。子どもができても、子どもの成績まで心配するんですよ。心配症の人って心配するのが趣味なんですね。

だから、心配の種は決してなくなりませんから、心配するか安心するかは、たった今どっちかを選ばなきゃいけない。心配する人はずうっと心配してます。安心する人はそこで安心できるんです。安心に条件付けたら駄目ですよ。息子が、はたちになったら安心する、なんてことを言ってるとずっと安心できません。たった今安心するんですね。

これが桃の無邪気さでもあり、頓悟なんです。

皆さんもご存じの言葉だろうと思いますけども、蘇東坡（そとうば）という詩人が、「柳は緑　花は紅」と言った。この考え方も老荘思想の上に乗っかっている陶淵明の延長に来るわけであります。

柳は緑で、花は紅。何だそれは。普通それだけじゃ意味通じないでしょう。田中君は優しくって鈴木君は勉強ができると言ってるだけでしょう。分別しないとそういうふうになるんですよ。

でも皆さん分別しますから、田中君と鈴木君はどっちが頭がいいの、どっちが優しいの、と聞くんですね。それは分別なんですよ。

柳は緑で綺麗だな、桃の花は紅で無邪気で美しいなと、直接感じたことが並列されているだけなんです。

田中君は優しいな、鈴木君は何と頭がいいんだろう。二つ並列して、それでいいじゃないかと言ってるんです。どっちが頭いいの、どっちが優しいのって、他人との比較で考えるなよ、と言ってるのが禅なんであります。

その人の魅力が直接ドーンと伝わってくる、それが優しさであったり、頭のよさであったり、いろいろなんです。鮮やかな緑であったり、綺麗な紅であったりするわけであります。

比較も分別もしない世界。それが桃の世界なんですね。無邪気さ、無分別の世界なんであります。

本当はもうちょっと用意してきたんですけど、教室の移動があるということでありますので、この辺で終わった方がよろしそうなので終わらせていただきますが、今の「柳は緑　花は紅」ということをもっとわかりやすい言葉で言いますと、家風を認めるということです。

例えば、子どもが鼻たらしている。鼻たらしててはいけませんよ。チーンとやりますよね。そういう教育は必要であります。

でも、五十歳の人が鼻たらしていたらどうしますか。ああ、そういう人なんだなって思いませんか。そういう人っているわけですよ。それは家風として認めるしかないことってあるんですね。ちょっと大変な家風ですが。

教育してこういうふうに仕立て上げていこう、剪定していこうという梅の発想と、そのまんま受け入れて認めよう、家風を認めようという桃の発想と、両方必要なんであります。むろん、桃一辺倒では社会生活はうまくいかない。梅も必要です。

しかし、人が幸せになるのは梅じゃないんです。桃的になった時なんです。笑った時なんですよ。無邪気になれた時に幸せを感じるんですね。そういうわけでありますので、これから桃を見たらそういうことを思い出しながら、笑っていただければ幸いでございます。

どうも長時間にわたりありがとうございました。

（平成十六年十二月二日）

華厳と禅

木村清孝（きむらきよたか）

本日、禅研究所主催の伝統ある講演会にお呼びを頂きまして、大変光栄に存じております。また、ただ今所長の中祖先生、それから岡島先生からご丁重な過分のご紹介を頂き恐縮致しました。これから一時間ばかりでありますけれども、曹洞宗の寺院に生まれ、三十数年来、華厳を中心に仏教の勉強を進めてきたものとして、本日は「華厳と禅」というタイトルでしばらくお話をさせて頂きます。

Ｉ 「華厳」と「禅」の意味

華厳というのは、日本の一般的な音である漢音で読めば「かげん」になるわけですが、古くから「けごん」と読まれてきております。それが何の不思議もなく私どもの日常的な言葉の一つにもなってきているということです。

また、「華厳」の中身に関しては、例えば高校時代の修学旅行などで奈良へいらっしゃった方も多いと思います。その奈良のいわゆる大仏さん、東大寺のご本尊の大仏は、実は毘盧遮那（盧舎那）という華厳経の仏さまです。だから、一度でも大仏さんを拝んだことがあるという方は、華厳経の仏と縁ができているといっていいわけです。それから、最近は海外旅行もずいぶん一般的になりましたが、例えば中国には有名な竜門の石窟というのがあります。その中心に位置する仏――これは唐代の則天皇帝という、中国史上唯一の女帝の姿を模したと言われております――、この仏もやはり毘盧遮那仏です。さらにインドネシアには、ボロブドゥールという有名な遺跡があります。これは、何層にも積まれた非常に高い建物ですが、その回廊部分の一部は、華厳経の最後の章にあたる入法界品の物語のレリーフで飾られております。そういうことで、華厳経の世界は私どもにも決して無縁のものではないということをまず確認しておきたいと思います。

さて本日掲げました「華厳と禅」という主題は、大変大きな問題でございます。ですから、充分なお話はできないと存じますが、まず、華厳という言葉の意味について少し申し上げておきます。

実は、この言葉で意味されるものはおおよそ三つあります。その第一は、華厳経という経典そのもののことです。

華厳経はいうまでもなく、大乗仏教を代表する経典の一つで、漢訳で申しますと六十巻のもの、八十巻のもの、および、四十巻のものの三種類がありますが、いずれも大部なものです。そして、この経が一種の集成経典として初めて大きく纏めあげられましたのは紀元後四世紀末、或いは四百年くらいのことです。内容は、簡単にいえば、釈尊の悟りの世界を前提的に説いた上で、その悟りの世界へ至る道を、つまり、私どもが菩薩としてどのように歩んでいったらその世界へ到達できるのかということを明らかにしようとした経典であるということができるかと思います。この華厳経が「華厳」の第一の意味です。

第二の意味は、その華厳経を根本のよりどころとして形成された華厳宗独自の体系的な思想、つまり華厳教学のことです。これは、中国でだいたい初唐代、七世紀から八世紀の初めまでに一応完成されましたが、これを「華厳」と呼ぶことがあります。

そして第三には、その華厳教学も含めて、華厳経の強い影響下に誕生した思想一般のことです。華厳経は中国から韓国や日本も含む東アジアの仏教世界に大きな影響を与えてきました。天台宗や三論宗、さらには禅宗の思想形成にも華厳経は大きな影響を与えております。要するに、どの宗派ないし学派を取り上げましても、そこに、華厳経の影響を受け、その影響下にまとめあげられていった部分というのを認めることができるわけです。そういう「華厳思想」一般が「華厳」の第三の意味になります。

次に「禅」の意味についてです。おそらく学生の皆さんも先生方の講義等ですでにお聞きになっていらっしゃると思いますけれども、仏教で用いる禅という語は、もともとはインドの古代語、サンスクリット語のディァアーナの音写語である禅那、或いはその半音写・半意訳語である禅定という言葉の省略形です。そしてその意味は、心を落ち着け澄ませていく、そういう実践のあり方のことです。一種の精神統一、あるいは精神集中のことと言ってもいいでしょう。それを表す言葉なのです。

ちなみに、仏教ではこの禅の類語としてさまざまな言葉が用いられます。そしてそれらの間に、あまり厳密な区別はつけておりません。例えばサマーディ。これは漢訳では三昧と音写します。読書三昧とか、放蕩三昧という使い方をご存知でしょう。「三昧の境地に入る」といった言い方をしますね。要するに深い瞑想の境地のことで、そこから転じて、全てを忘れて何かに集中する、そういうあり方をも指すようになったわけです。

さらにまた、天台宗の方でよく使う瞑想を表す言葉として止観があります。天台宗を大成したのは隋代の智顗（ちぎ）という人ですが、その智顗大師が最終的に禅観思想の体系をまとめあげる際に用いたのがこの止観です。大著『摩訶止観』はその集大成の書です。ただし、この止観という言葉は一語ではなく、もともと止は瞑想において心が澄み静まり安らぐ側面に力点を置いたシャマタという言葉の訳語、観は瞑想の状態における観察――そこから真実の智慧が現れてくる――を意味するビパシアナーという言葉の訳語です。この二語が一対とされ、主に天台宗の教えを通じて、止観という言葉で東アジア世界には広まり、一般化したわけです。

なお、禅観という言葉は、禅の概念をもう少し広げて、禅の境地の実現に関わる実践といいますか、一般的に広くそういうものを指すときに使われる言葉です。そして、この禅観の意味でも禅という言葉が使われることがあります。さらに禅は、しばしば禅宗の意味でも用いられます。禅宗というのは、釈尊の瞑想を眼目としながら、とくに中国の道家思想の影響を強く受けて出来上がってきたひとつの仏教の伝統ですね。

ついでに申しますと、禅宗にはさまざまな系譜があります。中国ですでに唐代に、北宗・南宗という二つの大きな流れができ、南宗はさらに五家七宗と言いまして、大きく五つ、あるいは七つに分かれたとされます。そういう分類が行われております。日本にはこのうちの臨済宗と曹洞宗、および、後に成立した黄檗宗の三宗が伝わりました。

このように、禅宗には細かく言えばたくさんの宗派があるわけですが、それらを一括して禅宗と言います。これとほぼ同じ意味の言葉が禅家で、これは教家に対する呼称です。要するに「教外別伝」を掲げる禅宗の系統と、それ以外の、特定の経典・教義をよりどころとする仏教の諸宗派・諸学派を対比的に扱う概念ですね。ですから、教家の中には禅宗以外の学派・宗派の全部が入ってしまいます。

ただし、客観的に申しますと、この分け方には問題があります。例えば先ほど触れました天台宗は極めて実践的な側面が強いものですから、果たして教家と言い切れるのかどうか。本来的な意味ではむしろ禅家に近いというべきでしょう。要は、禅宗側からそのような枠付けをしたということです。

さらに禅は、禅思想とか禅仏教の意味でも使われます。とくに外国では、禅仏教（ゼンブディズム、チャンプティズム）という言い方は極めて一般的です。

このように華厳も禅も、いわば多義的というか、いろんな意味を持っております。ですから、理論的に話を進めるときには、どういう意味でその言葉を用いているかをはっきりさせる必要があります。ここでも、できるだけきちんと区別をしながら「華厳と禅」の中身の問題についてこれからお話をしていきたいと思います。

Ⅱ　華厳経の禅観思想

まず、華厳と禅を上に述べたどの意味で捉えるにせよ、全然違うもの、あるいは少なくともかなりかけ離れたものと考えておられる方が多いのではないでしょうか。しかしよく見てまいりますと、どうもそうではない。まず華厳経の中にどういう禅定の思想なり、禅観の問題なりが出てくるかということを申し上げてみたいと思います。華厳経という経典は、先ほど申し上げたように、基本的に申しますと釈尊の悟りの世界を前提、あるいは基盤に致しまして、その世界に到る菩薩の道を、すなわち、何としても仏の悟りを実現するのだと決意し、ひたすらそのための実践を重ねていく、その筋道を明らかにした経典です。ですから、華厳経は、初めに仏の悟りの世界の実現を宣言いたします。「ある時仏は、マガダ国の寂滅道場（悟りの場）におられて、初めて正覚を完成された」と。いわゆる成道を明言するわけです。

ちなみに、成道の「道」というのは、基本的にボーディ、すなわち、悟りという言葉の訳語です。ですから、成道は、悟りを完成したという意味になるんですね。

さて、華厳経は、この宣言の後に、「その地は金剛具足厳浄し、衆宝・雑華をもって荘飾と為し」云々と説き出します。つまり、すばらしく美しい、立派な世界がそこに出現したということを、それは表しているわけです。

このように、仏の悟りの場というのが、華厳経が設定した根本の舞台と考えることができます。では、その仏はどうなのか。すでに少し申し上げたように、華厳経という経典は一種の集成経典でして、ある時期に一気に出来たものではありません。そのため、必ずしも一貫しているわけではありませんが、全体としてはその教主は毘盧遮那仏（盧舎那仏）とみなすことができます。

ところがこの仏は、一箇所にとどまっているわけでも、自ら説法するわけでもありません。このうち、自ら説法しないというのは、悟りの場にあるのですから、よく分かります。では、一箇所にとどまらないというのは、どういうことで、それは何を意味するのでしょうか。

例えば、華厳経の巻十「仏昇夜摩天宮自在品」には、世尊、すなわち盧舎那仏が、「威神力の故に、道樹及び帝釈宮を離れずして夜摩天宝荘厳殿に向かいたまう」と出てきます。これは、実は仏の三回目の移動で、ここからまた新しい一幕が始まるのですが、問題はその移動が道樹及び帝釈宮を離れない、つまり以前に自分がいた二つの場所を離れないままになされた、ということです。一般的に使われる言葉で言えば、「不動の動」といいますか、仏は動かずに動かれるわけです。こういうことが、華厳経の構想の中に明確に示されているのです。

このようにして仏は、悟りの場を離れずに次々と会座を移動し、天上の世界――といっても、それらは欲界内にある天に限られます——へ上がっていって、最後にまた地上の舞台に戻ってこられます。華厳経が非常にスケールの大きい構想に基づいていることがお分かりでしょう。このようにして華厳経は、天上世界まで含めてその舞台が動いていき、演劇用語を使えば、合わせて七幕八場、あるいは七幕九場という形で展開していきます。

このあたりのことを見ていると、インドないし西域の人々の構想力、空想力というものの大きさに改めて驚嘆いたします。華厳経は、こういう大きなイメージの世界を基本に据えながら、真実の仏道、真実の菩薩道とは何かを明らかにしていこうとするわけです。

しかし、仏自身は何も説かれない。では、仏に代わって教えを説くのは誰か、といえば、それは主に菩薩たちです。他に神々も、仏の世界を讃える詩を詠ったりしています。このような仏の押さえ方からいえば、華厳経の構想そのものがいわば禅的な深い瞑想の世界を前提にし、その中に現れてくる真実の在り方といいますか、そこに浮かび上がってくる真実の在り方というものを提示しているということも出来る。ですから、華厳経そのものがある意味では禅観の経典であるともいえましょう。そういう側面があるということです。

さらに、具体的な教説としても、華厳経には三昧について実に丁寧な開示が見られます。その一つの例が賢首菩薩品の説示で、ここでは私たちの感覚意識器官と三昧との関係を「眼根の中において正受に入り、色法の中において三昧より起つ」というように、丁寧に描き出していきます。上の一句は、その最初のものですが、見るという目の働きを通じて瞑想の世界に入っていって、見られた世界を介してその瞑想の場から出てくる、というわけです。例えば今、美しいハスの花を観じて瞑想に入ったとすれば、瞑想からたつときには、今度はその観想者の主体がハスの花の上に浮かび上がって来る、というのでしょう。こういう説き方をするわけですね。この後には、聞く、触れるなど六根・六境のそれぞれの場の一体的な対応・交流の関係が全部出てきます。

次に、華厳経の念仏三昧についてご紹介しましょう。普通、念仏というと、浄土教の南無阿弥陀仏、口で南無阿弥陀仏を唱えるということを連想されると思いますが、念仏と申しますのは本来、仏を憶念する、心に思うという意味です。つまり、仏の姿とか仏の世界を深く心に念想する。心の中に思い浮かべて、意識の世界においてそれと一体化していく一種の瞑想なのです。

インドでは、そういう形で念仏が説かれました。この教えが中国に入って、口称念仏、口で唱える念仏という新しい方向が開かれていったわけです。しかし、中国や日本でも念仏がすべて口称ということになったわけではありません。一方では心で仏の姿、仏の世界を思い浮かべるという憶念の側面もずっと継承されてきているのです。

このもともとの念仏、念仏三昧が、華厳経の最後の章に当たる入法界品に出てきます。入法界品はもともと独立した一経典で、善財童子という純真な求道者が旅を続けながら、だんだんに自分の境地を深め、仏の世界へ近づいていくという物語を基軸としておりますが、その善財が文殊菩薩の指示を受けて最初に訪ねる先生を功徳雲比丘といいます。この比丘が到達している境地が一種の念仏三昧で、「普門光明観察正念諸仏三昧」と名づけられております。善財はこれをまず学ぶわけですが、しかし功徳雲によれば、かれ自身が到達した境地は極めて浅いもので、この他に「円満普照念仏三昧門」から「虚空等念仏三昧門」まで、二十一の念仏三昧があり、それらは大菩薩の境地である、とされております。私たちは、善財の求道が実質的に念仏三昧の修得から始まっているという点に深く思いをいたすとともに、念仏三昧という瞑想、禅定の世界がいかに深く広いものであるかを確認しなければならないと思います。

ところで、善財が訪ね歩く先生の数は、全部で五十三人とも五十四人とも五十五人とも数えられますが、その最後に教えを受ける菩薩が普賢菩薩です。その普賢菩薩に出会って善財が見る世界に関して、経典はかなり詳しく解説いたします。例えば普賢菩薩の身体を通して見た世界について、

その時に善財は、普賢菩薩の相好・肢節、諸々の毛孔の中において、不可説不可説の世界海に諸仏充満したまい、一一の如来、不可説不可説の大菩薩衆をもって眷属と為すを見、彼の

一一の如来の刹海、所依同じからず、形色おのおの異なり、金剛囲山、大雲彌覆し、仏と世間と、所転の法輪と、是の如き等の事、皆悉く同じからざるを見る。云々

と述べております。ここでは普賢菩薩の相好、すなわち身体的な特徴など、普賢菩薩のあらゆる身体の部分、小さな毛穴に至るまで、そこに無数の広大な世界があり、それらの世界のいずれにも仏たちが満ちあふれておられ、その仏たち一人一人がまた無数の大菩薩を伴っておられる。しかも、その仏たちの国は、みなすべてが異なっている。善財はそれを悉く見た、というのです。このことを華厳宗では後に「一即一切、一切即一」「一入一切、一切入一」などと纏めます。要は、何であれ、ひとつのものの中に美しく大きな真実の世界が全部つまっている、というのです。例えば皆さん一人一人について言えば、一人一人の存在が大きな宇宙を全部背負い込んでいる。宇宙の命が全部つまった命をもっているということです。このようなあり方は、まさに禅定の世界の内景とでもいうべきものに他ならないのではないでしょうか。

ふだん私たちは、例えば爪の先は爪の先としか言いませんでしょう。この言葉は、小さなもの、つまらないものの代名詞でもありますね。ところが実は、その爪の先に無数の仏たちがいらっしゃるというのが真相なのです。広大な真実の世界がそこに凝縮しているというわけです。中国医学でも、例えばこの五本の指の先端に体全体が反映されているといいます。また、我々の体がこ

の宇宙の運動と連関していると説きます。この点からも、決して私たち一人ひとりが孤立したちっぽけな存在でないことは知っていただけると思います。ともあれ、善財が最終的に見たものは、まさに深い瞑想を通して掴んだ、ひとつの小さなものの中にも真実のすべてが含まれてある、そういうかけがえのない世界であったというわけです。

Ⅲ　華厳宗の華厳経観――海印三昧への着目

さて、このように華厳経は全体としてスケールの大きな一種の禅観経典といえる一面を持っているということがお解り頂けたかと思います。では、華厳宗では華厳経のそうした面をどう捉えたのでしょうか。

実は華厳宗の方では、これまで申し上げたようなことにはあまり注目しませんでした。このことは、むろん華厳宗の人々だけの問題ではありません。中国には華厳宗の成立以前から長い華厳経解釈の伝統がありました。華厳宗における華厳経の見方は、それに制約され、時代性にも制約されて、その流れの上に出来上がっているわけです。

では、華厳宗の人びとが着目した禅観に関わる説示は何であったのかというと、第一に挙げるべきものは海印三昧でしょう。そして、ときにこれと一対で示されるのが華厳三昧です。

この海印三昧と華厳三昧は、もちろん、華厳経に出てきます。具体的には、信を完成した菩薩がさまざまな行いをあまねく現すことができるのは「海印三昧の勢力の故」であり、あらゆる功徳を自在に展開するのは「華厳三昧の勢力の故」である、などと説かれています。けれども、華厳経自体がこれらを特別に重視しているわけではありません。とくに海印三昧についていえば、むしろ般若経等の方がより重視するのです。ところが華厳宗では、例えばその大成者法蔵が一乗の教義のよりどころを明確に海印三昧と規定しているように、海印三昧は仏の根本の禅定と見なされています。大きな海が静まり返る。少しも波立たない。そういう大海の如く大きな静まった仏の瞑想の世界に、あらゆるものがあるがままに刻印され、映し出される。そこにくっきりと如実に真実のすべてが浮かび上がる——中国華厳宗の人々は、おそらく仏教の教えの根源的なありようをそのようなものとして捉えたのです。

さらに、もうひとつ例を挙げましょう。それは、上に挙げた法蔵と同門で、韓国における華厳系仏教の初祖といわれる義湘（義相）の理解の仕方です。かれは、『一乗法界図』と称される著作を残しているのですが、これは角印の形をした図とその注釈とからなるものです。この印の形そのものが一種、呪術的な意味合いを持っているようにも思われますが、中の文言は詩になっており、中央部分の「法」という字からスタートして左横の方へ読んでいきます。「法性円融無二相」

というのが最初の一句です。全体として義湘が捉えた華厳の世界が表されているわけですが、右上まで読み進めると、「海印三昧中繁出如意」とあります。つまり、海印三昧の中では、「真実のすべてが」思いのままに盛んに現れ出てくる、というのです。また、この図印に注釈をした部分には、この仏の教えに包み込まれる三種世間、すなわち、宗教的な視点から見たあらゆる世界はみな海印三昧から現れてくる、と述べられています。要するに、義湘によれば、海印三昧によって宗教的世界の全体が成り立っているというわけです。韓国の華厳宗、そしてその影響を強く受けて主流を形成した韓国の禅仏教は、こういう考え方がベースになっているのです。

Ⅳ　華厳宗の観門の書

前節で述べたように、華厳宗自体の三昧論としては海印三昧がもっとも重要です。しかし、禅観の面において後代に最も大きな影響を与えたものは何かといいますと、それは、『法界観門』と『妄尽還源観』に開示されている禅観思想です。

このうち『法界観門』は、内容的には真空観第一、理事無礙観第二、周遍含容観第三の三部に分けられ、一般には三段階の観法を提示しているとされます。けれども、実際に具体的に瞑想の方法までをも一応明らかにしていると認めることができるのは第一の真空観だけです。後の第

二、第三は、むしろそういう瞑想の境地において把握されてくる世界を説明したものと考えた方がいいようです。

また『妄尽還源観』、これはむしろ、禅観に根ざす一種の世界観を提示した書物と見る方が自然でしょう。というのは、その最初に「一体を顕す」として、「自性清浄円明の体」という、いわば美しい玉に相当するような根本的な本体を存在世界の根底に措定するからです。そして、ここから真実の働きが生まれ、あらゆる実践の在り方が生まれてくるというのです。これはまさしく、一つの宗教的世界観の表明といえるでしょう。

V　李通玄の仏光観

ところで、華厳宗とは少し異なる流れから、李通玄という人が出ております。かれは法蔵とほぼ同じ時代を生きた居士で、晩年になって華厳経の研究に没頭したと言われますが、すばらしい華厳経の注釈書を書いています。それを見ると、かれが華厳宗の教学的な伝統とは距離をおいて、徹底して華厳経を実践的な視点に立って読み抜こうとしたことが分かります。

中国には注目すべき居士仏教の伝統があります。つまり、優れた在俗の仏教者が歴史上何人も出て、出家者とは別の系譜を作っているのです。李通玄はその中の代表格のひとりで、この人が先人たちからの一つの流れを受け継ぎ、華厳宗の人々とは違う瞑想実践の方法を提唱しております。それは、華厳経の光明覚品の教説に基づく仏光観です。

すなわち、仏が自分の体から光を放たれる。その光が十方にわたって次第に宇宙全体に広がっていく、という記述がそこにあります。李通玄は、この記述に順じて、いわば光を心の中で追跡していく。どんどん光が広がっていくのに応じて自分の心も拡大し、普遍化していく。自分と光の世界が一つになり、同時にそこで、自分自身の空性というか無自性性というか、そういう真実の姿があらわになる——仏光観は、そういうありようをめざす観法だといってよいでしょう。こういう観法を明確な形で提唱したのが李通玄なのです。日本では、鎌倉時代に華厳宗を復興したと評価される明恵上人高弁が、これに強い影響を受け、新しい瞑想の体系を作り上げております。京都のもみじの名所で有名な高山寺は、その明恵上人の再興されたお寺です。ともかく李通玄は、民族や時代を超えてアジア世界に大きな思想的影響を残しており、東アジア仏教史を考えるときに決して忘れてはならない人物です。

Ⅵ　禅宗と華厳思想

さて、では逆に、禅宗における華厳思想の問題はどうでしょうか。禅宗には華厳思想はあまり関係ないのでしょうか。決してそうではありません。すでに高峯了州先生がかつて『華厳と禅との交渉』という書物を纏めていらっしゃいますが、禅宗の中には華厳経や華厳教学の影響を受けた人はほんとうに沢山おります。例えば、その代表的な一人に圜悟克勤がおります。圜悟は、碧巌録という禅籍、とくに臨済宗では最も重要視される書物を編集した人として有名ですが、華厳経にしばしば言及するだけでなく、むしろ華厳経を自分の体験を通して読み解いていくという態度を取っているのです。そして、中でも哲学的・思想史的に興味深いのは、華厳宗の存在論ともいえる四法界に関する圜悟の考え方です。

四法界と申しますのは、存在するものの世界を見方の深さに基づいて四つの範疇に区分したもので、事法界（事象の世界）、理法界（真理の世界）、理事無礙法界（事象と真理とが何の障害もなく関わりあい、融合する世界）、事事無礙法界（あらゆる事象と事象とが何の障害もなく、自在に関わりあい、調和する世界）のことです。圜悟は、この教説にとくに注目しておりまして、これと禅の境地がどう対応するかということを、張商英という当時を代表する知識人との対話の中で、おおよそ次のように論じております。

張居士は「華厳思想というのはすばらしい。それは、禅の究極の境地を明らかにしているのではないか」と論じます。ところが圜悟は、「前の三法界は問題外。確かに事事無礙法界には、禅の世界に通ずるものがある。けれども、つまるところ、四法界などという概念的な世界の枠付けにとどまっている限り、真実の世界とは無縁である。禅の本領は、そうした捉え方を超えたところにある」と主張するのです。

結局、圜悟によれば、四法界といった範疇、ないし領域が消滅して、そこで初めて禅の世界が開ける。禅の世界は事事無礙法界の上にある。いわば事事無礙を生きるといいますか、そういう自由の境地こそが禅が目指すものである、というわけです。

このように、禅者の立場からは、華厳宗の教えは教義的な枠組みを脱していないという批判がなされます。けれども中身からいうと、華厳の世界が深く禅の世界と通じあっていることは確かだと思われます。

おわりに

以上、今日は「華厳と禅」というお話をさせてもらいました。最後にちょっと宗祖道元禅師のことに触れさせていただきます。実は禅師の思想は、華厳経や華厳教学から来る概念に関して、さまざま検討すべき問題があります。例えば『正法眼蔵』「海印三昧」の巻がありますが、そこで説かれている海印三昧は、華厳経や華厳教学の海印三昧とは全然違うものです。なぜ禅師はそのような説き方をなさったのか――これは、よくよく考えてみるべき問題の一つであろうと思います。

それでは、まだ十分に意を尽くさないままのところもございますが、ちょうど時間となりましたので、本日の講演はこれで終わりとさせて頂きます。どうもありがとうございました。

（平成十三年十二月十二日）

中国人が理解した仏教——禅——

永井政之（ながいまさし）

ご紹介をいただきました駒澤大学の永井でございます。駒澤大学とこちら愛知学院大学とは、ともに曹洞宗が設立の母胎となっている、そういう関係にありまして、仏教学、あるいは禅学を専攻される先生方とは、個人的にも日頃親しくさせていただいております。そんなわけで、やって来て、話をしろという命令を断りきれず、事、ここに及んでしまいました。与えられた時間の中で、私が中国の仏教と取り組む上での方法論、あるいは取り組んだ上での感想とも言うべきものを述べさせていただきたいと思います。

さて私が今まで興味を持ってやってきて、今後もこれでいこうと思っている、その基本となるものは、本当に仏教、あるいは禅の教えを、「自分なりに納得できるか」ということであります。個人的なことを申せば、私も「ラゴ」として寺に生まれ、寺で育ちました。道元禅師のように、大疑団を発して出家をしたなどというものではありません。生まれながらに、仏法の世界にどっぷり浸かっているという事は、それはそれで素晴らしいことなのかも知れませんが、自分が「宗教者」「仏教者」として、生きていくということが、本当によいのかどうかということを、どこかで自問自答をし、そして納得をしないといけないんじゃないか。私の「青春」はそんな自問自答の中で過ぎていきましたし、学部から大学院へと進んで「禅」について研究を進めたことも、そのような模索の一環であったように思います。

ともあれ大学院の頃から通算すれば三〇年ほどの時間を「中国禅」研究に費やし、何か自分のやってきたことを少しまとめねば、こう思ってまとめさせていただいたのが、昨年（二〇〇〇年）刊行いたしました『中国禅宗教団と民衆』という一冊であります。

この本の内容については細かには申しませんが、ともかく本論については、それまで書いたことをまとめればよかったわけでありまして、それはそれなりに時間を費しつつも、結構、ものを作り上げるという意味では楽しい時間を過ごしました。そのような中で、頭を悩ましたのは、本の冒頭の部分「序論」の部分であります。「序論」では、本の意図するところや方法論が述べられるというのが通例です。結局、ここで「何で自分は、ずうっとこういった分野をやってきたんだろう」と、こう考えた時に、ああそうかと思ったのが、今日の話の内容に関わっていくわけであります。

お手元の資料の中に『広辞苑』に収録される「サイバネティックス」という言葉の解釈を出し

ておきました。もともとは、ギリシャ語に由来する言葉であり、アメリカの数学者、ウィーナーの提唱に始まる学問分野、と出てまいります。要はいろいろな学問を総合した学問だと、こういうことであります。

これは、どういうことかと言えば、一番端的な例として挙げられるのは、やはり宇宙工学だろうと思います。ロケットが飛びましたと言った時に、あそこに関わる学問というのは、それはいわば学と名がつくものについては、ほとんどの学問が、あのロケット一機を空高く飛びたたせるために集中されるわけであります。

医学もあれば、生物学もあれば、物理学もあれば、化学もあれば、等々等々、それらが、寸分もたがわず、うまく噛み合うというと、そこで初めて、あの宇宙衛星が飛んでいくわけでありまして、逆に言えば、宇宙衛星一機が飛んでいくためには、さほどの学問が必要なのだということであります。

私が申し上げたいのは、例えば、禅とか、仏教とか、宗教とか言って、一つの思想を究め論じ、あるいはそこに関わる個人の伝記や思想を考えていくわけでありますが、それを総合していく学問が必要なのではないか、同時に、思想や宗教を下支えする「人間」を踏まえることで、よりビビッドな宗教や思想というものが、理解できるんじゃないかということであります。

特に禅は端的に「自己」の生きざまを問題と致します。「禅」研究は、一個の生きた人間が、歴史の中で、あるいは空間の中で、どう生きたかということを問題といたします。

そうでなければ、またそういうふうに禅の思想を扱わなければ、それこそ「禅問答」という、極めて揶揄的に使われる、あの世界でしかないことになってしまいます。

話が少し横にそれた観がありますが、いろいろな問題意識を持って研究に取り組んでいる中で、拙著の「序論」の中でも触れておりますが、この考え方は、やっぱり重要だなと思ったものに、かつて九州大学で教鞭をおとりになりました、荒木見悟先生が提唱された「本来性と現実性」という問題設定があります。

先生が、御著書『仏教と儒教』の中で、本来性と現実性という言葉で、問題提起、あるいは方法論として提案されたことは、「生きた宗教」「生きた仏教」というものを捉える上で、非常に重要な手がかりになりました。

本来性と現実性というだけでは、あまりピンとこないかもしれません。でも、例えば、仏教的には、それはお釈迦様が、『ブッダ最後の旅』の中で、お釈迦様が亡くなった後、私たちは、どうしたらいいんでしょうかとアーナンダが聞いた時に、お釈迦様は、教えをよるべとし、それから自らをよるべとせよと述べられました。『阿含経』の方では、「自灯明、法灯明」と漢訳されるその言葉であります。

これは凄い言い方だと思います。教えだけをよるべにせよとも言わなかったし、自分だけをよるべにせよとも言わなかった。そういう両方の相まったところで生きていけということだと考えます。中国仏教、あるいは中国の思想を考える時に、体と用とか、理と事とか、建て前と本音とか、いわゆる「二元論」に特徴を見出して研究を進めることは従来も行われてきました。荒木先生の方法論も大ワクではこの範疇でみてよいと思いますが、同時にインド以来の自灯明、法灯明という考え方もこの思考にリンクしていくのではないかと私は考えました。荒木先生は仏教と儒教という、中国における大きな二つの潮流を、どこからどこまでは共通するけれども、どこからどこは、はっきり違うというふうに、比較しつつ、研究を進められました。

その時に、荒木先生が言われるのは、ただ言葉が同じだから、同じことを言っている、言葉が違うから、全く違うことを言っているという考え方ではなくて、むしろ本来性といういわば建て前の世界を踏まえつつ、その人がどうやって生きていったか、その生き方を比べる。彼は、本来性をこう考えて、こう生きた。こっちの人は、こう生きた。そういうふうにして比較するところに、両者を比較する意味があるのであって、単純に言葉だけの異同を挙げつらっても、それは本当に比較したということにはならないだろうと言われるのであります。

そういう意味で、本来性と現実性という言葉をお使いになられるのであります。私は、禅というのは、中国で生まれ、中国で育って、中国で花開いたと思っております。信仰の上では、過去七仏から、西天二十八祖、東土六祖がという教えの流れを信じて、朝課の仏祖諷経をおこないますけれども、歴史的な事実としてそんなことはないということは、御存知の通りであります。その発祥はともかくとして、学問的には、六祖慧能の時代以後に花開いていく、そういうふうに押さえざるを得ません。

言うまでもなく禅の基本的な姿勢というのは、「お前さん、どうやって生きていくんだい」と、こういう形で、問題を必ず本人にフィードバックさせます。頭の中で考えているよりも、農作業を真剣にやっていく方に意味があるよと、こう考えます。

それは現実の中で、私たちがどう生きてくか。そこのところをはずして仏教なんぞありはしないという主張にほかなりません。

仏教は、縁起を説き、空を説く。これは言うまでもないことであります。ただ私は、インドが専門ではございませんから、軽々しく云々できませんけれども、インドと中国では、一口に仏教と言っても何らかの変容があるだろう。少なくともインドにおいて、お釈迦様が主張した空や縁起という思想を、中国人はそのまま受け止めはしなかったと考えます。

すでに自灯明、法灯明という二つのよるべのバランスを主張した釈尊の立場があります。この二つの立場の内、中国人は、すでに自らが固有のものとして持っていた現実主義と、自灯明と重ね合わせる、自灯明の中に法灯明を取り込む形で仏教を捉え――駒澤大学における私の先輩、吉津宜英先生は「自灯明一乗」と表現されました――、現実に機能するものとしていった。このような作業の延長線上に、禅がある、と私は考えます。

この部分をいま少し具体的にみるために『論語』の言葉を挙げておきます。「先進篇」で「未だ生を知らず、いずくんぞ死を知らん」。生きているこの自分のことさえわからんのに、どうして死んだ後のことなんぞわかろうか。霊魂というものがありましょうかという質問に対しては、「鬼神は敬して、これを遠ざく」。その類いのものは、無視して粗末に扱うわけではないけれども、やっぱり敬して遠ざく。直接的に、霊魂があるのないのということを議論する前に、これも生きている今の我々のこの命、生き方というものが、問題だというふうに言っております。

これらからして、仏教の伝来する以前から、生きている自分というものの命、生き方というものを問題にしようという中国固有の発想があり、そこに自灯明というものを一方に立てている仏教が伝わってくる。そこで両者が融合していく、あるいはその共通する部分を手がかりとして互いの立場を理解する、そんな経緯があったのではないかと考えます。

自己の生き方に、法の具現を見るというのは、有名な『百丈清規』の「仏作仏行」の世界もそうであります。上堂して、法堂の須弥壇の上から、お弟子さんたちに向かって、生きた仏として教えを説くというあの自信と、自己認識というものは、空や縁起の人間観・世界観を一方に持ちつつも、それを、より現実の世界で捉えていこうとする禅の立場そのものであります。

このように見てきますと禅が、その思想あるいは生き方を強調すればする程、自灯明の部分にウェートがかかってくる。それこそが、インド的なものから中国的なものへの大きな展開だと考えていいだろうと思います。

いままで述べてきたことからも御理解いただけるかも知れませんが、私が取り扱う仏教は中国の文化の一つとしての仏教であります。文化というのは、私は、ここでは、人間の営みというふうに、大ざっぱに捉えておきたいのであります。そして人間の営みである以上、そこには当然、時間的、空間的、そして文化の担い手としての人間が介在せざるを得ない。インド仏教と中国仏教のあいだにはやはりそれなりの違いがあって当然ということとなります。

さて、私は塚本善隆先生による『魏書釈老志』訳注の成果の一部を資料として挙げておきました。中国の南北朝の時代に、異民族が立てた北魏において仏教が大いに受容され、そのことを記録したテキストが、『魏書釈老志』であります。仏教が中国でどのように受容されたかを知る貴重なテキストでありますが、塚本先生が、訳注をされる中で、南北朝、つまり四、五世紀あたりで、仏教がどういう形で、中国社会に定着していったのか、それを概論的に書かれております。

そこでは、「仏教は空を説く教えであったが、中国人はその「空」ということがよくわからなかった」。つまり仏教の基本的教えが「空」にあるということ、このことを極少数の人たちは理解できたものの、大方は理解できず、むしろ「鳩摩羅什以後といえども、一切の「性空」に徹する空観の理解の如きは、少数の専門的学匠によってとげられ、一般的には、精神は不滅で、その精神が、現在の生涯になした、善・悪業によって、次の善・悪の生へ再生輪廻して行くことを教えることこそ、仏の大抵の教旨であるとされたのであり、かかる教義こそ両晋・南北朝の人々の心を動かし、多数の人々を仏教信奉に誘引した所以であった」(同書、一一三頁)とされるのであります。

ということになりますと、先程来申している趣旨、文化は変容する。変容するから、受容があるという主張は、私がはじめて主張することでもなく、勝手に書いたということでもないのであります。

このギャップ、つまり、空であるということと、精神は不滅だということ、このギャップをどういうふうに埋めるか、あるいはどういうふうに合理化していくかということが、中国の仏教徒にとっては、大きな意味を持ち、今日的にも、極めて大きな問題として残るのであります。

あとで申し上げることと関係するものとして「中陰」の問題があります。中陰を強く主張するのは「説一切有部」という部派ですが、これが中国人の仏教理解に大きな影響を与えます。たとえば南北朝の崇仏家として有名な顔子推は『顔氏家訓』の中で「俺の葬式なんかは簡単でいいけれども、死んだ後の追善の供養だけはちゃんとやってくれ」と言い残します。この問題こそが、抽象的な議論ではない、事実としての「中陰」に関わります。つまり死んだ後、人間はどうなるか、来世があるかないか、霊魂は滅するのか不滅なのかということです。

すでに言われますように、鳩摩羅什と慧遠のやりとりをまとめた『大乗義章』の中心テーマは「空」をどう理解するかということであります。つまり中国人である慧遠は「空」をなかなか理解できなかったというのであります。したがって、南北朝のおおかたの仏教理解は「神不滅」「霊魂不滅」が中心となります。

話は横道にそれますが、私は、人が死んだ時の死者儀礼に関わるものとして、普通は、お葬式をやって次に追善ですが、中国への仏教定着の順からすれば、追善が先にあって、葬送儀礼は後から成立したのではないかと考えています。このことについては、後日を期したいと思います。ともあれ人間の営みとしての文化というのは、時代と地域によって、変容するのであります。仏教についてみるなら、お釈迦様の教えどおりに、二五〇〇年間やってきているわけではありません。たいへんな変化をとげています。変化したからこそ今でも、日本に仏教が残っているわけでしょうし、日本の仏教が、アメリカやらヨーロッパへ伝わっていくときにはたぶんそれなりに変化し展開していくものと考えます。

この話をするときに私はよくカレーライスや中華料理、そしてアメリカの日本料理のことを例に挙げます。カレーライスだって、本場インドのカレーと日本のカレーでは大いにイメージが異なります。中華料理だって、日本の中華街の中華料理と、本場中国の中華料理では、これも随分ちがっています。アメリカで、寿司にマヨネーズをかけて食べたり、ケチャップをかけて食べたりするという話が伝わりますと、ビックリするというのが日本人のふつうの感覚ではないでしょうか。そういうことを考えますと、その変容をハナから否定してもあまり意味があるとは思えません。むしろ変容させていったところに、何か意味がないかを考える。そして変容の過程に人間の営みを見ていく、どんなふうに四苦八苦しながら、人々は、一つの文化を受け入れていったかということに、私たちは着目すべきだと思います。

ここで私は、文化の変容の一例として、葬送儀礼を考えてみたいと思います。曹洞宗に限らず、現代社会において、死者儀礼、お葬式というものが、非常に大きな意味を持って、取り挙げられていることは、お集まりの方は、皆さん御存知だろうと思います。云く「お布施が高い」。お布施が高いというのが、一番問題なのかもしれません。要はお布施も含めて、「費用がかかり過ぎる。何の意味があるのか」といったところでしょう。このような社会的な問題提起に対して、既成教団が無為無策に過ごしているわけではなく、曹洞宗でも葬祭をめぐってのシンポジュームを行なうなどして、現代において葬祭がいかなる役割を果たしうるかを模索しております。

ともあれ、現代における仏教教団がかかえる問題は葬儀だけでなく、きわめて多岐にわたります。そしてそれらの問題を解決しようとするときに、「仏教原理主義」と言いましょうか、いきなりお釈迦様の例を持ってきたり、曹洞宗だからといって、道元禅師の立場をあてはめようとしても、これはあてはまりようがないのであります。

むしろ、そこでは、どこからどこまでならば、変容が許され、どこからどこまでなら、もっと工夫をすべきであろうという提言をする方が、少なくとも、より建設的なのではないか、と私は考えております。

さて具体的に文化としての仏教の変容の一例として、葬送儀礼を考えるという部分に入らせていただきます。

まずはじめには、原始仏教の時代を見ておきたいと思います。例として挙げうるのは中村元先生の労作『ブッダ最後の旅』で知りうる、お釈迦様の葬儀をめぐる態度であります。お釈迦様は八〇歳で亡くなりますが、その年老いたお釈迦様にアーナンダが質問するところから話がはじまります。「アーナンダよ、お前たちは修行完成者の遺骨の供養（崇拝）にかかずらうな。どうか、お前たちは、正しい目的のために努力せよ。正しい目的を実行せよ。正しい目的に向かって怠らず、勤め、専念しておれ」と、こう言われた。しかし「遺体を、どう始末したらいいでしょうか」という質問にたいしては「アーナンダよ。世界を支配する帝王（転輪聖王）の遺体を処理するような仕方で、修行完成者の遺体も処理すべきである」とこう言われ、遺体を布や綿で包んだ後でその遺体を火葬する。そして「四つ辻に修行完成者のストゥーパをつくるべきである。誰であろうと、そこに花輪または香料または顔料をささげて礼拝し、または心を浄らかにして信ずる人々には、長いあいだ利益と幸せが起るであろう」と。ただし、そういうことは、在俗の人にさせろというのであります。

この文章は、「お釈迦様は、お葬式をするな。出家者はお葬式に関わるなと言っている」。でも「現在の仏教教団は、葬式やって、お寺を経営してる。それは仏陀の最後の言葉に反している」。このような言い方をしたいがために、引かれることが少なくありません。「仏陀は、出家修行者は葬式にかかずらうなと申されました」ということになります。でもそれは本当なのかなと思うんですね。

お釈迦様が亡くなった時、御存知の通り、マハーカッサパ・摩訶迦葉は、お釈迦様と行動をともにしておりませんでした。ある人から、お前の師匠が亡くなったと聞いて、あわてて駆けつけるわけであります。駆けつけて、お釈迦様の遺骸を火葬する時に、薪の山があって、その上にお釈迦様の遺骸が乗っていたんでしょう。その薪の山に、右肩を向けて、つまり右遶三匝し、尊師の御足に頭をつけて礼拝した。そして五百人の修行僧もやったところ、自ずと薪が燃え上がりました。摩訶迦葉が訪れるまで火葬になりませんでしたというのが、今日の禅宗教団の尊宿遷化にあたって、弟子が松明をふるというところに流れていくんだろうとは思います。

これだって考えようによりますと、確かにお釈迦様は、お前たちは、遺体の処理に関わるなと言われ、事実、その没後に葬式の準備、その遺体を一生懸命布でくるんだのは、マッラ族の人たちかもしれません。しかし最後の最後、火をつけるところというのを象徴的に読み取れば、出家者である摩訶迦葉がやって来ないことには荼毘は始まらなかったわけでありまして、関わるなとは言いながらも、象徴的なもの言いだと読み取れば、どこかで関わっていく。つまり「ああ死んだ。そうだよな。お釈迦様は、諸行無常と説いていたもんな。有余涅槃から無余涅槃だよ。これで、おしまいだ」ということでは、決してなかったのであります。

加えて、中野義照先生に、インドの『マヌ法典』等を参考にしてインドの死者儀礼等について研究された論文がございます（「法制思想」岩波講座『東洋思潮』七）。そこでは「印度の葬法には火土水風等の諸法があるが火葬最も広く行なはれ法典家庭経の儀軌は皆火葬を型とする」と言われ、また「恐らく再生族の祭祀の内最も重要なるものは祖霊祭であらう。この詳規は法典にまで出て居る」と言われる。つまり、インドにおいては古来から死者儀礼を無視して宗教は成り立たない。いかに教義的に諸行は無常である、五蘊皆空である、我々の肉体は、四大仮和合であると、こう言ったからといって、もうインド全体がそういう風土の中で動いていく時に、それを無視して、俺たちは別だよというわけにはいかないのであります。

つまり仏教が、バラモン教とは違うよということを主張する過程で、形式に走ったお葬式ということは、ありえなかったとしても、逆に全く葬儀をやらない宗教として仏教があったとも考えづらいのであります。

その辺を注意して、『ブッダ最後の旅』を読まないと間違うんじゃないかと、私は考えます。もちろん、そこで行なわれた葬送儀礼というものは、今日の私たちが考えるようなものではなく、あくまでも簡素に徹したものであったことは言うまでもないでしょう。

以下に、インドの葬送の様子を伝えた文献を見ておきたいと思います。そこでは中国僧がみた、インドの簡素なお葬式のさまであります。玄奘三蔵（六〇二～六六四）は『大唐西域記』巻二で「出家した僧たちは制度として死者を泣き悲しむというものはなく、父母の死にあえば心に思い浮かべては恩に酬いんことを思い、葬儀を丁重にすることはまことに冥福の一助となることである」と述べ、また義浄三蔵（六三五～七一三）も『南海寄帰内法伝』で当時のインドの葬送儀礼が中国におけるそれと大きく異なっていることを報告しています。

御存知のように、中国には『礼記』や『儀礼』の記述を基本とした、儒教流のお葬式のやりかたがあります。概略は道端良秀先生の『仏教と儒教』、あるいはそれを承けた私の著書をご覧頂きたく思います。ともあれ儒教のお葬式というのは、非常に丁寧でありまして、これを決められたとおりにやっていくということが、親孝行の証なのであります。

もちろん、経費もかかるわけでしょうから、全部が全部規則通りにやれるわけではありません。でも、できるだけ親の葬式を丁寧にしてやりたいというのは、残された子供たちの心情でしょう。そして仏教が、中国にやって来る以前から葬儀はこういうふうにしなさいよと決まっている。そういう習慣の中で生まれ育った玄奘や義浄が、はるばるインドまで行った時に、「おっ」と思ったのは、これは想像に難くないのであります。

同じインドにしても『ブッダ最後の旅』の世界と、この玄奘が見た世界をいきなりドッキングさせることは、これはちょっと無茶でありますが、インドには、インド流の丁重にした葬儀というものがありましたということからすれば、先程申しましたように、お釈迦様の「お前たち出家者は修行に専念して、お葬式・死者儀礼に関わってはいけない」という言い方をただ鵜呑みにするだけでは、ちょっと無理があるだろうということですね。

まず、そのことを一つ伏線としておきたいと思います。問題は玄奘がインドまで行って見聞したこと、「本場の仏教では、儒教のような葬式はやらんのだな」と、こう理解してきたことを、後の人々がどう受けとめていったかということです。

ここで『大慈恩三蔵法師伝』巻一〇から、インドにおける簡素な葬儀を伝えた玄奘その人の葬儀をみておきましょう。「無常将に至りなんと知りて、門人に謂いて曰く、吾れ玉華に来ることは本と般若に縁りてなり。今、経事すること既に終わりぬ。吾が生涯も亦た尽きぬ。若し無常の後に、汝等、吾れをして宜しく倹省に従いて、蘧蒢を以て裹み送るべし。仍りて山澗の僻処を択びて安置せよ。（中略）麟徳元年三月五日の夜半に至りて、弟子光等問いて云く、和上、決定して弥勒の内衆に生まるるを得るや。法師報えて云く、生まるることを得たり。言い訖りて、気息漸く微かなり。少らくの間に神逝りぬ」。つまり「私が死んだ後は、私の葬式については、なるべく倹約をして、川に生えている芦などを使って遺体を包み、誰も利用しないような、そういうところへ私の遺体を葬れ」と、玄奘は遺言するわけであります。このことは、先程みた玄奘の発言、すなわち「制度として死者を嘆き悲しむというものはないという」インド仏教における葬儀への認識、あるいは見聞によることは疑いありません。儒教で定められるような、非常に細かな手順を踏んでやっていくなんてことはしなくていいから、そこら辺にある莫蓙みたいなもので、ちょっと遺体をくるんで、送り出してくれ。それで十分だと、こう遺言したわけであります。

仏教のお坊さんなんだから、インド的・仏教的なお葬式をしてほしい、そういう願いだったんだろうと思います。

ところが実際の葬式は、玄奘の遺言とはいささか異なった方法で営まれたらしいのであります。後の方には「四月十四日を以て将（まさ）に滻東に葬せんとす。都内の僧尼及び諸もろの士庶、共に殯送の儀を造る。素蓋、白幢、泥洹の張輿、金棺、銀椁、娑羅樹等の五百余事、之を街衢に布（し）き、雲に連なり、漢に接せり。悲笳悽挽にして、響き穹宇に匝（めぐ）れり。京邑及び諸州、五百里の内に送る者百余万人なり。復だ喪事、華整なりと雖も、法師の神柩は蘧蒢の本の輿に在り。東市の絹行、繒三千匹を用いて、泥洹の輿を結び作り、兼ねて華珮を以て荘厳せり。極めて殊妙為り。神柩を安ずるを請うも、門徒等、師の素志を虧（か）かんことを恐れて許さず。乃（すなわ）ち法師の三衣、及び国家の施せる所の百金の納とを以て置きて以て前行せしめ、蘧蒢の輿は其の後に次ぐ」とあります。

『大般若経』六百巻を初めとした膨大な経典を翻訳し、インドに至るまでの詳細な探検記『大唐西域記』を残した玄奘であります。そういう偉いお坊さんのお葬式というのは、遺言は遺言として守られようとした、つまり「蘧蒢」という筵みたいなもので遺体を包みつつ、一方では荘厳きわまりない長い行列が作られ、みんなが嘆き悲しみながら玄奘の遺体をお墓まで送っていったということが分かります。つまりインド以来の仏教流のお葬式を知らないわけではないが、あんな偉いお坊さんを、そんな簡単な葬式ですませるわけにはいかないと、こういう世界であります。

『宋高僧伝』を編集した賛寧（九一九～一〇〇二）が「ああ道尊く、徳高きは、言わずして邀う。此れ其の盛んならざるか」というのも、彼が「一体仏教の葬式というのはどうあるべきだろう」と一生懸命悩んだ結果であろうと思います。つまり「道が尊く、徳が高い人というのは、丁寧に送られていく」これはもう仕方がないことだというわけです。これは折衷案であり合理化案であります。

そしてここまでくればインド仏教流の葬送儀礼にもどることよりも、中国仏教流の葬送儀礼の成立が模索されるようになるのは当然の流れと言えましょう。

ちなみにこの時代、有部系統の律が掲げる、『無常経』を依用しての葬儀というものが一方に存在していることはよく知られる所なのですが、そのような流れは実はあまり普及したように思えません。察するに余りにも簡素な葬儀内容がそうさせたのではないでしょうか。

ともかく一一〇三年、『禅苑清規』が成立します。「清規」というのは、禅僧が禅寺で守るべき規範であります。これにならって、道元禅師も『永平清規』を著されていくわけでありますけれども、その『禅苑清規』には「亡僧」、つまり一人前になる前に修行の途中で、亡くなっていったお坊さんのお葬式のやり方が収録されています。『禅苑清規』にはいま一つ「尊宿遷化」というものもあります。これは、わかりやすく言えば、「お悟り」を開かれ、一か寺の住職として亡くなっていった、そういう人達のお葬式のやり方であります。

ともども禅僧のお葬式でありますが、片方は修行途中、片方は一人前でありますから、当然丁寧さが違います。しかし、一一〇三年、つまり十二世紀の初頭に、亡くなった坊さんをどうやって送り出すかという儀礼が文章化され、マニュアル化されたということは、お葬式というものが、極めて重要な営みとして、禅宗のお寺の中で、定着していったということに他なりません。この時代「死」そして「お葬式」は、今日以上に我々の身近にあったように思います。毎日の営みの中で、手順が定まってくる、それを明文化するといった流れだったのでしょう。

ここではインド以来、どんなふうに葬式が営まれてきたのかということを考えるよりも、自分たちは、自分たちの都合に合わせて、というと誤解を招きそうでありますけれども、実情に合わせてものを考えていく。むしろ、丁寧なお葬式を営むことが普通の儒教世界において、いかに仏教的理由を背景に持つにせよ、見た目の上であまりにも簡単なお葬式を営んでいくということは、必ずしも布教のためにならないと考えた可能性もあります。

そういうふうに中国的な営みを全部抱きかかえながら、禅宗教団が展開をしていくんですが、ひょっとすると、それはあまりにも中国化し過ぎたというきらいも決してなくはないと思います。『禅苑清規』亡僧の内容が、現在の曹洞宗の葬送儀礼に大きな影響を与えたことは御存知の通りです。この点をめぐってはすでに論じましたので割愛するものとし、『禅苑清規』尊宿遷化の項目を見ましょう。そこでは「もし已に坐化せば、方丈の中に置いて香花供養して遺誡偈頌を以て牌の上に貼し、霊筵の左右に掛けて衆の尊宿の中に於いて法属一人を請して喪主とす。（中略）龕に入れし時は、尊宿一人を請して霊座を挙ぐ。〈当に法語あるべし〉。法堂の上の西の間に龕を置き、東の間に臥床・衣架・随身受容の具を鋪き設けて、法座の上に真を掛く。法堂の上には素幕・白花・灯燭・供養の物を用って真前に道場を鋪いて法事す。小師は龕幃の後ろの幕下に在って孝服を具して龕を守る」とあります。

つまり寺のご住職が亡くなりました。一番弟子と目される人は、そのご遺体が納められている龕の帳の側にいて、孝服を身に着けて師の遺骸を守りますと、こう書かれております。ここで言う「孝服」は今日の喪服のことです。このことは大きな問題をふくみます。図は、『三才図会』から採録した「孝服」であります。もちろんこの「孝服」は、儒教の立場を信じる人たちが、着る喪服であります。自分の父親が亡くなった時に、三年の喪に服する。その時、どんな格好をしたらいいのかという、その絵姿です。被り物から、腰紐、靴、持つ杖にいたるまで、『三才図会』では、こんなふうに出てまいります。それらは『礼記』や『儀礼』を理論的背景として定められています。

きちんと喪服を着て、一定期間、親の死を悲しむというのが、儒教の定めるところであります。言うまでもなく、それは「仏教」ではないわけで

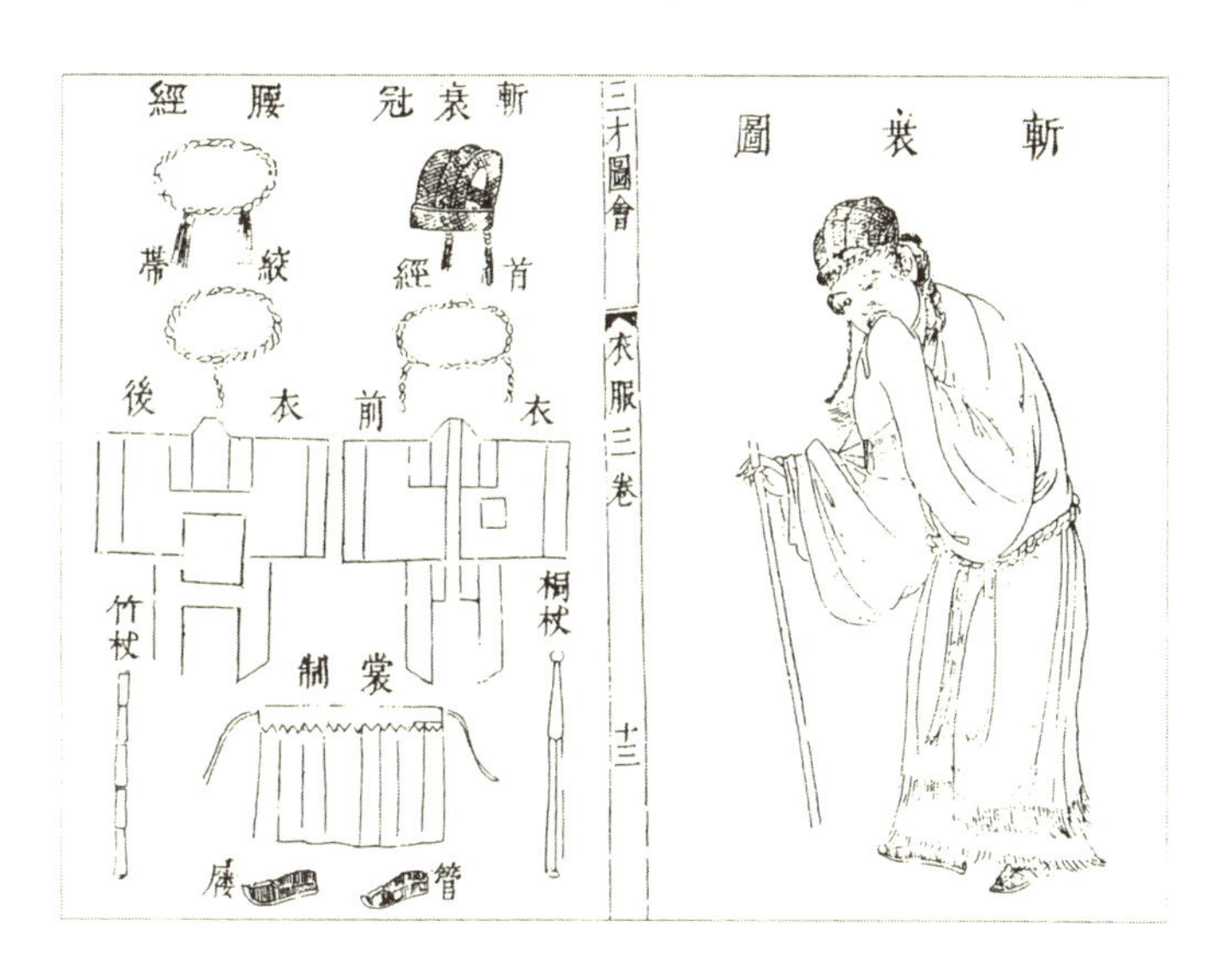

あります。お釈迦様は喪服を着て、俺のことを弔えなんてことはおっしゃっていません。そして「仏教」が中国にやって来てからだって、久しい間そんなのは「仏教」ではないよという主張がなされました。次の例文を御覧下さい。

まず『敦煌本六祖壇経』から六祖慧能の例、「師、偈を説き已りて告げて曰く、汝ら好く住せよ。吾れ滅度の後、世情を作して悲泣雨涙し、人の弔問を受け、身に孝服を著くること莫れ。吾が弟子に非ず、また正法に非ず」。雪峰義存の場合、「吾れ若し四大離散の日となれば、先に已に木函石龕有り。並て旧志に依りて安排し、別に墳塔を造ることを得ざれ。霊筵を設くることを得ざれ。孝服を持することを得ざれ。或いは一尺の布を戴き、一滴の涙を下すことあらば、此は沙門に非ず、我が眷属に非ず。況や更に蒼天を哭すれば、但だ俗態を為すのみにして頗る宗門を辱かしむるなり」。雲門文偃の場合、「吾が滅後は吾を方丈の中に置き、上、或いは塔額を賜わるも、祗だ方丈に懸けて別に営作すること勿れ。哭泣、孝服、広く祭祀等を備うるを得ざれ、是れ吾が切なる意なり」。

いずれも自分の死後についてですが、大随法真は、「師、居士を勘して云く、此の身、是れ什麼の服制ぞ。士云く、父母倶に亡ぜり。師云く、喫茶去。居士応諾し出で去る。師、喚び回らして咄して云く、你、老僧に対して謾語せり。父母祗だ在り。你、無上道を学ぶと説うこと莫れ。

自己の父母すら尚お乃ち知らず。出で去れ、出で去れ」と、在家の信者に対してさえ厳しく接しています。

このように見て参りますと、それぞれが「喪服を着るな」それから「泣きわめくな」「やたらと丁寧な葬式をするな」ということを口をすっぱくして言うわけであります。そしてこのようにくどいほど言うということは、言わないと、やられる可能性があるわけでありますし、また実際にやられるんですね。師匠はそういうふうに遺言したけれども、やっぱりやらんわけにはいかん。

そういうふうになりますと、もはや「仏教的なお葬式というのは、どうあるべきなのか」と考える暇もなく、慣例に従って、――『禅苑清規』尊宿遷化では、後つぎの小師は「孝服」つまり喪服を着て――というパターンが一般化してしまいます。何より「清規」に書かれてしまえば、そのようにやらざるをえないことになります。

ここで『釈氏要覧』を見ておきたいと思います。このテキストは、いわば仏教に関わる辞典であります。北宋の天禧四年（一〇二〇）にできました。

「服制」の項を見ましょう。そこでは「釈氏の喪服は涅槃経、並びに諸律を読むも並て其の制なし。いま増輝記に準ずるに礼を引きて云く、服に三あり。一に正服、二に義服、三に降服なりと。

白虎通に曰く、弟子は師において君臣父子朋友の道あるが故に、生けるときは則ち尊敬して之に親しみ、死すれば則ち之を哀痛す。恩深く義重きが故に降服を為すと」とされます。つまりお葬式にあたって、どういう喪服を着るかというと、どんな喪服を着ろなんて書いてない。書いてないけれども、『白虎通』では「恩深く義重きが故に降服を為すと」。結局、師匠と弟子の関係は「恩深く義重い」がゆえに、師匠の死にあたって、弟子は「喪服」を着る、と現状を追認します。

次の段では「釈氏喪儀に云く、若し受業の和尚ならば、父母に同じく訓育の恩深ければ、例として皆な三年服す」と言って、三年の服喪を認めていますし、その際に着る法服についても、たとえば「五杉に云く、師の服は皆な法服に同じ。但し布は稍や麁にして、純に黄褐に染むを用う」などと規定しています。

それから『校定清規』という南宋代の清規では、葬儀にあたって「孝服」が配られています。それもそれぞれの配役によって異なります。たとえば孝子には布裰、頭巾、坐具、主喪には絹の直裰と頭巾、知事には直裰と頭巾といった具合です。同じように元代成立の『勅修百丈清規』では、侍者小師は麻布の裰、両序の人は苧布の、主喪及び法眷の尊長は生絹の裰といった具合です。

お葬式にあたっては、衣と同時に頭巾も配られています。どういう頭巾なのかいまのところよく分かりません。でもこのことが『儀礼』などで言う「斬衰冠」などに共通するのではないかと、私は考えています。

儒教では父親を送った長男は、普段の帽子とは違ったお葬式用の「喪冠」を被ります。普段は、頭を丸めてツルツルに剃っているはずの坊さんが、お葬式にあたって頭巾を被るということなどは、いま一つその理由が定かではないにしても、どうも儒教側へかたより過ぎではないかと私は考えます。

したがいまして『勅修百丈清規』の本格的な注釈である『勅修百丈清規左觽』の当該の部分を読みましてもどうも歯切れが悪い。この注釈をなした人は、江戸時代の臨済宗の無著道忠という碩学であります。道忠は、原文に即して、こういう意味だ、こういう意味だとずうっと注釈している。これを読みますと、禅宗の葬儀法をなんとか仏教側に立って合理化しようと必死になって書いているように思えてなりません。

私は、禅が中国で生まれ、そこで育って、花開いたと考えています。当然それは、インド仏教そのものではありません。しかもそれは、私どもが考える以上に「中国的」ではないかと思っています。特に宋代の禅というものは、禅の大きな特色である溌剌としたものが次第に陰を潜めつつあったのではないかと受けとめています。

たとえば北宋の景徳元年（一〇〇四）に『景徳伝灯録』が成立いたします。そこでは過去七仏に始まって、歴代のお坊さんたちの名前がずうっと書かれていて、西天の第二十八祖であるダルマさんが中国にやって来て禅の教えを伝え、その教えが時代とともに広まっていきましたと主張されます。禅の伝灯を記すテキストは、『伝灯録』以前にも、以後にもあって、京都の柳田聖山先生の『祖堂集』をめぐっての成果に代表されるような研究で十全に理解されたはずなのでありますが、私は最近、灯史が成立する背景には極めて中国的な「宗族」という考え方が、色濃く反映しているのではないかと考えています。「宗族」というのは、「同族」という意味であります。つまり、先祖を一つにし、それから真っすぐ伝わってくる「一つの家族」としてのまとまりであります。大家族制といっても良いでしょう。これは縦では先祖への祭りを一つにし、横では仲間意識なんですね。

御承知のように『景徳伝灯録』が主張する禅宗の世界は、由緒ただしき単伝の仏教であります。お釈迦様からずうっとつながってきました。道元禅師が『正法眼蔵』「仏祖の巻」で、名前だけ連ねられるのは正伝・単伝の仏法が連綿とつながって、私のところまでやってきましたという主張であり、自負であります。加えて『景徳伝灯録』は、横の関係も重視します。青原下何世、南岳下何世というのは、これは横の関係であるとともに、掲載の順番は兄から弟という順番です。各人それぞれに本貫俗姓が記されるのは、戸籍から抜かれて僧籍簿に登録されても、その出身が重視されていた証ではないでしょうか。どのような禅風を鼓吹し、どのような公案を残したかということも、実は「宗族」の系譜である「族譜」の記載事項として重要な「功績」の記載と関係があるとは見られないでしょうか。

「孝服・喪服」をきちんと着て、棺箱の側に立って、師匠の遺体を守るというのは、小師の役目を担った自分こそが正当な後継者だということを、葬儀に参集した人々に向かって高らかに宣言することであります。お釈迦様からの縦の流れは、自分のところへ来るんだという主張、そして横では何世だという、ここでは「家族」というグループピンクで考える。血のつながりを「仏法」のつながりに置き換えたとも言えましょう。

つまり儒教的な発想、あるいは中国固有な文化の発想と仏教が合体した結果が、あの『景徳伝灯録』を初めとする灯史の世界につながっていったのではないかと考えています。

中国の文化、あるいは風土の中で、禅が生まれたわけでありますから、中国的なものを真向から否定すべくもありません。述べてきたことを踏まえて言えば、一方では「喪服なんぞ着るなよ」と言いながらも、結局、喪服を着ざるを得ない、そういう人間の営みを歴史の中に見いだす。過去の歴史において、仏教は難しいことを説くだけではなくて、極めて現実的な側面を持ちながら、時代を生きてきました。生きてきたというよりも、時には「押し流されることもあった」と言った方が適切かも知れません。「押し流されることもあった」ことへの反省は、いまさまざまな分野で行われています。結局そこでは、変化させていいものと、変化させてはいけないものというのを弁別する力を、我々自身の中で作り上げていくことが迫られるのではないでしょうか。そしてそこでは本来的なあり様というものと、自分自身の生き方を常に照らし合わせながら、現実面へ対応していく柔軟性というものを持ち合わせないと、時代の要請に応えるような宗教というのは出て来ないのかなと、こう思います。

一つだけ最後に申し上げれば、岩頭全豁という唐代のお坊さんは、「智、師を過ぎて方(はじ)めて伝授するに堪え、智、師と斉しくして師の半徳を減ず」という言葉を残します。つまり先生と同じことをやっていたのでは、先生の教えを受けましたということは言えないのであって、そういう教わった師匠を乗り超えていく、つまり我々は伝統を重んじつつも、もう一度伝統を乗り超えていくような、そういうラジカルな考え方をもう一度持ちこまないといけないんじゃないかと、最近つくづく思いつつ、あまりまとまらない話ではありますけれども、方法論も含めて、いささかの問題提起をさせていただきました。

今日は、どうもありがとうございました。

（平成十三年六月二十日）

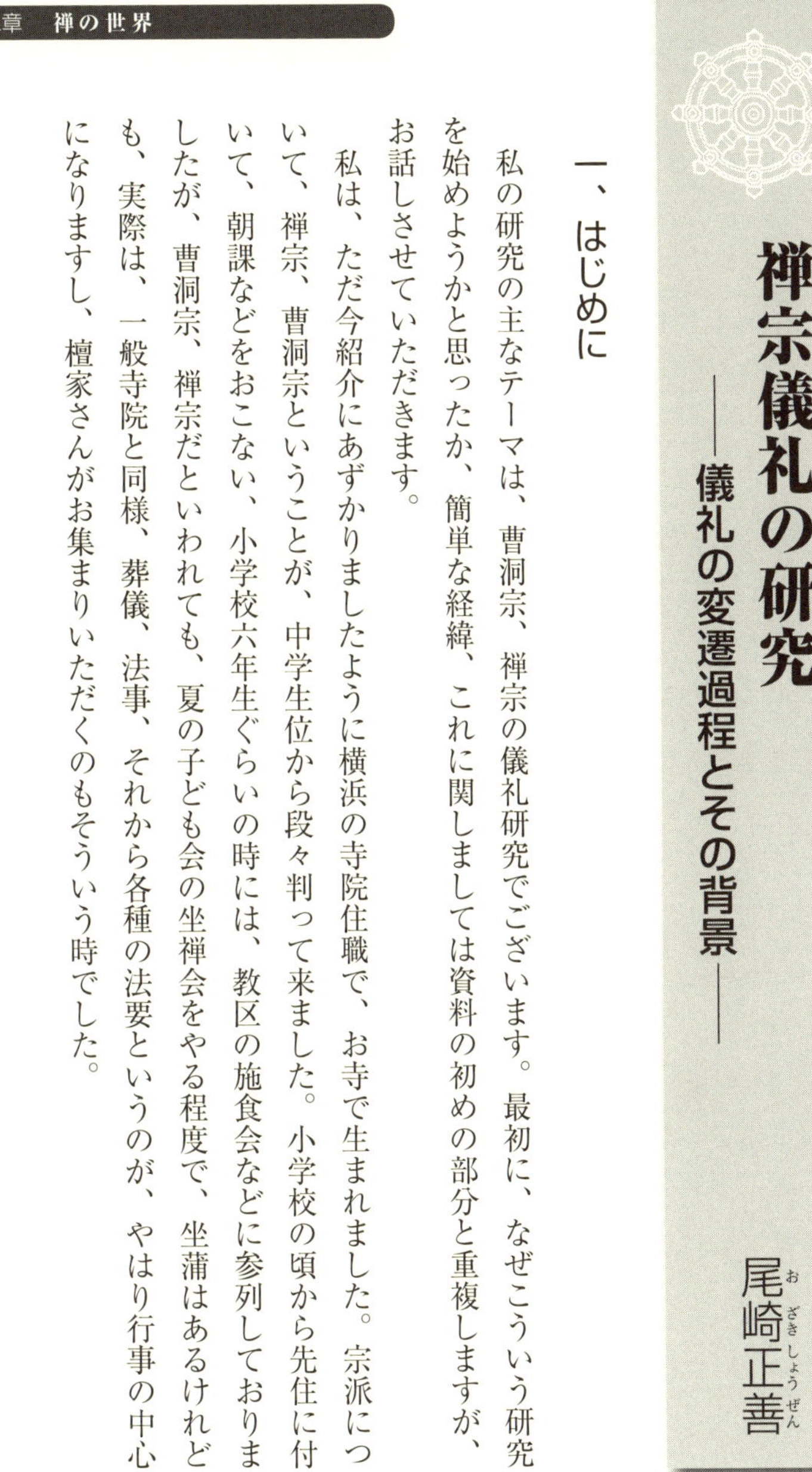

禅宗儀礼の研究
——儀礼の変遷過程とその背景——

尾崎正善（おざきしょうぜん）

一、はじめに

私の研究の主なテーマは、曹洞宗、禅宗の儀礼研究でございます。最初に、なぜこういう研究を始めようかと思ったたか、簡単な経緯、これに関しましては資料の初めの部分と重複しますが、お話しさせていただきます。

私は、ただ今紹介にあずかりましたように横浜の寺院住職で、お寺で生まれました。宗派について、禅宗、曹洞宗ということが、中学生位から段々判って来ました。小学校の頃から先住に付いて、朝課などをおこない、小学校六年生ぐらいの時には、教区の施食会などに参列しておりましたが、曹洞宗、禅宗だといわれても、夏の子ども会の坐禅会をやる程度で、坐蒲はあるけれども、実際は、一般寺院と同様、葬儀、法事、それから各種の法要というのが、やはり行事の中心になりますし、檀家さんがお集まりいただくのもそういう時でした。

大学に進みまして、仏教学部でしたけれども、中国に行く機会もあり、学んで行く内に禅宗の特徴というのは何かということに気付くことがありました。一つは、唐代に禅宗が独立するにあたって、燈史・語録が編纂されるということ。もう一つが、百丈懐海に代表される、清規の成立だと思いました。新しい、ルール・規則を作るということです。

話は飛びますが、例えば国として独立する、組織として独立していく上には、新しいルールを作ること、さらに独自の規範・儀礼・法要を作ることが必要です。他とは違うということを、謳うようになっていくのです。こうした過程、どうして新たな規則ができたのかということをまず知りたかったということです。

次に、法要のやり方、それからその意味ということに関しては、比較的いろんなテキストがございますが、その儀礼が、実際には時代によって変化しているという問題です。現在おこなわれている儀礼も、道元禅師の時代からおこなわれているものではない、瑩山禅師の時代からおこなわれているものではないということです。もしくは、それらの時代にあったとしても、今では内容が変化しているのです。その変化の過程というものは、どういうものなのか少し自分なりに知りたい、自分で儀礼をおこなうにあたって、知っておく必要があるのではないかということで、こうした研究を始めたということです。

二、清規・儀礼の研究とは何か

資料の順番にお話いたしますけども、「はじめに」というところです。「清規・儀礼の研究とは何か」、ということです。先程お話したことと重複します。まず、儀礼というのは、思想の現れであるということです。これは、大学院での研究会の時、ある先生が、儀礼は思想の現れだと仰られた。内容は、その発表と全く関係ないのですが、たまたまそういうことを仰いまして、ああ、なるほどと思いました。やはり、儀礼をおこなうにあたっては、意味、思想に裏打ちされて、様々なことがおこなわれている、様々なことが唱えられるということです。ですから、そういう思想的な背景、簡単に言ってしまえば、意味付けですけども、そういうことを、やはりしっかりと考えて行う必要があるのではないか、ということです。

私は、曹洞宗の雑誌である、『宗報』に三年間にわたって連載させて頂いたものを一冊にまとめた、『私たちの行持』、それからその『宗報』付録の『てらスクール』というのに、儀礼と仏具・鳴らし物について、四年間連載させて頂き、その内の前半の二年の行事部分をまとめた『よくわかる曹洞宗の行事』を著しました。本日お話するのは、これらの本の中ですでに記した内容の、ほんの一部をご紹介させていただくということです。また、他の所でもすでに論じていることとなので、研究会としては、非常に恥ずかしい発表になるかもしれませんが、御寛恕下さい。

さて、個別の事例として最初に「回向文（えこう）」を取り上げます。回向文というのは、ご存じの方も多いと思いますが、読経の後に、その功徳を振り向けることです。当然、振り向ける功徳の対象、さらに何を、どういうことを願うかということが、この回向文の中に込められるわけです。この内容も、実は時代によって変化するのです。朝課諷経と葬送儀礼に関して、一部取り上げます。

次に、法戦式です。法戦式については、ご存じでない方もいらっしゃるかもしれませんが、曹洞宗の主要な行事であり、一人前の僧侶になるための、非常に重要な儀式でございます。これも、時代によって変化しています。結論をいうならば、現在のような形になるのは、明治以降ということになります。

それから、最後に成道会を取り上げます。成道会は、十二月八日に、お釈迦様が悟りを開いた、その法要です。三仏忌の一つで、三仏忌というのは、一つは、降誕会、お釈迦様が、お生まれになった四月八日でございます。それから、今挙げた成道会の十二月八日、お釈迦様がお悟りを開かれた日です。そして、三つ目が二月十五日の涅槃会、お亡くなりになった日です。この三つを三仏忌といって曹洞宗では非常に重要視いたします。ここでおこなわれている儀礼も実は、道元禅師の頃からのものではないということです。形式が変化しているということです。ただ、成道会を非常に重視するという姿勢は、禅宗の、曹洞宗の特徴でありますから、そうしたことも、一つ理解して頂ければと思います。

それから、儀礼変遷の問題です。思想的、社会的背景を考えていく、なぜ変わっていく必要があったのか、なぜ変わっていったのかを考えて行く。この辺も、若干ですけども触れたいと思います。

最後に今後の宗門儀礼のあり方につなげていくということです。最終的には、これが目標でありますが、今回の発表では、そこまでは踏み込みません。

私はまた宗門の僧侶でありますから、布教教化ということも含めて、儀礼というのは、非常に重要であると考えています。これを実際にどのように行っていくか、現代社会における布教、その方向性や可能性ときり結んでいく必要があるのではないかと思うのです。これは、少し極端な言い方かもしれませんが、研究は研究で留まるのではなくて、実際に役に立つといいますか、現場で生かされる研究でなければ意味がないと思います。

儀礼というものを研究するということを通して、その変遷過程を明らかにし、それにより何がわかるか、何を読み取るのか。そして、現代社会にそれをどう振り向けていくかということが、最終的には私の研究の大きなテーマ、方向性であります。

先程、坐禅堂をお参り、拝観させていただきました。坐禅の仕方について今日は触れませんが、例えば、警策は、道元禅師は使われていませんし、瑩山禅師も使われてない。警策が入ってくるのは、江戸期、黄檗宗からですね。

それから、道元禅師の坐禅のやり方を見ましても、止静とか抽解鐘というのもありません。こちらの坐禅堂には立派な経行（きんひん）廊下がありますが、経行は今は一斉に、抽解鐘が鳴ると経行しますけども、当時は、例えば眠くなったり足が痛くなったりしたら、自由に自分で単を降りて、経行廊下に出て経行するというのが、昔の坐禅堂での進退であります。

ですから、坐禅堂の進退一つを取っても、そこには変化があるということです。やはり坐禅指導をする時に、そういうことを知っていて行うのと、知らないでといいますか、あまり意識しないで行うのとでは、心構えも少し違うのでないかというふうに思います。

そういったことも踏まえて、本日の発表をお聞きいただければと思います。

三、朝課回向文の変遷

まず、一番目、回向文です。回向文については、先程も少し述べましたけども、読経をした後に、その功徳を振り向けることです。その振り向ける対象、願いというものが、その時代によって変わってくる、その文言の中身に変化が現れてくるというわけです。

最初に「朝課諷経」ですが、漢字ばっかりです。全部読んでいると時間もありませんので、要点だけお話しします。

まず、禅林寺本『瑩山清規』というのは、現存する『瑩山清規』の中では、最古の写本であります。普済善救が書写したものでございまして、一三〇〇年代の後半、瑩山禅師が亡くなられたのが、一三二五年ですので、大体亡くなられてから五〇年後ぐらいに書写されたものと思われます。かなり原形を留めているということ、原形に近いと思います。ただし、この時点ですでに異本校合がおこなわれています。五〇年も経た時点では、いろいろ変化もあるということです。

「朝課回向文」ということで、朝のお勤めです。現在の朝課は、『行持軌範』を見ますと五つ、仏殿諷経、応供諷経、祖堂諷経、それから開山歴住諷経と祠堂諷経の、五つを行っています。しかし、この時代は、この「粥了諷経」、後世のものだと「粥罷諷経」と書かれますが、これ一つだけです。因みに、粥罷というのは、朝粥の後ということです。

『僧堂清規行法鈔』は、面山の著した江戸時代のものですが、これも、粥了諷経ということです。これは、少し余計な話ですけども、初期の段階では、坐禅をして、朝粥、朝ご飯を食べ、その後に仏殿に上がって朝課をしました。僧堂経験者はわかると思いますが、現在は坐禅をして朝課を行ってから、粥を食べ、そして掃除などを行います。順番が逆転しているのです。

この理由は、簡単でありまして、黄檗宗の影響なのです。面山は、「これは古規にのっとっていない、古い形式ではない」とかなり激しく批判するのですが、現在永平寺も總持寺も坐禅をした後に朝課を行い、その後に朝粥、朝ご飯を食べます。この時代は、逆でございました。

これもまた少し横道にそれますが、黄檗宗の影響というのはかなり強くて、先程言いましたように警策、それから朝課の読経の時に木魚を敲きますけども、この木魚も黄檗からの影響です。永平寺の玄透即中禅師は、「これは古規に則っていない」といって永平寺中の木魚を全部集めて燃したという記録が『永平寺史』の中にも引かれていますが、私が永平寺にいた時も、ちゃんと木魚は敲いておりました。

面山は、警策の批判をかなり行いましたけれど、現在でも警策は使用されています。それと同様に、諷経と朝粥の順番も、黄檗の影響を受けて変わっているということです。

少し話が横道にそれましたけども、初期の回向文の特徴を述べます。

上来諷誦、大悲円満無碍神呪、消災妙吉祥神呪、所集功徳、回向真如実際無上仏果菩提。祝献、護法龍天、護法聖者、三界万霊、十方真宰、日本国内大小神祇、当山土地、当山龍王、護伽藍神、十八善神、招宝七郎大権修利菩薩、白山、八幡、監宰(ママ)使者、多聞、迦羅、稲荷神等、合堂真宰、今年歳分、主執陰陽、権衡造化、南方火徳星君、火部聖衆。殊勲、祝献、本寺檀那・十方施主・園山清衆本命元辰、当年属星、守道守宮、一切聖造。所冀、山門鎮静、修造無難、十方施主、福寿荘嚴、法界衆生、同円種智者。

（禅林寺本『瑩山清規』「粥諷経」の回向文）

「上来諷経する、大悲円満無礙神呪、消災妙吉祥神呪」から始まります。次に、「集むるところの功徳は、真如実際無上仏果菩提に回向す」と続きます。次に「祝献する」のですが、ここは長いので、読みませんが、「火部聖衆」まで掛かります。そして、また「祝献」が出てきて、「本寺檀那」から「一切聖造」に掛かります。最後に、「所冀は、山門鎮静」から、「同円種智者」という構造です。

これをまとめると、次のようになります。

Ⅰ、読誦経典の変化。↓流布本『瑩規』は、「上来諷誦神呪功徳」へ
Ⅱ、まず「真如実際無上仏果菩提」に回向する。
Ⅲ、次に「護法の龍天」から「火部聖衆」に祝献する。
Ⅳ、次に「本寺の檀那」から「一切聖造」に祝献する。
Ⅴ、最後に「山門の鎮静、施主の福寿」等を祈念する。

まず、後の清規と比較すると、読誦経典の変化ということがあります。この時代は、大悲呪と消災呪を読みました。ところが、流布本『瑩山清規』は、「上来諷誦、神呪」となります。「神呪」ですので、大悲呪か消災呪という意味もあるのでしょうが、特定のものを挙げていません。『行法鈔』になりますと、「上来諷誦、経号」というふうに書いてあります。これは、何の経典でも入れられるような形に変えられているのです。

『明治校訂』の仏殿諷経になると、現在のように「普門品・大悲呪・消災呪」という形になります。時代によって、経典の内容、もしくは表記が変わってくるのです。

最初、「真如実際無上仏果菩提」、これは、悟り（最上なる悟りのものということですが、釈尊もしくは仏陀というふうに考えていただければ理解しやすいかもしれません）に回向する。

次に、護法の龍天、護法の聖者、三界万霊、十方真宰、日本国内大小神祇、当山土地、当山龍王、護伽藍神、十八善神、招宝七郎大権修利菩薩、白山、八幡、監斎使者、多聞、伽羅、稲荷等の数々の、神仏に回向をしています。これが岩手の『正法清規』になると、その地域の土地神をどんどんと取り込んで増えていくのです。

ところが面山の『僧堂清規行法鈔』は、これを整理し、削って行く方向に向かいます。一部重複するところもありますけれども、天照大神が加えられ、稲荷大明神、白山妙理大権現と続き、その後に、「某国宗廟」と記されています。その国、その土地の神様を何でも入れられるというように、マニュアル化するのです。その地域の神を取り込むということです。

少し飛びますけれど、『僧堂清規行法鈔』の最後は、「所冀、皇図鞏固、国土昇平、本寺大小檀那、福寿長久」となります。ここは祈りの言葉です。これに関しては、また後に指摘したいと思います。

次に、『明治校訂』の朝課では「仏殿諷経」が該当するということで挙げさせて頂きます。明治新政府、国の統制などもありまして、江戸時代までは、各門派別、その地域別におこなわれていた法要・儀礼を新たに全国統一していこうということが図られます。そういう中で、『明治校訂洞上行持軌範』が明治二二年（一八八九）に編集されます。

この「仏殿諷経」は、先に述べましたように「上来諷誦、大乗妙典観音普門品、大悲心陀羅尼、消災妙吉祥陀羅尼」となり、経典名が固定します。次に、「集むる所の功徳は、真如実際に回向し無上仏果菩提を荘厳す」と、ここまでは同じです。次の祝献の後は、「護法諸天、護法聖者、日本国内大小神祇、当山土地護伽藍神、招宝七郎大権修利菩薩、合堂真宰」と、護法諸天、護法聖者、日本国内大小神祇は残りますが、例えば天照大神・稲荷大明神等の神が全部なくなってしまいます。土地神、それから、道元禅師の一夜碧巌ゆかりの招宝七郎大権修利菩薩だけは残りますが、それ以外の神様は全部、さらに南方火徳聖君とか、火部聖衆等も皆なくなってしまいます。最後に、「所冀、皇図鞏固、国土昇平、大小檀那、福寿長久、十方施主」という形で非常に整理統合されますが、これは面山と同じ方向です。

その次、『昭和訂補』です。これは戦争が終わりまして、新たに儀礼なども定められたのです。これは昭和二五年（一九五〇）のものです。

「所冀（こいねがうところは）」の箇所ですが、「大恩教主本師釈迦牟尼仏、現座道場本尊云々、高祖承陽大師、太祖常済大師」となります。「一仏両祖」という形ですが、これが確定するのはこの段階なのです。因みに、一仏両祖という、両祖御尊号の統一がはかられるのは、明治十年です。明治十年に両祖という考え方が、確定したのですが、これが回向文に反映されるのは、戦後ということです。

続いて、「無上仏果菩提を荘厳す」となります。

次の、祝献の後は、「護法諸天、護法聖者、当山土地護伽藍神、招宝七郎大権修利菩薩」と、護法神と土地神と招宝七郎大権修利菩薩だけになってしまうのです。

極端なことを言いますと、日本国内大小神祇という神道系の考え方をみんな削除してしまうということになるのです。最後に、「所冀、国家昌平、万邦和楽」となります。

さらに、『昭和修訂』、これは昭和六三年（一九八八）に出たものですが、これは男女差別なども含めた、様々な人権思想に基づいて改訂したもので、「仏殿諷経」に関しては、最後のところで、「所冀、国土安穏、万邦和楽」となります。それまでは、「皇図鞏固、国土昇平」、または「国家昌平、国土安穏」となっていた箇所です。

何かこの箇所だけ取り上げると、重箱の隅をつつくような、挙げ足を取るような感じもしますが、やはりこれを変えた意味があるのです。

これは、先程も言いました人権思想や国家観に基づくもので、政治的な判断で変わって行くということであります。

ここまでの結論を簡単にいうならば、各種神祇の取り込み、そしてそれを削除、整理していくという過程があります。それから、釈尊だけだったものが、一仏両祖になります。その他、様々な変化の過程が見られます。さらに、最初に申しましたように、お経を読んでどのような功徳を求めるか、何を願うのか、誰を対象にして振り向けるかということが、非常に重要なことであります。

時代毎、もしくは地域毎によって変化していくということを、ご理解というか、気が付いて頂ければと思います。

四、葬送回向文の変遷

さてその次に、曹洞宗の葬送儀礼回向文の変遷についてです。

曹洞宗は、坐禅修行を中心に捉えていますけども、教線、教団の広がりの過程においては、葬儀・授戒・祈祷が大きな役割を果たしたというのです。これは廣瀬良弘先生の説ですが、この三つの順番は優劣の順番ではありません。鎌倉新仏教といわれる教団の人たちは、葬送儀礼、つまり死者儀礼・祖先供養を厭わなかったというのが、一般にいわれているところです。

実際禅宗は、中国由来の葬儀の方法を実践して行く、曹洞宗は教団として行っていくわけです。そこにおける回向文に、時代と共に変化が見られるということです。結論が先に書いてありますが、「浄土思想の払拭の過程と在家葬法の確立」ということであります。

資料に挙げました清規は、まず『禅苑清規』、これは中国の長蘆宗賾が作ったものでございます。それから、先程の禅林寺本『瑩山清規』です。次の『正法清規』というのは、岩手の正法寺の清規でございます。峨山禅師の一番弟子であります無底良韶が開き、その後、月泉良印が継いだ寺院ですが、こちらに残っている清規で、禅林寺本が発見されるまでは『瑩山清規』の古い形のもので、これが一番古い系統と考えられていたものです。

最後は、流布本『瑩山清規』です。流布本というのは、江戸時代に卍山が開板したものです。これは卍山が、かなり手を入れています。卍山は、自分が読みやすいよう、さらに後世のために、写本ではかなり読みにくい部分があるので、それを手直ししています。その後、現行の『行持軌範』へと引き継がれて行くのです。

さて、「龕前念誦」の最後の箇所に、「諸聖の洪名を誦す。清魂を浄土に薦む。仰いで大衆を憑んで念ず」と、あります。

『禅苑清規』の編者宗賾は、禅浄一致思想ということであります。実際、浄土教にも参じておりましたので、「清らかな魂を、浄土に進める」ということの回向文を作ったわけです。その後、『瑩山清規』の「禅林寺本」は、「清魂を覚路に進む」となります。清らかな魂というのは、残りますが、浄土という言葉がなくなり、「覚路」になります。

「禅林寺本」が発見される前は、先程申しましたように『正法清規』が古い形と考えられていました。こちらは、「精魂」です。「精魂」というのは、清らかなではなくて、精進の精という字を書きますが、覚路に進むということです。その後は読みませんが、「覚路を荘厳する」、という形で、「精魂」へ、それから「浄土」ということがなくなっていく、変化しているのです。

次に、「塔前十念」の場合です。『禅苑清規』では、「切に以みれば歿故某人。常に縁に従って順寂す、即ち法によってもって荼毘す」とありまして、この後に、「百年弘道の身を焚いて、一路涅槃の径に入らしむ」と、あります。このところチェックしておいて下さい。

その次に、「上来聖号を称揚し、往生を資助す」とあります。往生を資助する、極楽往生、浄土に行って生まれる、生まれることを助けるのだ、と唱えています。

次に、「菩提園裏に覚意の華を開敷し、法性海中に塵心の垢を蕩滌す」、とあります。蕩滌は、洗い流す、洗い清めるということです。心の垢、これを洗い流して清めるのだということになります。

これらの箇所を例えば、「禅林寺本」の該当箇所と比較してみます。百年焚く、「焚百年」と書いてありますが、次に弘道と虚幻とあります。これは、原本では二行取りになっています。つまり、百年の年の下に、弘道と虚幻が両方並行に書いてある形になります。

ここの該当箇所を、『正法清規』で見ますと、出家の場合は「百年弘道」、在家の場合は「一生行道」の、という形になります。ですから、「禅林寺本」を見た時に、もうこの時点で、在家用がすでに有ったのだということが、分かるわけです。つまり、瑩山禅師が亡くなって、五十年後の写本においてこうした回向文の使い分けをしていたのです。

この箇所が、『行持軌範』になりますと、亡僧の場合は、「百年弘道の身」ということであります。次に、『行持軌範』の在家の山頭念誦は、「百年虚幻の身を焚いて」という形になります。ですから、道を広める僧侶の弘道と、何か夢幻の身というような在家と、こうした使い分けが既に「禅林寺本」の段階でおこなっていたということです。

『禅苑清規』で先程指摘した「往生資助」、それから、「塵心の垢を蕩滌す」の箇所は、「禅林寺本」ですと、「覚霊の往生を資助す」です。ですから、この時点では、まだ「往生」は残っています。また、「法性海中に、塵心の垢を蕩滌す」と、これも残っています。これが、『正法清規』になりますと「雲程を資助す」と「無垢の波を活動す」となります。『行持軌範』は、「覚霊を資助し、無垢の波を活動す」となります。ですから、『正法清規』の時点では、「龕前念誦」の「精魂を覚路に」という部分は、魂というのは残っていますけれども、『正法清規』の「塔前十念」では、「往生を資助す」ではなくて、「雲程を資助す」ですし、「無垢の波を活動す」と改められています。

「禅林寺本」が発見されるまでは、亡くなられた櫻井秀雄先生が述べられたように、「瑩山禅師は素晴らしい。浄土思想をはっきりと払拭している」という説もありました。しかし、「禅林寺本」が発見されて、瑩山禅師もそれは残されていた。段階的に削除・変化して行ったのだということが明らかになったのです。

つまり、瑩山禅師が浄土思想というものをすぐに払拭して、曹洞宗に合った葬送儀礼を作ったのではなく、何段階かの変化をし、浄土思想、浄土に係わるような「清魂・往生」という言葉を削除していく、変化させていくという過程があったということです。これも、先人の考え方、努力の結果だと思います。そうした過程も知っておくべきでしょう。

これは余計なことですが、臨済宗では、『禅苑清規』を今もそのまま使っています。ですから、この回向文はほとんど変わっておりません。ですから、「往生」というような言葉もそのまま残っております。

五、法戦式の変遷

さて、続きまして法戦式です。お坊さんになる過程として、非常に重要な儀礼であります。私も法戦式を行ったことがあります。また他の寺院に呼ばれ手伝いをすることもあります。その時、「この儀式は道元禅師以来の」と、いうような説明があります。しかし、そういう説明でいいのかなと思っています。

結論から言うと先程述べましたように、現在の差定は明治時代にできたものでございます。現在使われているものは、明治時代の『行持軌範』、先程言いました明治二二年にできたものに定められます。

この、巻中の三二丁目から、法戦式の考証を詳細に行っております。つまり、これを作る時点で、様々な資料を集めて、色々考えて折衷案として、この差定を作ったのだということが、延々と書かれています。その一部、抜粋ですけども資料に挙げさせてもらいました。

まず、法戦式の儀礼に出られたことのない方は、少し分かりにくいかもしれませんが、法戦式の前日に入寺式といって首座が僧堂に入る式と、本則行茶、本則配役行茶とも言いますけども、次の日の問答の本則の提唱を行います。『行持軌範』に、「本則の茶と云う事、古今の清規に無き処なり。今時は必要たるにより慣習法を折衷して之を創定す」とあります。本則行茶というのは、古今の清規なきところだと、色々捜したけど無いのだというのです。しかし、今時は必要だから慣習法を折衷して創定す、というのです。慣習法に関しては、また後でお話をします。

資料を全部読んでいると大変なので、少し飛ばしながら指摘しますが、「清規に四節の秉払は、元旦・結夏・解夏・冬至なり。今時、洞下に五則の時、首座の分座挙揚が結夏秉払の意なり」とあります。清規に四節に秉払す、四節上堂があると。それは、元旦、結夏、解夏、冬至であると。この説明はいたしませんが、現在洞下で行っている五則は、結夏秉払の意である、と書かれています。

今、制中五則という言葉を、永平寺も總持寺でも使います。五則については、また後でお話をしますが、結夏の時、要するに結制の最初、結制安居の最初に、秉払をおこなうのです。首座分座挙揚が結夏秉払であるというのです。

次に五則というのは、誰がやるのかということです。「諸清規の四節秉払には前堂・後堂・書記・東蔵・西蔵の五頭首が一時次第に秉払す。今日は丼翁の儀によりて首座一人にても行ずべし」とあります。諸清規の四節秉払では、前堂、後堂、前堂というのは、前堂首座、後堂というのは、後堂首座ということです。それから、書記、東蔵、西蔵の五頭首が、一時次第に秉払するというのです。以上五人が行っていたのですが、今日は、道元禅師と懐丼禅師の因縁に基づいて、首座一人でも行うべきだ、とあります。五則とは、本来は五人がそれぞれ本則を取り上げるということです。

次に、「僧規の説に基き、今時の首座法問の式を秉払法に改正せんと欲すれども、秉払は須弥座に拠て問答・提綱・謝語等、上堂に異ならず。秉払の人、須弥の法座に拠り住持は其側に居す。謂はゆる分座の面目なれども、到底、今時の首座に適せざるゆへ法問の行式は其の是非を問はず、全分慣習法に依て本文の行式を確定す」と、あります。

秉払とは、須弥座に陞って問答・提綱・謝語等、上堂と同じなのだいうのです。その時、住持はその傍らに居るというのです。今の法戦式の形とは全然違いますが、本来そういうものなのだというのです。しかし、「到底、今時の首座に適せざるゆへ法問の行式は其の是非を問はず、全分慣習法に依て本文の行式を確定す」と続くのです。本当は、須弥の法座で秉払するのだけれど、あまり修行してないからそれができないので、慣習法によって今の形にしましたというのです。

また、「今時法問挙唱の体裁は、是亦何れの世、誰れの創始なるを知らず」と、ありますように、今の法問挙唱の形式は、何時、誰が創始したのか分からないというのです。その後、色々な説をここでは挙げていますけれども、それは省略します。

この上堂に関しては、「『椙規』に云く」とあります。これは、『椙樹林清規』という大乗寺の清規ですが、正月五日に、「法問始め」と称すとあります。一年の始め、五日に、問答の開始という行事があって、一年を通して問答を行っていたのです。そこでは、「朝課罷礼仏の後、主人着椅、侍者等払子竹篦を携ち来る、主人先ず則を挙し、次に侍者頌を唱へ説破開口す。主人垂語了って大衆三拝」とあるように、朝課罷、礼仏の後に主人は、椅子に着いて、侍者が払子・竹篦を持ってくると。主人は、問答の則を挙して、次に侍者が頌を唱え、説破開口す、とあります。現在の法戦式の形式そのままなのです。住持と侍者が行っていたということです。

『僧堂清規行法鈔』にも、「正月五日、古来より洞下に法問はじめあり」とあります。

最後に、「今又結制の五則をも廃止して法問の行式を首座一人に帰せしめたるは、大用現前、規則を存せざるの微意に外ならず。真箇慕道の衲僧は、規式に関せず日用光中、弁道商量して可なり」とあるように、今また結制の五則も廃止して、法問の行式を首座一人にしたのは、大用現前規則を残そうという微意に外ならないというわけです。曲げておこなっていると、忸怩たる思いで作ったということが述べられているのです。

来馬琢道師の『禅門宝鑑』、これも儀礼については詳しいですけれども、「又古来の説には殿中にて問答せる時の体裁を模したものなりとあり、古規には全く見えぬものにて不審と云ふべきものなり。更に考証待つ」と、書いてあります。そこで、考証を行おうかと調べさせていただいたものです。

まず、先程述べた、正月五日の法問始めは、大安寺の『回向并式法』にあります。この清規は、長野の大安寺という寺院で発見されたもので、一四〇〇年代後半の非常に古い清規です。大雄山系の清規です。そこに、「首座頭首は、其の鑑板を捧げて方丈に上って古則の始の一義を届て散ぬ」とあります。また、「鑑板を本処に掛く、古則の始の鑑板の書（中略）鑑板の始に本則頌古と書納べし」とありますので、開口板、今は赤いものに白墨で書きますけども、それに本則を書いて掛けるというのです。「次に斉飯了って、法門鐘東廊の雲板を鳴す。大衆各々被位に著く。住持、禅牀上に於て鑑板を挙して、本則頌古を唱了て大衆首座尽く説破し了て」と、あります。斉飯は、斎飯、お昼が終るということで、法門鐘、法門のモンは、問答の問だと思います。写本ですから間違いが多いのです。そして、東廊の雲板を鳴らすと大衆は位に着いて、住持は禅牀上に鑑板を挙して、本則頌古を唱え終ると大衆首座をことごとく説破する、というのです。

このやり方は、本則を書いた板を掛け、その本則を唱え、頌古を唱え、そして問答して、それを説破するという、そういう形式があったということが確認できるわけです。先程述べました江戸期にも、『椙樹林清規』とか、面山の『僧堂清規行法鈔』などにもこの法問始めはあります。

次に五則ですが、後に三則へと減っていくということがあります。五則をおこなう例は、『椙樹林清規』・『万松山清規』などに書いてあります。岸澤文庫の『理諺清規』というものがありま す。これは江戸期の後半ぐらいのものだと思いますが、年代が確定できないのでまだ発表はしていませんが、なかなか皮肉を込めた文章が沢山出てくる面白い清規です。

そこには、「今時洞家には公案五則を拈出して商量すると。初日は住持、第二則は首座、第三則以下は諸人を請して挙唱させしむ」と、あります。初日は住持だと、住職がまず行うのだと。『万松山清規』では、「堂頭・首座・書記・知客・副寺」とあります。『椙樹林清規』のように、前堂・後堂という表記もありましたけども、まず住持なのです。住職が最初に行い、第二則は首座だというのです。第三則以下は「諸人を請して」とあるように、誰がやってもいいというか、適当な人を選んで行う訳です。

それから、面山の『行法鈔』は先程も言いましたが、「前堂・後堂・書記・東蔵・西蔵」と、五頭首という形なのです。

これが、時代が下ると五人出すのは大変だということになってくるようです。三則となります。『副寺寮日鑑』という延宝年間ぐらいの清規です。文章は、読みませんが、最後に、「二則、三則もこれと同じ」とあります。五則まであるとしたら、こういう書き方はしないと思います。

その次の、『江湖指南記』も江戸の後期の清規です。その十六日、朝課の後の記述ですが、「恒規三則の拈話を記す」と、あります。これは三則の拈提、本則を記すということです。さらに、「大殿に出すべし」と、ありますから、開口板で、先程述べた鑑板のことでございます。こちらに、三つ本則を載せるというのです。完全に五則ではなくて、三則という形であったことが分かります。これは、最終的に首座一人になっていく通過点ではないかと思います。

さて、法戦儀礼の典拠を全て見つけることはできなかったのですが、例えば、『寿山清規』などには、本則の提唱の基になるものと思われるものとして、予め前日に小参あるいは法益を行うとあります。そこで、「古人の因縁を挙す」ということですので、前日に問答を想定した、小参・法益を事前に行っておく、と定められているのです。

その根拠としては、面山の『僧堂清規行法鈔』に、「昨夜方丈小参の公案を挙し、或は拈じ、或は頌す。了って下座して、住持前に問訊して、本位に帰る」とありますから、前の晩の小参に事前に公案を学んでいるのです。これが、『寿山清規』につながってくるのではないかと、思います。また、「あるいは拈じあるいは頌す」とあります。さらに、「終わって下座して」とありますから、この下座という言葉を見るとこれは須弥壇上に登っているということです。ですからこの時代は、ちゃんと秉払を行っていたと思われます。

次の『韜菴清規』は、これも非常に面白い清規ですが、江戸の後期ぐらいのものだと思います。駒澤大学図書館所蔵の清規ですが、これもまだ全文の報告はしておりません。

ここには、「今わが宗、法問と称し、古人の話頭を拈じ、人々着語して師家と対して論量をす。元来、平語を以て自己本分のことを論じ、興道を挙揚するなり。しかして、弊風久しく扇ぎ、年少幼学のものは語句を習い覚えて大音を挙げ、あるいは俗事に落ちて、笑いを招くようになる鄙語を唱え、宗門を慚かしむこと実に悲しむべし」と、あります。江戸時代の末に、これこれこうと習い覚えた語句で、意味も判らず問答するというのです。

だから、「故に住持・維那并に老僧等は予め口宣し、よくよく教訓すべし」と、いうことになるわけで、これが本則の提唱へ、こうしたテーマで問答を行うのだ、という説明につながってくるのではないかと思います。

最後、現在の本則を首座に手渡すという形式は、『太平山諸寮日看』にございました。上殿して三拝の後、座につくと、「方丈、侍者をして、三宝に本則と竹篦とを送る。首座頂戴して本則を挙す。終わって開口を唱える」とあります。この状況は、法戦式の儀礼を御知りの方はよく分かると思います。

次に、「開口を唱える内に、首座、右の三宝を方丈の前に持参し、退いて触礼三拝して位に返る。侍香等又は竹篦を持して渡す。この時商量あり、或いはなし」と、あります。ということで、この進退から考えると、須弥壇上にのぼって唱えて、また降りてきて三拝して位に帰るというのは、少し無理だと思います。ですから、現在のように大間内でおこなっていたと思います。

また、侍者等が竹篦を持し来る、とありましたが、この進退は、可睡斎でのやり方だそうです。ある所でこの話をしましたら、可睡斎では侍者が竹篦を持って行って、首座に渡すということを教えて下さいました。こうした伝統が今でも続いていると同時に、明治期にこうした進退を折衷して、定めたということがわかると思います。

六、成道会の変遷

最後は成道会です。この成道会は、曹洞宗の行事として、禅宗の行事として、非常に特筆すべきものだと思いますので、挙げさせてもらいました。

成道会は、お釈迦様の悟りを讃えるということでありまして、『永平広録』巻五に、これも有名なものですが臘八上堂に、「日本国、先代曽て仏生会・仏涅槃会を伝う。然して未だ曽て仏成道会を伝え行ぜず。永平、始めて伝えて已に二十年。自今已後、尽未来際伝え行ずべし」と。仏生会、仏涅槃会は伝わっていたが、今だかつて、仏成道会を伝えたものはいなかった。道元、私が最初に成道会を伝えたのだ、という非常に自負のある言葉を述べております。

ただし、『延喜式』に、奈良西大寺において、三月十五日に成道会をおこなったと、記録されています。この三月十五日というのは、十二月八日と違いますが、玄奘三蔵の『大唐西域記』の説を採用しているからです。しかし、禅宗以外ではほとんど成道会はおこなわれていません。ホームページ上での確認ですが、各宗派の本山にアクセスして年間行事を見ても、成道会、お釈迦様が悟りを開いた日ですから仏教の誕生日みたいな日ですが、この日に法要を行わないところが多いのです。近代以降は行うところが増えてきたようですが、中世の年中行事の記録には、ほとんど確認できません。各研究会で各宗派に聞いたところ、うちではやるよ、やらないよと、様々でした。やはり釈尊が坐禅を通して悟りを開いたということが、禅宗では非常に重要視されるのだと思います。

道元禅師がおこなっていた成道会の儀礼とは、上堂がメインになります。「成道会の上堂」と書きましたが、『慧日山東福禅寺行令規法』という、これは京都東福寺のものですが、一三一八年の成立ですから比較的古い清規です。仏成道会では、後夜上堂ということで、明け方に上堂をおこなうということです。やり方は、如常の上堂に準ずるということで、おこなっております。それから、『叢林拾遺』（十五世紀末頃）や、江戸後期の『吉祥山永平小清規』などにも上堂はありますが、現在のような摂心という形はございません。

現在、成道会というと「摂心」というのを、修行道場に安居をされた方は、すぐ連想すると思います。しかし、中国の清規にはこの時期の摂心というのがありません。それから『瑩山清規』にも実はありません。「七日の夜、九日の夜、山僧住裏、一衆長座」ということで、七日の夜の徹夜坐禅と九日の断臂会摂心、これは徹夜で坐禅しますが、十二月一日からの摂心という記録はありません。

断臂会摂心を行う、また断臂会を行うというのも曹洞宗だけです。臨済宗の方に聞きましたけども、二祖慧可の断臂に対する報恩というのを行いません。これも曹洞宗の特徴として挙げられるのではないかと思います。

さて、次に行きますが、先程から言っている大安寺の『回向并式法』、これが現時点では摂心儀礼の最古の記録だと思います。「十二月朔日、入定。早朝祝聖如常」と。「朝参在るなり、大衆散ず」と、この後ですが「住持大衆等、入堂面壁す。これより入定なり」と。ですから、十二月一日から、その次の行になりますが、「定んで七日の間、毎日、鉢盂を行ずべし。義（儀）式は前に委す。また、七堂の門戸を閉却、門外へ寸歩も移さず、結跏趺坐す」と、いうことです。この時期、摂心をおこなうことが確認できます。

先程、『吉祥山永平小清規』には、摂心の記録がないと言いましたが、岸澤文庫の『吉祥山永平寺年中定規』には、十二月朔日から、「今朝付日中、今日より八日まで、飯台三時なり、飯后より摂心なり。法器すべて打たず」ということで、摂心があります。

面山の『僧堂清規行法鈔』では、「朔日の午後より八日の暁まで、諷経看読作務をやめて、粥飯を除いてほかは、昼夜打坐す」と、あります。摂心が、江戸時代にはおこなわれていたのです。成道を讃える、道元禅師の上堂などもありましたし、それから時代が降ると、上堂はありますけれども摂心も行われるようになる。それが、江戸時代になると摂心の方が一般的になってくるということです。

しかし一方で、これは古規に則っていないということで、かなり批判を受けるところもあります。最後に摂心会に対する批判を述べたいと思います。

大雄山の『最乗輪住大日鑑』には、「今日より摂心と称し、只管に打坐する事、澆末の弊例なりと。飢喰困民なるぞ摂心をしもいわんやな」とあります。本当に世も末の悪い例だ、餓えて、眠さに堪えて坐禅するというのは何なのだ、というのです。続けて、「然りといえども、近年諸山の如き坐禅は叢林の行法の羊(よう)に思い、夢にも工夫を知らざるものあり」と。だから、「故に臘七昼夜報謝のため、所縁を報捨して成すべきことなり」と、あります。そうはいうけれども、最近しっかり坐禅をしていないではないか、工夫していないではないか、だからこれをきっかけとして、一生懸命坐禅をしよう、と述べているのです。

ただ、面白いのは、この最乗寺の場合、一番最後の部分ですが「本菴主、両院主」、大慈院・報恩院の両院ですが、その菴主・住持は、「交交坐禅儀・坐禅箴、古則公案を提唱して、後学を策進すべし」とあります。交替交替に『坐禅儀』『坐禅箴』、さらに古則公案を提唱して、後学を策進すべし、とあるように、ただ単に坐るだけではなく勉強しながら坐るという形を取っていたのです。

それから少し辛辣ですけど、岸澤文庫の『理諺清規』にも批判が記されています。「十二月八日。中古は今日より静坐と名づけて念経諸行事を放下して八日の早に至るまで坐禅摂心す。何れの時に何れの処の何れの人の講行と云うことを知らず。諸方沿襲して改ること能はず」と、あります。

さらに、後半ですが「毎日、四時の坐禅のみ尋常統一に弁道す。十二時中、寸陰を惜む。時節因縁を待つ者は、何れの日と云ことなし」とあるように、毎日、四時の坐禅をするのだ、悟りを得ようと思うものは、何時何時が良いということでなく、寸暇を惜しまず坐禅をすべきなのだ、という批判をするのです。

現状を鑑みますと、四時の坐禅は行っていません。道元禅師が定めた四時の坐禅というのは、暁天（後夜坐禅）、早晨、哺時、それから黄昏（初夜坐禅）の四つですが、『行持軌範』では三時の坐禅ということです。実際に、永平寺・總持寺、曹洞宗では、暁天と夜坐、後夜と初夜しか坐禅をおこなっていないのです。なかなか摂心というような時間を取らないと、集中して坐ることができない。忙し過ぎるというのは、言い訳にならないかもしれませんけども、現状はこういう状態であるということです。

ですから、お釈迦様の悟りを讃える成道会というのも道元禅師が初めて伝えて、そしてその法要を行うのだ、上堂を行うのだといったけれども、実際には上堂ではなくて、その悟りの姿を讃える形で、坐禅、摂心という形に変わって来たということです。

七、おわりに

以上、早口で大変雑駁な発表になりましたけれども、回向文の内容変化、それから首座法戦式、そして成道会について述べさせて頂きました。

曹洞宗の行事をあまりご存じない方には、思い至らなかった部分もあろうかと思いますけれども、通常曹洞宗でおこなわれる行事、さらに臨時行事、そして年中行事などが、実は時代とともに変化して来たのです。その実際と変化の背景というものに気が付いて頂ければと思います。

特に回向文ですが、今後どういう形で法要の中で生かしていくのかというようなことも、重要だと思います。特定の案があるということで、ここでお示しする訳ではございませんが、そうしたことも視野に入れながら、時代とともに変わっていく行事、その意味というものを、考えて頂ければということです。

丁度、時間となりまして、これにて発表の方は終らせていただきます。ご静聴ありがとうございました。失礼いたしました。

（平成二十五年五月二十九日）

栄西門流の入宋渡海
――道元との関係を中心として――

中尾良信（なかおりょうしん）

はじめに

栄西（一一四一～一二一五）は、叡山覚阿（一一四三～？）や大日房能忍（生没年不詳）などと同じく、叡山教学の中から宋朝禅に関心を向けた僧であるが、一般的には日本禅宗の初祖として理解されている。実際には、覚阿が杭州霊隠寺（りんにんじ）の仏海慧遠（一一〇三～七六）に嗣法したのは淳熙元年（一一七四）であり、能忍が弟子二名に所悟の偈を託して阿育王寺の拙庵徳光（一一二一～一二〇三）に呈せしめ、自賛頂相および達磨像を授かったのが文治五年（一一八九）であって、いずれも栄西が虚菴懐敞に嗣法して帰国した建久二年（一一九一）より早い。しかし、栄西は禅宗初祖としての立場を確立し、その兼修的禅風はしばしば論議の対象となったが、今日もその地位は揺るぎないといってよい。

退耕行勇（一一六三～一二四一）と釈円房栄朝（？～一二四七）は、栄西門下の双壁というべき高弟である。日本禅宗の歴史を語るに際して、常に栄西が論及される割には、弟子の退耕行勇・栄朝、あるいは明全（一一八四〜一二二五）といった人達については、触れられることが少ない。行勇が由良（和歌山県）興国寺開山無本覚心（一二〇七〜九八）に、栄朝が京都東福寺の円爾（一二〇二〜八〇）に、明全が道元（一二〇〇〜五三）にと、それぞれ後に日本禅宗史上の重要な存在となる僧に、少なからず影響を与えたにも関わらず、行勇・栄朝・明全自身の仏法とはどのようなものかということになると、史料が少なく、しかも断片的である。また三者ともに、後世に残した撰述がないという点でも共通しており、十分な研究がなされているとはいえない。

明全は、道元が如浄に嗣法する以前の師として知られている。道元は三井寺の公胤の指示によって、禅宗を学ぶために建仁寺を訪ねたとされるが、実際に栄西にあったかどうかは、時間的にも微妙である。むしろ、現実に道元に影響を与えたのは明全であり、道元の持っている栄西に対するイメージは、ほとんど明全を通じて得たものと見てよいと思われる。明全は道元を伴なって入宋し、宝慶元年（一二二五）五月二十七日、天童山了然寮で示寂する。宋地で客死した明全は、必然的にそれ以降活躍することなく、若干の弟子がいたと思われるものの、道元以外に記録に残る活動をした者がないために、結果として、常に道元との関わりにおいて語られることになったのである。

栄朝は、栄西の密禅併修という宗風を継承し、上州世良田（群馬県）長楽寺の開山となって、多くの僧を接化した。栄朝の門流はそれなりに栄え、法嗣に寿福寺四世の蔵叟朗誉（一一九四～一二七七）があり、以下寂庵上昭（一二二九～一三一六）、龍山徳見（一二八四～一三五八）と次第して、室町期には多くの文筆僧を輩出している。栄朝は、栄西の葉上流や蓮華流などの台密を受けているが、その法系は、入元した龍山徳見に至って純粋禅に変わったとされており、栄朝の密教的禅風は、むしろ参学の徒であった円爾に継承され、長楽寺にも聖一派の人がしばしば住している。承久三年（一二二一）長楽寺の開山となって以後、栄朝の活動の中心は長楽寺であったようで、師栄西が鎌倉・京・奈良をまたにかけて活動したのとは対照的である（尾崎喜左雄『上野長楽寺の研究』参照）。

行勇は、師栄西の在世中はほとんど活動を共にし、栄西開創の寺院を継ぎ、おそらく栄西の一門を引き継いだと思われる。つまり、栄西の宗風と活動、さらには僧団を相続したという意味において、栄西門流の中心となった人である。その活動は、師栄西が中心とした鎌倉・京・奈良の三都に加え、高野山にも及んでいる。法嗣に、禅宗の威儀を日本に伝えたとされる大歇了心（不詳）がいるが、金剛三昧院二世となった中納言法印隆禅や、後に臨済宗法燈派の祖となる心地房無本覚心も、長く会下に在って影響を受けている。

栄西門流の僧たちを見るとき、興味深いのは入宋経験者が多いことである。その意味で当時の建仁寺は、渡海求法しようとする僧にとっては、もっとも情報を入手しやすい場所であったと思われる。道元が三井寺の公胤から受けた指示も、入宋求法を視野に入れたものであった可能性は高く、建仁寺への移錫という問題も、そうした視点から再検討する必要がある。本稿では、従来渡海求法を伝えられていない行勇の入宋、入宋渡海を前提として見た道元と明全との関係、行勇門流としての中納言法印隆禅・無本覚心と道元の関係を検討することで、道元自身の入宋求法が、どのような環境の中で進められたのかを考える一助としたい。

一　退耕行勇の入宋

行勇の伝記は、江戸期の『延宝伝燈録』（大日本仏教全書一〇八）『本朝高僧伝』（大日本仏教全書一〇九）には立伝されているが、その分量は決して多くはなく、しかも『元亨釈書』には立伝されていない。したがってその行実もけっして明らかではなかった。仁治二年（一二四一）七月五日七十九歳で示寂しているので、その誕生は長寛元年（一一六三）ということになる。初め玄信と称し、東寺任覚（一一〇九～八〇）に密教を学び、東大寺で登壇受戒して荘厳房行勇となった。十九歳で鎌倉鶴岡八幡宮の供僧となり、その後、鎌倉に下向した栄西に参随してその法嗣となり、栄西の後を承けて寿福寺や建仁寺に住するとともに、東大寺大勧進職にも就き、さらに高野山金剛三昧院の第一世にもなったというのが、右に挙げた史料が伝える事跡である。

行勇の伝記としては、右の僧伝類の外には、それらの典拠でもある『吾妻鏡』の、該当する記事を参考とする程度であり、単独の行勇伝は確認されていなかった。ところが、行勇開山の稲荷山浄妙寺（神奈川県鎌倉市）所蔵『開山行状并足利霊符』が、市教育委員会による文化財調査において確認され、その中に編年体と散文の二種の行勇伝が含まれていることが判明した（この史料については、行勇伝の全文を『曹洞宗研究員研究紀要』十九号に紹介した）。非常に興味深い記事を含んでいるが、一方でかなり重大な問題点をも抱えている史料である、例えば、編年体の行勇伝である「行勇禅師年考」は、その記述のほとんどを『吾妻鏡』と「当寺大過去牒」に拠っているが、四十八箇所にのぼる『吾妻鏡』の引用中、年記が食い違っているものや、記事そのものが『吾妻鏡』に見られないものが実に十一箇所もあり、ある意味では致命的な問題点となっている。また「当寺大過去牒」も、現時点では所在不明であり、散佚したものと思われる。

『開山行状并足利霊符』は表紙共五十八丁の袋綴写本で、本文初丁より第二十三丁までが「行勇禅師年考」と題された編年体の伝記である。長寛元年九月の誕生から仁治二年の示寂までを、前にも述べたように『吾妻鏡』と「当寺大過去牒」を主な典拠として綴っている。示寂について

『延宝伝燈録』巻六（大日本仏教全書一〇八、一〇八頁）では、七月五・十五日、十月二十一日）の諸説を挙げ、その地を東勝寺としているが、「行勇禅師年考」では寿福寺で七月十五日早朝に、としている。相模国酒匂の人とする説もあるが、ここでは「京城藤家」に生まれるとし、嘉応元年（一一六九）父に連れられて仁和寺の覚性（一一二九〜六九）に就いて出家し、玄信と安名されたとしている。覚性は嘉応元年に示寂しているので、その直前、あるいは最後の弟子であったと思われる。その後、東寺長者任覚に密教を学び、任覚が示寂する前年の治承三年（一一七九）、十七歳で東大寺戒壇院に登って具足戒を受け、荘厳房行勇となっている。治承五年（一一八一）十月六日付けで、鶴岡八幡宮最勝講供僧に任じられているが、「鶴岡西谷慈月坊」に入ったのは九月二十六日、また前年の十月には伊豆に在ったらしい。鎌倉下向の事情については明らかではないが、東寺任覚が治承四年に寂しているので、そのことと関係するのかも知れない。

『吾妻鏡』において行勇の名が最初に見られる記事は、正治元年（一一九九）四月二十三日、頼朝百箇日法要の導師を勤めるというものである（国史大系本二、五五七頁）。しかし「行勇禅師年考」は「当寺大過去牒」を典拠として、それ以前に非常に重大な記事を収めている。すなわち元暦元年（一一八四）の条に、「過去牒に云く、春三月、朝公（頼朝）の命を奉じて、慈月坊を周防法眼有俊に付し、入宋して密頤を究む」とあるものである。『延宝伝燈録』などには、行勇が渡海入宋したという記録はなく、この記事の典拠も『吾妻鏡』ではなく「当寺大過去牒」であるために、現時点では他にこのことを傍証する史料はない。わずかに行勇の入宋を伝える史料として、福岡市横嶽山崇福寺所蔵『支竺桑名山諸寺記録』があり、「稲荷山浄妙寺」の項に開山行勇に関する私記として、「退耕禾上、道源と同じく入唐す、帰るに及んで舟洗海して逝く」とあり、昭和三十九年発行の『聖福寺史』（三七頁）にも、第五世行勇の行実に参考として述べられている。しかし、内容としては行勇の他の伝記と齟齬する部分が多く、傍証史料としては採用できない。

文治四年（一一八八）条には、「過去牒に云く、秋八月、師宋より帰り直ちに鎌倉に入る。朝公渥遇することますます厚し」とあり、在宋四年余りで帰国したことになるが、具体的に訪れた場所や参学した人の名は挙げられていない。ただ、後に行勇の師となる栄西の、二回目の入宋が文治三年（一一八七）から建久二年（一一九一）までの四年間であり、行勇の入宋が事実であるならば、両者の在宋期間は、一年前後の重なりを持つことになる。両者が宋地でなんらかの関わりを持ち得たかどうかは不明であるが、栄西と行勇との出会いということについて、ひとつの可能性を示唆するものではある。栄西が建久五年（一一九四）に弘法活動を停止された後（『百錬抄』）、鎌倉に下向する事情については、第一回入宋の際、ともに帰国した俊乗房重源と、親幕府派であった九条兼実との関係など、これまで背景となる事情は論じられていたが、直接的な要因については必ずしも明らかではない。あくまで仮定としてのことであるが、在宋中の行勇が栄西と接触しないまでも、お互いの名を聞き及ぶ程度のことはあったかも知れず、少なくとも同時期に在宋していた親近感があれば、鎌倉下向の要因の一つと見ることも可能であろう。

建久二年（一一九一）の条には、「この年夏四月、西祖（栄西）天童虚菴の衣を伝えて帰朝し、相（相模）の亀谷に寓止す、師しばしばこれに謁し、ついに禅関を透る」とあり、栄西の帰朝を伝えるとともに、栄西が帰朝後あまり時を経ずに鎌倉に入ったことを窺わせる表現であり、そこへ行勇が参じて禅関を透ったということになっている。これらの記事は、行勇の入宋と、宋地での両者の関係を前提としていると考えられる。ところが、建久三年条には「東鑑（吾妻鏡）に云く、冬十一月、永福寺（二階堂の地に在り）造営の事畢んぬ。結構比類無し、栄西を請して供養導師と為し、師をして一世長老と為さしむ」とあるものの、肝心の『吾妻鏡』では、永福寺落慶法要の供養導師は「公顕」となっており（国史大系本二、四七五頁）、結果的にこの部分は、『開山行状并足利霊符』自体の信憑性に関わる部分となっている。実際に『吾妻鏡』に栄西が登場するのは、正治元年（一一九九）秋、政子を施主とした不動明王開眼供養の導師としてである（国史大系本二、五六〇頁）。行勇は同年四月二十三日、頼朝百箇日供養の導師を勤め（同書五五七頁）、以後も栄西とともに幕府や北条氏関係の法要の導師を勤めていくのであり、現時点では『吾妻鏡』と

「行勇禅師年考」の記事における齟齬という問題は残るものの、栄西の鎌倉下向の機縁そのものに、行勇自身が関わっていた可能性は否定できない。

北条政子は、安達泰盛の勧めで、頼朝の菩提を弔うために高野山に金剛三昧院を開創し、行勇を第一世とした。『金剛三昧院文書』(高野山文書第二巻)には、「金剛三昧院住持次第」「金剛三昧院紀年誌」「法燈国師行勇法系」などが収められており、それぞれ行勇に、言及しているが、特に興味深いのは「法燈国師行勇法系」(三八二頁)である。この文書名は、行勇の諡号が「法燈国師」であるかのように記しているが、実際には「法燈国師」はその弟子ともいうべき無本覚心の国師号である。冊子本のこの史料の表紙には、「行勇禅師年考草」とあると注記されており、あるいは編纂のために文書名を付ける際、覚心と行勇を混同したとも考えられる。内容的には、中国の石霜楚円以降、臨済宗黄龍派の主な祖師、虚菴懐敞、明庵栄西、栄西の弟子を挙げ、さらに行勇の弟子として大歇了心・西勇・隆禅を挙げているが、行勇について「かつて遍く宋地に遊び、諸老の門に登る」とあり、その入宋を伝えているのである。「行勇禅師年考草」は、記述そのものはごく簡単であるが、やはり『吾妻鏡』を引用しながら編年体で綴られている。表題も『開山行状并足利霊符』所収の「行勇禅師年考」を連想させるものであり、両書の引用箇所を比較すると、分量の差はあるが概ね一致している。想像を逞しくすれば、『金剛三昧院文書』所収の「行勇禅師年考草」は、『開山行状并足利霊符』所収「行勇禅師年考」の草稿であるのかも知れない。「行勇禅師年考草」の末尾には、「異筆」という但し書があるものの、「塔を浄妙寺に建つ、被雲野納　昌能」とある。被雲野柄は、法孫という意味であろう。昌能とは、江戸期に浄妙寺の行勇の塔頭である光明院に住した僧で、別に懶禅玄能とも称し、元の中峰明本（一二六三～一三二三）の系統である臨済宗幻住派に属する人である。幻住派の僧は同時に夢窓派にも属することが多く、「昌能」は夢窓派僧侶としての名である。昌能（玄能）は、幻住派の歴史や伝法・伝戒の規式をまとめた『浮木集』（駒澤大学図書館所蔵）を撰述したことが知られている。『浮木集』の成立が享保年間（一七一六～三六）と見られ、『開山行状并足利霊符』は、内容から推測して寛文年間（一六六一～七二）以降の成立と考えられる。時間的には昌能がこの両書の撰者である可能性はあり、自らが属する法系の歴史や、止住している寺の歴史・開山の行実をまとめようとしたとすれば、両書の内容はその目的に適ったものであるといえる。

行勇の行実はなお不明な部分が多く、検討すべき問題点も少なくない。栄西の鎌倉における活動は、行勇との関わりを抜きには考えられないし、密禅併修という栄西の禅風が、どのように展開したのかについても、行勇自身や、その門流の活動を通して眺めることが不可欠である。そこで、栄西の後継者が行勇であるということを前提とした上で、道元との関わりが深かった明全について検討し、さらに行勇の高弟の一人である中納言法印隆禅と、結果的には法嗣にならなかったものの、長く参随して影響を受けた心地房無本覚心についても、道元との関係を視野に入れながら検討してみたい。

二　仏樹房明全について

前にも述べたように、行勇とは栄西会下の同門である明全は、その弟子道元との関わりにおいてのみ言及されることが多い。明全に関する史料についても、ほとんど曹洞宗関係のものに限られる。例外的に、栄西関係の史料に明全が登場するものとして『千光法師祠堂記』があり、栄西示寂の十年後、天童山に在った明全が、栄西の忌日七月五日に「楮券千緡」を喜捨して供養した、と伝えている（続群書類従九―上、一七三頁）。

道元が明全に参学したことは、『三祖行業記』『三大尊行状記』をはじめ、瑩山紹瑾（一二六四～一三二五）が著した『伝光録』『洞谷記』、さらに後世の史料も一致して伝えるところであり、まちがいのないところであろう。道元自身『辨道話』に、

ちなみに建仁の全公をみる。あひしたがふ霜華、すみやかに九廻をへたり。いささか臨済の家風をきく。全公は祖師西和尚の上足として、ひとり無上の仏法を正伝せり、あへて余輩の

ならぶべきにあらず

（岩波文庫『正法眼蔵』一、一二頁）

と述べて、参学の事実を明かしている。また明全が栄西門下において並ぶ者のない程の人物であり、栄西の仏法を正しく嗣いだことを述べている。同じことを『伝光録』は、

カノ明全和尚ハ顕密心ノ三宗ヲツタエテ、ヒトリ栄西ノ嫡嗣タリ、西和尚、建仁寺ノ記ヲ録スルニ曰、法蔵ハタダ明全ノミニ嘱ス、栄西ガ法ヲトブラワントオモフトモガラハ、スベカラク全師ヲトブロフベシ

（『曹洞宗全書』宗源下三九一頁）

と伝えている。しかし、現実には、栄西門下においては行勇・栄朝を双璧とすべきであり、明全はあまり知られているとはいえない。道元の評価が極めて高いものであるだけに、多少不自然な感じがしないでもないが、ひとつの大きな理由は、明全自身が在宋中に天童山で客死した、ということであろう。『正法眼蔵随聞記』によれば貞応二年（一二二三）明全は、病床の受業師明融阿闍梨の懇請を振り切り（春秋社『道元禅師全集』七、一三八頁）、道元・高照・廓然等を伴なって渡海、はじめ明州（浙江省寧波市）の景福律寺を訪れ、次いで天童山に登って無際了派（一一四九～一二二四）に参じた。道元は入宋直後、明全と別行動をとるが、やがて天童山で再会する。無際了派の示寂後、後住として天童山景徳寺に入った如浄と、道元が直接に対面した直後ともいえる宝慶元年（一二二五）五月二十七日、明全は天童山の了然寮で示寂した。明全の客死については、

道元自身が認めた記録として、「舎利相伝記」「明全戒牒奥書」（春秋社『道元禅師全集』七、二一六・二三四頁）が遺っている。

『開山行状并足利霊符』の「行勇禅師年考」嘉禄二年（一二二六）条に「同三月、明全宋地に寂す、師訃音を聞き、嘆いて云く、惜しむべし祖家の一隻を失うことを」とあり、行勇が明全の示寂を知って悼んだことを伝えているが、道元が明全の舎利を携えて帰国するのは、翌安貞元年（一二二七）のことである。行勇はどういう経路で明全の示寂を知り得たのであろうか。商人などの往来は頻繁であり、今日想像する以上に情報の流通は円滑であったかも知れないが、前に述べた行勇自身の入宋問題との関係についても、検討の余地がある。同時に、「祖家の一隻」という表現は多分に追悼の意を込めてであろうが、臨済宗関係の史料に明全が登場する数少ない例として、注意しておきたい。

道元は叡山で出家し、後に三井寺の公胤の指示によって建仁寺に赴くのであるが、生前の栄西と相見したのかどうか、時間的には非常に微妙であり、実際には相見しなかったとする説が有力である。従来は、大久保道舟氏が『道元禅師伝の研究』（八三頁）において、周到な相見説を展開され、定説化するかに見えたが、その後、古写本『建撕記』など新出史料の発見もあり、鏡島元隆氏が否定的な見解を示されている（『道元禅師とその周辺』「栄西道元相見問題について」）。現時点では鏡島説が最も妥当と思われる。しかし、栄西示寂直後には建仁寺に関係を持っていたのである。明全の舎利を携えて帰国した後も、五年にわたって建仁寺に滞在するのであるから、通算すれば相当の期間、建仁寺に止住したことになる。にもかかわらず、道元が臨済禅の薫陶を受けたのは明全からとされ、それ以外の人との関係は、ほとんど言及されてこなかったのである。

『開山行状并足利霊符』所収の、散文の行勇伝である「開山勇禅師行状」には、行勇に参じた人として、大歇了心・妙寂全玄（?～一二五七）・隆禅などの法嗣のほかに、無本覚心・栄朝・円爾・妙見堂道祐（一二〇一～五六）・道元を挙げている。覚心と円爾については行勇への参学が伝えられているが、栄朝・道祐・道元については、僧伝類にも行勇参学ということは伝えられていない。ただ道元の場合は、その伝記である『建撕記』（明州本）に、

御弟子明全は、あるいは仏樹、あるいは行勇禅師と申すなり。栄西入滅已後は行勇に問法すと、云々（『諸本対校建撕記』八頁）

とあり、明らかに明全と行勇を混同した記述ではあるが、栄西の示寂後、道元が行勇に問法したことを伝えている、と理解できなくもない。古写本『建撕記』の諸本の中で、延宝本・門子本・元文本も、多少の異同はあるものの、ほとんど同じ内容を伝えている。ただし瑞長本及び面山瑞方（一六八三～一七六九）の訂補本には、行勇の名は見られない（いずれも『諸本対校建撕記』参照）。

とはいえ古写本『建撕記』の四本までが、行勇への参学を伝えていることは、検討の俎上に載せてもよいのではないだろうか。

従来の曹洞宗史において、道元と行勇の関係が問題とされないのは、道元自身が明全をきわめて高く評価し、行勇の名を挙げることをまったくしないからである。しかし、道元の建仁寺止住期間から考えても、栄西示寂後の僧団を継承したという点でも、道元が行勇を知らないはずはなく、むしろまったく接触がなかったとすれば不自然である。道元の撰述などに行勇の名が見えないことから見て、道元にとって行勇は求むべき正師ではなかったのであろうが、叡山を下った道元が、直ちに明全に師事したかどうかは、必ずしも明らかではない。言い換えれば、行勇・明全を含めた栄西門下、ないしは建仁寺山内の人達に歴参した後、明全を師として選択したという可能性も否定できない。

明全の歴史的役割をどの程度に評価するかは措くとしても、道元が大きな影響を受けたことはまちがいない。その明全の宗風とはどのようなものであったのであろうか。道元の認めた「明全戒牒奥書」によれば、明全は入宋の直前、後高倉院に菩薩戒を授けたとある。明全が戒律に精通しており、しかも持戒堅固な人であったことは、諸書が伝えるところである。しかし、明全の宗風はこれだけではなかったと思われる。例えば『伝光録』にも、明全が栄西の嫡嗣であって、

「顕密心ノ三宗」つまり顕教・密教・禅を伝えていることが述べられているし、道元が明全から学んだことを、

師、その室に参じ、重ねて菩薩戒をうけ、衣鉢等をつたえ、かねて谷流の秘法一百三十四尊の行法、護摩等をうけ、ならびに律蔵をならい、また止観を学す。はじめて臨済の宗風をききて、おおよそ顕密心三宗の正脈、みなもて伝受し、ひとり明全の嫡嗣たり

（『曹洞宗全書』宗源下三九一～二頁）

と記している。もちろん、ここに「明全の嫡嗣」とあるからといって、道元が栄西の兼修禅、つまり密禅併修の禅風を継承したわけではない。しかし、少なくとも明全は顕・密・戒・禅を兼ね修したのであり、弟子である道元もそれを受けたと、『伝光録』は伝えているのである。また『三大尊行状記』にも、

明全和尚に従い、なお顕密の奥源をきわむ。律蔵の威儀を習い、兼ねて臨済の宗風を聞く

（『曹洞宗全書』史伝上一二頁）

とあり、やはり道元が明全から顕・密・戒・禅を併せ受けたことを伝えている。この四宗を併せ修することは、最澄が唱えた四宗相承（円・戒・禅・密）の仏法であり、とりもなおさず、最澄への復古を意図した栄西の宗風といえる。つまり明全自身は、栄西の宗風を忠実に受け継いでいた

というべきであろう。道元が直接栄西に対面ないし対話した可能性については、『建撕記』に「栄西の室に入る」（『諸本対校建撕記』八頁）などの語があり、法座に連なって説法を聞くという程度のことはあったかも知れないが、現時点では低いと考えられる。しかし、明全の宗風が右に述べたようであるとしたら、道元は明全を通じてかなり正確な栄西像を把握していた、と見ることができるのである。

三井寺公胤が道元に与えた指示は、端的にいえば禅を学ぶこと、そのために入宋すること、さらにそのために建仁寺へ行くことであった。本稿で述べてきたように、栄西門流、言い換えれば建仁寺僧団には、かなりの数の入宋経験者がいた可能性が高く、その意味で当時の建仁寺は、渡海入宋に関する情報を入手しやすい環境にあったと考えられるのである。道元が、入宋のきっかけを求めて建仁寺へ赴いたとすれば、とりあえず指導的立場にある人物に接触しようとするのが自然であり、それはやはり、明全ではなく行勇であったといわざるを得ない。根拠に乏しい想像でしかないものの、道元と明全が接近することになったのは、あるいは明全自身が現実に入宋を計画していたからではないかと思われる、明全の侍者として随行すれば、入宋の手続きも比較的容易だったからであり、入宋を許可した院宣や幕府の下知状に、「侍者道元」と記されていることも、それを物語っているのではないだろうか。

具体的に入宋を計画していたことが、道元が明全に就いた理由であったとして、それだけが明全に随身した理由ではないことを伝えるのが、前に触れた『正法眼蔵随聞記』のエピソードである。すなわち入宋を計画していた明全に、重病の床に就いていた叡山での師明融阿闍梨が、末期を看取るまで渡海を延期するよう懇願し、同輩や門弟も師の希望に添うことが報恩であるというのに対し、明全は、末期を看取るにしても死期を延ばすことは不可能であり、たとえ志半ばで倒れようとも入宋求法を敢行することが、結果として師恩に報いることになると、毅然として言い放ったのである。おそらく道元は、栄西の禅風を忠実に継承していた明全ではなく、仏法に対して示した明全の志の高さ、いわば類まれな求道者としての明全をこそ、尊崇してやまなかったのであろう。

入宋後、道元と明全は別行動をとったと思われ、その原因については、道元の入宋手続きが十分ではなかったからとされている。つまり、道元が具足戒牒を所持したか否かという問題であり、そのことについても多くの議論があるが、本稿の主題とは離れる部分もあるので、ここでは触れないでおく。ただ道元にとって、明全が自分の求める仏法を体現していたわけではないことが、別行動をとったことからも察せられるのである。

三　中納言法印隆禅について

行勇の門下としては、寿福寺三世となり、建仁寺住持職・東大寺大勧進職を継いだ大歇了心が著名であるが、金剛三昧院を継いだ中納言法印隆禅については、従来ほとんど論及されることがなく、行実も明らかではない。しかし、隆禅も東大寺大勧進職を継いでおり、その活動は鎌倉初期仏教における栄西門流の位置を考える上で、重要である。

隆禅に関する史料はきわめて断片的であり、量的にも決して多くはない。『血脈類集記』（真言宗全書三十九）には「隆禅」という僧名が頻出するが、時間的にも空間的にも、そのすべてが行勇の弟子である隆禅を指すとは考えられない。現時点では、前に紹介した『開山行状并足利霊符』、『高野春秋編年輯録』（大日本仏教全書一三一）、『金剛三昧院文書』（高野山文書第二巻）などが、退耕行勇の弟子である隆禅に関しての、比較的確実な史料として挙げられる。

『開山行状并足利霊符』では「行勇禅師年考」の建暦元年（一二一一）条に、金剛三昧院開創の記事とともに、「仏眼房隆禅有り、豪気人を衝く、衣服を易えて膺ず、師厚くこれを接し監寺となす」とあり、この年に隆禅が行勇の会下に投じたことを伝えている。「豪気人を衝く」という表現や、ただちに「監寺」としたという点から考えて、すでにこの時点で、それなりの年齢に達していたと思われる。嘉禎三年（一二三七）条には、行勇が金剛三昧院住持職を隆禅に譲ったことが記されている。また「開山勇禅師行状」にも、「印証の者若干、了心・全玄・隆禅、これを先鋒となす」とある。了心は寿福寺三世となった大歇了心であり、全玄とは浄妙寺二世となった妙寂全玄である。金剛三昧院を継いだ隆禅は、これら二師と並ぶ行勇門下の上足であったと見てよい。

『高野春秋編年輯録』は、高野山に関する記録を編年体にまとめたもので、興味深い記事が多いが、行勇や隆禅に関する記事も含まれている。延応元年（一二三九）条には、「行勇禅師、覚心上座を将いて金剛三昧院より鎌倉亀谷山寿福寺に還住す、これ北条氏（泰時）の悃請に依るなり」（大日本仏教全書一三一、一五二頁）とあり、割註に「金三院後職を以て中納言法印隆禅に附与すと云う」と、隆禅が行勇の後を承けて金剛三昧院住持となったことを述べている。仁治二年（一二四二）行勇示寂の記事の割註にも、「後に勇、また住職を中納言法印隆禅に譲って鎌倉に帰り、寿福寺長老となり遷化す」（同書一五三頁）と、同じことが記されている。建長六年（一二五四）条には、「覚心師（法燈国師）宋より帰る、すなわち登山し禅定院主に謁す」とあり、「禅定院主」に「中納言法印隆禅、これ第二世院主なり」と註されている（同書一六三頁）。さらに正嘉元年（一二五七）条の、覚心が金剛三昧院の住持となった記事に註して、「前年、行勇鎌倉に入るの已後、隆禅替わってこれに住職す、また禅の後、覚心これに住持す」（同書一六四頁）とある。概ね、隆禅が金剛三昧院住持であった期間に関する記録であるが、「行勇禅師年考」が嘉禎三年（一二三七）に住持となったとしているのに対し、『高野春秋編年輯録』は行勇が北条泰時の懇請によって鎌倉に下向する延応元年（一二三九）とし、隆禅の後の三世住持を、無本覚心としている。

『高野春秋編年輯録』の隆禅に関する最後の記事は、永仁二年（一二九四）条に、「鎌倉相模守貞時、陸奥守宣時・高野山僧中納言法印に命じて、異国降伏の御祈を丹生社頭で勤修せしむ」とあるもので、「中納言法印」に「金剛三昧院主隆禅の官名なり」と註されている（同書一八四頁）。この記事は、金剛三昧院住持を退いた隆禅が、晩年にも高野山に止住していたことを示しており、建暦元年（一二一一）の行勇への帰投を二十歳前後としても、世寿百歳を越える長命を保ったことになる。

『金剛三昧院文書』の中の隆禅に関する記録は、金剛三昧院所領として寄進された美作国（岡山県）大原保について、足利義氏発給の寄進状および書状が三点、鎌倉将軍家御教書が一点、ほかに「金剛三昧院住持次第」「金剛三昧院紀年誌」「法燈国師行勇法系」などである。

「法燈国師行勇法系」は、前にも触れたように、文書名に混乱が見られるが、行勇の入宋を示唆する記事を含んでいる。また隆禅が金剛三昧院の住持となったのは、嘉禎三年（一二三七）となっており、『開山行状并足利霊符』の「行勇禅師年考」と一致している。もっとも、この文書が同書の草稿であるとすれば、年記の一致は当然である。「金剛三昧院住持次第」（高野山文書二、三七九頁）は、歴代住持の略伝を含む点で重要である。行勇の項には、栄西の「素意」を受けて禅・教・律を興行したこと、布薩その他の行持・規式を定め置いたこと、そして「登山両度有りと雖も、住山程無し、ただ隆禅法眼を以て代となし、院家を執行」したと述べられている。つまり、行勇は金剛三昧院第一世長老となったものの、鎌倉における多忙さが長期間の高野山滞在を許さず、主として隆禅が金剛三昧院の寺務を司ったということであろう。「行勇禅師年考」に、行勇が金剛三昧院開創の年、帰投したばかりの隆禅を監寺にしたとあるのは、おそらくこのことを指すと考えられる。『吾妻鏡』や「行勇禅師年考」の記事から、行勇が高野山に滞在した期間を推定してみると、「登山両度」というほどではないにせよ、かなり断片的であったと思われ、金剛三昧院の経営は、事実上隆禅が担っていたと見るべきである。

隆禅の項には、「第二長老隆禅中納言法印」とあり、註して「仏眼房と号す、中納言光隆卿の息なりと、云々」と記されている。『尊卑分脈』（国史大系本二、四八頁）によれば、光隆は「猫間中納言」と称された藤原清隆の子、光隆であると思われる。光隆は建久九年（一一九八）の時点で七十二歳であり（公家補任）、隆禅の父という可能性も否定はできないが、年齢的には疑問が残る。また、寺務の間に仏殿・僧堂などを造立したことを述べた後に、「しかして去る延応の年、関東に召し下され、即ち寺務を止められ畢んぬ。その後、実相院に移住し、所労療治のため、当国本庄に下向、正月二日に他界し畢んぬ」とあって、延応年間には早くも住持を退いて関東に下向したことになっている。「金剛三昧院住持次第」では、隆禅の後、第三世長老に就いたのは蔵円房悟暹で、「去る仁治元年庚子五月五日、当寺長老に補せらる」となっている。延応二年（一二四〇）が改元されて仁治元年となるのは七月十六日であり、その意味では「延応の年、関東に召し下され、即ち寺務を止められ畢んぬ」という記事と合致することになる。監寺であった期間が長かったのに対し、住持職にあったのはわずかに二年か、「行勇禅師年考」がいう嘉禎三年からとしても四年ということになる。

隆禅については、道元に関係する重要な問題がある。それは、道元が入宋中に「隆禅」と称する日本人僧に遭遇している、ということである。そのことに関連する記事は、『永平広録』巻十（春秋社『道元禅師全集』四）、『宝慶記』（同書七、一〇頁）、長円寺本『正法眼蔵随聞記』巻二（同書七、六五頁）のほか、『伝光録』（『曹洞宗全書』宗源下）、『訂補建撕記』（『諸本対校建撕記』）などに見られるが、道元自身が『正法眼蔵』「嗣書」の巻に、嘉定十六年（一二二三）の秋に隆禅の斡旋で仏眼清遠（一〇六七〜一一二〇）派の嗣書を閲覧したことを、嘉定のはじめに隆禅上座、日本国人なりといへども、かの伝蔵やまいしけるに、隆禅よく伝蔵を看病しけるに、勤労しきりなるによりて、看病の労を謝せんがために、嗣書をとりいだして、礼拝せしめけり。みがたきものなり。「与你礼拝」といひけり。
それよりこのかた、八年ののち、嘉定十六年癸未あきのころ、道元はじめて天童山に寓直するに、隆禅上座、ねんごろに伝蔵主に請じて、嗣書を道元にみせし
（岩波文庫『正法眼蔵』二、三八〇頁）

と述べている。隆禅は嗣書の所持者である「伝蔵主」を看病したことがあり、嘉定十六年より八年前、つまり嘉定八年頃には在宋していたことになる。「嘉定八年」が「嘉定のはじめ」になるかどうかは、微妙なところであると思われるが、現時点では矛盾しないと理解されている。
『永平広録』巻十には「郷間の禅上座に与う」と題された偈頌があり（春秋社『道元禅師全集』四、二六八頁）、『宝慶記』には、「問うて云く、菩薩戒とは何ぞや」という道元の問いに対して、師如浄の「今、隆禅が誦するところの戒序なり、小人・卑賤の輩に親近することなかれ」（同書七、一〇頁）という答が見られる。状況から考えて、これらの史料に登場する「隆禅」は、道元が『正法眼蔵』で述べている「隆禅」と同一人物であると見てまちがいないと思われる。長円寺本『正法眼蔵随聞記』第二には、

> 是れに依って一門の同学五根房（流布本は五眼房）、故用祥僧正の弟子なり、唐土の禅院にて持斎を固く守りて、戒経を終日誦せしをば、教へて捨テしめたりしなり
>
> （春秋社『道元禅師全集』七、六五頁）

とある。内容的には『宝慶記』の記事に通じるものであり、この点を踏まえて水野弥穂子氏は、五根房は『宝慶記』のいう隆禅であろうと推測されている（筑摩書房『正法眼蔵随聞記』四四頁）。「用祥僧正」とは「葉上僧正」、すなわち栄西のことであるから、水野氏の推測に従えば、道元は如浄会下において、栄西門下の隆禅と同参であったということになり、その隆禅が嗣書閲覧の便宜を計ってくれたことになる。

『伝光録』の記述は、ほぼ『正法眼蔵』「嗣書」に等しいが、『正法眼蔵』が「嘉定のはじめ」から「嘉定十六年秋」までを「八年ののち」としているところを、「半年をへて」としている（『曹洞宗全書』宗源下二九三頁）。道元の法孫である瑩山紹瑾が著したという点で、史料としての『伝光録』の信憑性は高いといえるが、文脈の上で考えて、この部分の記述は不適当である。

面山瑞方の『訂補建撕記』では、このエピソードに対する補注で、嗣書の所持者である伝蔵主を大慧派の枯木良伝としているが、それでは道元自身が伝蔵主を仏眼清遠の法孫としていることと齟齬してしまう。また、隆禅を藤原定家の弟の寂蓮の子としているが、『尊卑分脈』で見る限

り、寂蓮は定家の弟ではないし、面山のいう隆禅は実際には寂蓮の孫である(『諸本対校建撕記』一四一頁)。面山がいかなる史料に基づいて註したかは不明であるが、『訂補建撕記』自体にかなり恣意的な改竄が見られ、その記事の採用には慎重を要する。この部分の補注も、無条件に信頼することはできない。

以上の史料を総合していえることは、道元が明全に従って入宋するより早く、嘉定八年以前に入宋し、道元とともに如浄に参じた隆禅という僧がおり、しかもその隆禅は栄西門下で、両者にはかなり緊密な交流があったらしい、ということである。問題は、この隆禅と行勇の弟子である隆禅が、同一人物であるか否かであるが、この点に言及した論文に、原田弘道氏「道元禅師と金剛三昧院隆禅」(印度学仏教学研究二十三―一)、同氏「日本曹洞宗の歴史的性格(二)道元禅師と隆禅・覚心との交渉をめぐって」(駒澤大学仏教学部論集第五号)、および中世古祥道氏『道元禅師伝研究』があり、原田氏は同一人物説に肯定的であるし、中世古氏は否定的である。『開山行状幷足利霊符』「行勇禅師年考」が伝えるように、中納言法印隆禅が行勇に帰投したのが建暦元年(一二一一)として、建保三年(一二一五)に示寂した栄西の薫陶を受ける機会があったかどうか、微妙なところである。特に隆禅は、主として高野山に止住していたのであり、関東へ下向したとしても、その時期は延応年間(一二四〇年頃)で、栄西示寂のはるか後である。

そうであるならば、道元が隆禅を「用祥僧正の弟子」といっていることは、正確な表現ではないことになる。流布本『正法眼蔵随聞記』のいう隆禅の房号「五眼房」は、中納言法印隆禅の房号である「仏眼房」に似ているが、長円寺本では「五根房」であり、根拠とするには曖昧過ぎる。

同一人物であるか否かをしばらく措いて、中納言法印隆禅と、道元と関わった隆禅に関する諸史料の記録を、時系列に並べてみると、以下のようになる。

建暦元（一二一一）金剛三昧院開創
　隆禅、行勇に帰投
嘉定八（一二一五）隆禅、伝蔵主を看病
　十六（一二二三）道元、嗣書を閲覧
安貞元（一二二七）道元、帰国
嘉禎三（一二三七）隆禅、金剛三味院住持となる
　四（一二三八）足利義氏、金剛三昧院所領として美作国大原保を寄進
延応元（一二三九）行勇、金剛三昧院から覚心を伴なって鎌倉寿福寺に移る
　二（一二四〇）蔵円房悟暹、金剛三昧院第三世住持となる

隆禅、関東に下向

仁治二（一二四一）行勇、鎌倉で示寂

建長六（一二五四）覚心、宋より帰朝、金剛三昧院で隆禅に謁す

正嘉元（一二五七）隆禅、鎌倉大慈寺供養の供僧として随喜するか

永仁二（一二九四）隆禅、高野山丹生社頭で異国降伏の祈薦を修す

結局、道元と入宋僧隆禅との交渉は、時間的には中納言法印隆禅の事跡の中に包含されているが、中納言法印隆禅が入宋したかどうかについては、一切伝えられていない。ただ、法祖父栄西は二度まで入宋し、師行勇も入宋を伝える史料があり、行勇会下の同参である覚心も入宋しているし、やはり師を同じくする大歇了心も入宋している。つまり、栄西下、行勇の門流のほとんどが入宋経験を持っているわけであり、時間的には隆禅が入宋した可能性は否定できない。もっとも、隆禅が入宋したとすれば、その在宋期間は少なくとも嘉定八～十六年を含むはずであり、十年前後に及ぶことになる。行勇が隆禅を金剛三昧院の監寺に任じ、寺務を司らしめたこととの関連が問題となるが、入門してすぐに監寺に充てたと考えるよりも、十年に及ぶ在宋修行を了えて帰朝した隆禅に、寺務を任せたと見る方がより自然ではある。また、前に述べたように、道元がたとえ短期間であれ、行勇に参じたことがあるとすれば、隆禅とは旧知であったか、あるいは面

識がなくとも同参という誼はあったと思われる。道元が隆禅の斡旋で嗣書を閲覧したのは、嘉定十六年（一二二三）、すなわち入宋した年であり、嗣書閲覧というような重大事の斡旋を得たのは、日本人同士というだけではない、より大きな好意があったと見得るのではあるまいか。さらに推測を重ねれば、行勇が法兄弟明全の宋地での客死を、道元の帰国以前に知り得た事情とは、隆禅の帰国時期に関連するのではないか、とも考えられる。しかしながら、隆禅の入宋と道元との関係については、すべて仮説に過ぎず、直接それを証明するような史料は確認されていない。現時点では一応作業仮説ながら、道元が中国において、行勇門下の隆禅と関わった可能性が高い、としておく。

四　無本覚心について

無本覚心（一二〇七〜九八）は、『元亨釈書』第六巻浄禅の項に立伝されている（大日本仏教全書一〇一、二〇八頁）。心地房の号を持ち、東大寺で登壇受戒した後、高野山に登って行勇に参随し、さらに入宋して無門慧開（一一八三〜一二六〇）に学び、帰朝後に金剛三昧院住持となった。時間的に長く参じたのは行勇であるが、結果的には無門慧開の法嗣となり、由良西方寺（後の興国寺）を中心として展開した覚心の系統は、臨済宗法燈派として栄える。その禅風は、単に無門から受け継いだ宋朝禅ではなく、むしろ行勇から受けた密教色の強い兼修禅であった。それが後世になって、栄西門流としてではなく、中国伝来の禅宗という印象が強まるのは、中国の禅僧に直接嗣法したためでもあるが、師無門慧開から、禅の公案集として知られる『無門関』を授けられて帰国したことが大きい。覚心その人の禅風については、具体的なことは明らかではなく、覚心が定めた「粉河寺誓度院規式」などは、密教色の強いものである。また、時宗の一遍智真（一二三九〜八九）や西大寺（奈良県）叡尊（一二〇一〜九〇）、泉州（大阪府）久米田寺の禅爾など、他宗派の僧との関係が知られており、その点からも兼修禅を唱えたと見られるのである。ところが『無門関』は、禅の公案集として『碧巌録』と並んでよく用いられ、今日の臨済宗においても、その傾向は変わっていない。したがって、その将来者である覚心についても、室町期の臨済宗において法燈派の独立性が高まるにつれ、覚心が栄西門流であるという見方は次第になくなり、『無門関』を日本に持ち帰った「禅僧覚心」というイメージに統一されていくのであろう。

もう一つの要因は、量的にもっともまとまった伝記である『法燈円明国師行実年譜』（続群書類従九―上、以下『行実年譜』と略）が、禅僧としての覚心像の確立を意図しているということである。『行実年譜』は、永徳二年（一三八二）頃に興国寺に止住した自南聖薫が、「師平生随身之本」と「慈願上人所草録、師之縁起」を基にしてまとめたものであるが、聖薫が基づいたこれらの史料は現存していない。この二史料の間にも伝承の違いがあり、覚心の行実を考える上で、いくつかの問題を含んでいる。全体を眺めてみると、若年期の密教研鑽については触れているものの、西方寺に入って以降のさまざまな人との交渉、例えば一遍・叡尊・禅爾などとの関わりについては言及せず、禅僧としての姿を強調しているように思われる。

行勇会下における覚心の参学は、具体的にはほとんど不明である。『行実年譜』や『高野春秋編年輯録』は、延応元年（一二三九）鎌倉寿福寺に帰る行勇に覚心が随伴したことを伝えている。「行勇禅師年考」は、安貞元年（一二二七）条に紀綱職に就任したとしているが、紀綱職が禅院の運営を担う重職であることを考えると、安貞元年にはいまだ二十一歳の、帰投後間もない青年僧に勤まったかどうか、その点で疑問が残る。ただ、金剛三昧院については隆禅が主に寺務を司っていたこともあり、あるいは覚心の方は、常に行勇のそばを離れることなく、随身参学したということかも知れない。

行勇は、仁治二年（一二四一）七月五日、鎌倉寿福寺で示寂する。『行実年譜』によれば、翌三年に深草極楽寺（興聖寺）の道元を訪れ、菩薩戒を授けられている。「元（道元）入宋の時、天童浄和尚（如浄）より相伝の血脈なり」（続群書類従本九―上、三五〇頁）とあり、この時に受けた血脈が、道元が天童山において如浄から受けたものであることを述べている。このことは、道元の伝記である『建撕記』にも述べられている（『諸本対校建撕記』三四・四三頁）が、諸本ともに『元亨釈書』（大日本仏教全書一〇一、二〇八頁）の記事に基づいており、ごく簡単なものである。『本朝高僧伝』（同書一〇二、二八七頁）にもこの記事はあるが、行勇の示寂以前に入れるという誤りを犯している。この道元から覚心に授与された血脈は、原本は散逸したものの、奥書の写しが大分県泉福寺に残っている（春秋社『道元禅師全集』六、二三〇頁）。そこには、「大宋淳熙己酉（十六・一一八九）九月望日」付の虚菴懐敞によるものと、「大宋宝慶元年乙酉（一二二五）九月十八日」付の如浄によるものが併記され、最後に「正応三年（一二九〇）九月十日」付で、覚心から心瑜に授けられたことが記されている。つまり、この血脈には道元が如浄から受けた青原下、つまり曹洞宗系と、明全から受けた南嶽下臨済宗系の、両系統の戒脈が併記されているのである。従って、これが覚心の受けた血脈の原形を伝えるものであるならば、『行実年譜』の記事は正確ではないことになる。同じような事例で、道元が文暦二年（一二三五）八月十五日、理観という僧に授けた血脈の写しが、永平寺に現存している（同書二二六頁）。これに記された戒脈は、栄西が受けた千命・大山基好・虚菴懐敞の三系統を、栄西―明全―道元―理観と継承したものである。理観については不明であるが、大久保道舟氏は、明全の弟子で天台系の僧であろうと推測されている。この二種の血脈がいずれも捏造されたものではないとすれば、要するに道元は、栄西の上足行勇の門下であった覚心には、禅宗への志向が強いと見て、青原・南嶽両系統の菩薩戒を授け、なお天台宗の立場に留まっている理観には、栄西が虚菴から受けた臨済系に、円頓戒系を併せたものを授けた、と考えられるのである。すなわち、受戒を求める僧に対して道元は、その僧の立場ないしは希望に応じた形で戒脈を授けた、と見ることができる。

覚心と道元との関係について付け加えれば、道元と由良西方寺との関わりがある。すなわち『行実年譜』安貞元年（一二二七）十月十五日条に、建築途上の西方寺の寺号を、栂尾の明恵上人高弁が撰し、道元が額に篆書したと述べられていることである（続群書類従九―上、三四八頁）。道元は安貞元年秋頃、明全の遺骨を抱いて帰国し、この時期、おそらく建仁寺に寓居していたと思われるが、これを事実とすれば、帰国直後、ある意味で雌伏の期間にあった道元に揮毫を依頼したのは誰で、いかなる理由によるものであろうか。覚心がこのことに関わっていたかどうかということになると、前に触れたように、『高野春秋編年輯録』安貞元年（一二二七）条に、西方寺開創の折に覚心が願性とともに由良の地に遊化したとあり、『開山行状并足利霊符』「行勇禅師年考」安貞元年条には、寿福寺の紀綱職就任を挙げている。『行実年譜』などは、紀綱職就任を延応元年（一二三九）としており、覚心の行動に関する記録が錯綜していて、判断しがたいところである。もしも、いささかでも関わりがあったとすれば、両者の関係に必然性が増すことになる。

その後、『行実年譜』によれば宝治元年（一二四七）、栄西門下において師行勇と同門であった、上州世良田長楽寺の栄朝に参じたが、その年に栄朝は示寂し、翌二年甲斐心行寺生蓮に就いて、後の寿福寺長老蔵叟朗誉（一一九四〜一二七七）とともに九旬安居している（続群書類従九―上、三五〇頁）。この時、坐禅中に胸から多くの小蛇が出るのを見て、これまでの学問的理解が真の仏法ではないと悟ったとあり、入宋求法の志を発したことを示唆しているように思われる。この年の夏末に京に上って、勝林寺天祐思順（生没年不詳）に参じ、翌宝治三年（一二四九）正月十六日、入宋の志を発した。勝林寺を辞するに際して思順から偈を贈られ、二月に由良を出発している。『本朝高僧伝』には、勝林寺を辞した覚心が東福寺に赴き、円爾からその師無準師範（一一七八〜一二四九）への参学を勧められ、入宋後、円爾の紹介状を携えて径山に登ったが、既に無準は示寂していたことが述べられている（大日本仏教全書一〇二、二八七頁）。

寛永二十年（一六四三）の版本『行実年譜』（二十七丁右）にもこの記事があり、あるいは『本朝高僧伝』もこれを承けたかと思われるが、併せて「師恵峰（恵日山東福寺）会裏に在って紀綱職に居ること久し」とあり、覚心がかなりの期間東福寺に止住して、紀綱職を勤めたことを述べている。行勇示寂後の覚心の行動を見てみると、仁治三年（一二四二）道元に受戒して以後、宝治元年（一二四七）に栄朝に参ずるまでの六年間、『行実年譜』の記事が途絶え、その後入宋までの三年間は非常に慌しくなっている。版本『行実年譜』がいうように、ある程度の期間にわたって東福寺の紀綱職に在ったとすれば、正月十六日に勝林寺を辞した後、二月に由良を出発するまでの間ではあり得ず、むしろ『行実年譜』の空白期間である六年間の、ある時期と見るほうが妥当である。

円爾は入宋前、栄朝に次いで行勇にも参じており、その因縁を考えれば、覚心が円爾に参ずることも当然といえる。前に述べたように、道元についても『開山行状并足利霊符』に行勇への参学を示唆する記事がある。つまり師寂後の諸師歴参は、無作為に行われたものではないということになる。行勇について、従来いわれていないものの、入宋の可能性があることを前に指摘したが、隆禅についても、入宋経験があると思われる。それを踏まえるならば、道元・円爾・思順に歴参したのも、彼等が当時著名な入宋経験者であったからであり、覚心は行勇会下において既に入宋求法を思い立ち、かつ予定していたとも見得る。あるいは示寂直前の行勇が、かつて自らの会下に参じた縁によって、覚心に参随を指示したとも考えられる。

むすび

鎌倉時代は、多くの日本人僧が入宋・入元し、また中国人禅僧が渡来して、宋朝禅を伝えた。初期には祖跡巡拝という意味合いが強く、おそらく有力な外護者の支援を得ての渡海行であったと思われる。しかし、源平の政権交代、北条氏による執権政治の確立、さらには元寇と、激動する社会情勢の中で、彼我の僧の往来についても、その背景や事情において大きな変化があったと思われる。

そうした中でも、栄西の二度の入宋は特筆すべきことである。その後の日本人僧入宋の嚆矢となったことはもちろんであるが、中国禅宗界においても、日本人僧受け入れの端緒となった点で、大きな意義がある。その栄西門流の僧たちの多くが入宋渡海することは、ある意味で必然的なことかもしれない。本稿で詳しく触れることはしなかったが、密禅併修とも表現される栄西の禅は、ある意味で道元を迂回するようにして、後世の禅宗各派に影響を与えた。しかし同時に、道元もまた栄西門流であることはまちがいない。さらに付言すれば、道元がいわゆる「正伝の仏法」にたどり着いたことは、天童如浄という師との邂逅なしには考えられない。言い換えれば、入宋渡海しなければ、その邂逅もあり得なかったことになるのである。道元自身のことばを借りれば、「空手」にして帰国したというが、それが事実か否かは別にして、栄西門流の入宋渡海という大きな流れは、道元にとっても少なからず影響を与えたと見なければならない。三井寺の公胤が入宋して禅を学ぶよう示唆したことも、栄西自身や建仁寺僧団の動きに触発されたと考えられなくはないのである。

右のように考えるとき、建仁寺を中心として展開していた栄西門流の、複数の僧たちの入宋渡海は、一連の動きとして、さまざまな影響を周囲や後世に及ぼしたといえる。本稿は、その中でも道元と深い関係にあったと思われる僧について、史料に基づきながら検討を加えたものである。個々の分析については、けっして十分とはいえないが、禅宗を中心とした鎌倉初期の仏教を研究していく上で、なにがしかの展開につながることを期待しながら、ひとまず擱筆する。

（平成十六年六月十八日）

永平の風
——道元の生涯とその仏法——

大谷哲夫（おおたに　てつお）

皆さんこんにちは。ただ今ご紹介を賜りました大谷でございます。本日は、雨模様で、大変蒸し暑い中にもかかわらず、よくお出かけ下さいました。ここにご参加下された皆様は一般の方々も多いと伺っておりますので、なるべく分かりやすいような形でお話しを申し上げようと思います。

二年ほど前になりますでしょうか。私は、道元禅師のご生涯を『永平の風』と題して小説風にまとめて出版させていただきましたが、なぜそのような形でそれを書いたのかということをよく聞かれます。そこでまず、それを書くに至った動機からお話しを申し上げてみようと思います。

この愛知学院大学もその傘下になりますが、わが国の仏教には、曹洞宗という禅宗の宗派があります。その初祖が道元禅師であることは、皆さんよくご存知のことであろうと思います。道元禅師がお生まれになって八百年の慶讃事業を行い、それを、昨年（二〇〇二年）大々的に行われた七五〇回という大遠忌に繋げていこう、ということが三年程前に曹洞宗で企画されました。その時、ちょうど私が座長に任命されたのですが、その最後の仕上げに道元禅師のシンポジウムをどこかでやってみようという議論になってきたのです。宗門の有識者や両本山の国際班の皆さんと、欧米でやったらどうか、アメリカでどうだというようなことになりまして、結局は米国のスタンフォード大学で開催することになりました。

皆さんご存知だと思いますが、スタンフォード大学はカリフォルニアのシリコンバレーの近くにある大変有名な大学です。ゴルフのタイガーウッズが中途退学した大学で、アメリカの大統領が多数出ており、当時は、クリントン大統領や国防長官の娘さんたちが在学しているといわれておりまして、いずれにしてもキリスト教の伝統校ですが、敷地はこの愛知学院よりかなり広く、構内には米国の有名デパートまであるという、地平線までずっと大学という極めて広大な大学です。

そこで道元禅師のシンポジウムが行われました。七百人ぐらい入ると思われるクレッギーホールが、二日間にわたって超満員でした。「アメリカの禅というものも、もうそろそろ日本から独立してもいい、日本から乳離れをしなければいけない」というある教授の言葉で締めくくられたシンポジウムでした。我々主催者側もスタンフォード側も、「これは大成功である。道元禅師がこれ程知られているとは思わなかった。禅というものがこれ程アメリカの社会で認知されているとは思わなかった」などといって意気揚々と引き上げてきました。

ところで、私はそれ以前、『おりおりの法話』という本を出していました。これは道元禅師の語録である『永平広録』を訓読し現代語訳し解説を付したものです。それについて、産経新聞の読書欄に書評が載りました。そこでは、まず、沢木耕太郎さんの『深夜特急』という本の中で、米国の男性が日本の青年に「禅って何ですか」と問いかける話が紹介されています。その青年は、多少は禅を勉強していたものですから、禅の歴史をとうとうとしゃべり出しました。するとその米国の男性がまた言うのです。「そういう禅の歴史は本を見ればわかりますよ。だけど、禅って何ですか」と。その青年もこれには窮してしまった、というようなことを前言として、「日本で発達した禅は今や世界に広がり、昨年は米国スタンフォード大学で「道元禅師シンポ」が開催されるまでになった。だが、真意のよく分からないやりとりを禅問答という。今年は曹洞宗の開祖道元禅師が生まれてちょうど八百年になる。『おりおりの法話』はその道元禅師の上堂での発言をまとめた『永平広録』を中心として原文・訓読・語義・訳文と読みやすい編集をしている。この『永平広録』の上堂は、悟りについての真っ向からの問いかけで、これを謎かけであるなどとして頭だけで理解しようとすると甚だしい曲解を生む。そもそも「不立文字」とされる禅の本質を、この本を一回読んだだけで「完全に理解できた」などといったら「只管打坐」によってさとりの境涯に達しようとしている人に対して失礼極まりない。同書の正しい読み方といえば、やはり完全に理解したいという仏法への想いを喚起させることであろう」と記されておりました。

そして、さらに私自身にもこういうことがありました。大学院時代に私は『正法眼蔵』を学んでいたわけですが、恩師に、「『正法眼蔵』って難しいですね」と言ったことがあります。私は、恩師が「難しい」と言ってくれることを期待して言ったのです。ところが恩師は、「えっ？ 何です、それは？『正法眼蔵』のどこが難しいのですか。あんなに懇切丁寧に書いてあるのに何が分からないのですか」とおっしゃったのです。それで私は、不遜にも世の中にはこの難解な『正法眼蔵』を分かっている人がいるのだと気づかされ、『正法眼蔵』を徹底的に読みこなそうと決意したという記憶があります。

とにかく、私自身にもそのようなことが背景にあって、道元禅師のシンポジウムの報告会をしたのです。その懇親会の席である人が、小説家や、放送作家、映画監督や、脚本家の人たちもいたのですが、「そんなふうに道元禅師シンポジウムが行われて、あなたは意気揚々と帰って来ているようだけども、私たちは道元禅師を詳しく知りませんよ。日蓮さんや、親鸞さんは知っています。法然さんもなんとか知っています。だけども道元さんは只管打坐ばかりでどんな人か分かりません。第一小説にも映画にもなっていないじゃないですか」というようなことを言われました。だから、私は、「道元禅師が生きた一二〇〇年代と今の時代というのは、閉塞感が漂い、同じような雰囲気を持っている時代です。そこで自己を確立した人が道元禅師なのです」と申し上げました。すると、「それならそれを何かに書いてくれ、私たちは学問の世界の道元を求めているのではない。難しい話などは聞いてもそんなものはすぐ忘れてしまうけれども、もっと易しく我々向きに書いたものを見れば何とかなるのだ」とおっしゃいました。私はその時ちょうど副学長であったものですから、「いや、いや、それは忙しくて駄目だよ」と言いましたら、講義ぐらいはできるでしょう、ということで、それから土曜日の午後一時から、場合によっては夜の十時ぐらいまで雑談まじりに講義したことがあるのです。そうしましたら、それを聞いていた人たちが道元禅師は面白い、何とか、また講義をまとめて書いてくれないかと言うのです。私は、当然、駄目だと言いましたが、その話を録音していた人がいまして、それを基に書けばいいではないかと、さんざんに頼まれましたので、これはやむを得ないなと思いました。そして、時期的には、ちょうど道元禅師のご生誕の慶讃の事業もほぼ終わり、七五〇回大遠忌も間近に迫っている。その時に、道元禅師の末孫の坊さんのはしくれとして一体何ができるのだろうか、駒澤大学という狭い学問領域の中では何とかやっている、しかし、この時期に、真剣に禅を求めている、知りたいと願っている人たちに、何かできないだろうか、仏教用語を駆使してではなく、一般の人々にわかる用語で、現代の言葉で、道元禅師の存在とその仏法を知ってもらう必要がある、とは常々思ってはおりました。ですから、大変失礼ながら、ここにご参集して下さっている大学院の学生の方々、それから禅を学んでいる方々は、道元禅師の存在とその仏法についてはある程度は分かっておられる。けれども、一般の大多数の方々は道元禅師を知らないと思う。どうでしょうか。そうしたことが『永平の風』という本の根底にあるわけです。

今、皆さんのお手もとにお配りしてあります「永平の風――道元の生涯とその仏法――という二枚綴じのものが、私の創作ノートのメモといったものです。実際はそのノートだけでも大学ノートで二十冊ほどになっていますが、そちらには道元禅師の一生の中のエポックメイキングな部分を抜き書きしてあるということなので、参考のためにご覧いただければと思います。大学の講義ですと恐らく三十五回から四十回ぐらいの分量になります。ところで、ものを書く時には、私は道元禅師という称号を使いますが、今日は禅師を省かせていただきますのでよろしくご了承いただきたいと思います。

今日は時間も限られておりますので、道元のご生涯とその仏法のすべてをお話しするわけにはまいりませんけれども、まず、最初に、『永平の風』をどのように書いていったかと申し上げますと、一昨年（二〇〇一）の四月、ちょうどイチローがメジャーでヒットを打ち始めた時期です。私は野球が大好きでありまして、今も駒澤大学の野球部長と東都野球連盟理事長を兼ねておりますが、イチローのことが非常に気になって、アメリカへ行って打てるか打てないかということが私の大関心事でありました。三割・十五本ということを野球部のメンバーと話したこともありました。そこで、試合の録画をしておきまして、彼が一本打つ度に三十行から五十行は書くというような馬鹿なことを心にきめて書いていました。そして、ちょうど一昨年の今頃には、ほぼ書き上げて『永平の風』と題し、その筋立てを、皆さんよくご存じの、「春は花　夏ほととぎす　秋は月　冬雪さえて　涼しかりけり」という道元の歌にちなんで、第一章花・第二章ほととぎす・第三章月・第四章雪として仕上げました。それが、今皆様のお手もとに大きな題目として掲げてあるわけです。これを時系列的に考証し、諸々の資料や文献と照合し、また、出版社の方から「こんなに多くては出版しても二冊本になって今ではとても売れません。一冊に削ってください」と言われ、余分なところはかなり削ぎ落としてしまいました。

よく、道元の生涯には劇的な場面が少なく、只管打坐ばかりで、映画にも小説にもならないと嘆かれます。が、それは同時代を生きた法然、親鸞、一遍、日蓮といった人たちとの仏者としてのあり方の違いであると私は思います。求める道の違いといってもよいかと思います。ましてや、映画や小説になるものが一概に劇的というわけでもありません。この道元のはてしなき求道の旅路、この只管打坐の世界では、その生まれや俗世間などの生臭い事象というのは関心の外になり、後代の私たちから見ると、その生涯が同時代の諸師方に比べて絵になる場面が少ないというのは当然であろうと私は思っております。しかしながら、この道元の著作である膨大な『正法眼蔵』、また、中国留学記であります『宝慶記』、それから、道元に生涯にわたって随身をした懐弉の『正法眼蔵随聞記』、また、私が専門とする、懐弉、詮慧、義演ら道元の弟子たちの編集した道元の語録である『永平広録』、そして、道元の数々の伝記類、更に道元の同時代の文献、その周辺を詳細に追っていくと、その時代に生きた道元の姿が浮かび上がってきます。

私は、ことさらに人間ということを強調する人間道元であるとか人間親鸞であるとかいった言葉はあまり好きではありませんが、先程言いました通り、鎌倉時代という現代に通じるような閉塞感と混迷感の漂う時代に、正伝の仏法というものを己の中に確立し、日本に根付かせていったその道元の姿がドラマでないはずがないと思っています。ことに、道元の真実の師匠となる正師天童如浄に出会うまでの、先輩僧たちを徹底的に否定し続けていく旅路での心の葛藤とその精神の軌跡というのは、極めて鮮明なものがあります。ともあれ、道元のはてしなき求道の旅路というのは、ありとあらゆるものを投げ出して仏道を極めるというもので、それは狂おしいまでの憧れに自分自身を明け渡していくところから始まります。そして、それを具現化するために、道元は必死に尋師訪道、師を尋ね道を訪ね、自己という存在を確かに認識し確認する方向に向けた終わりのない旅を続けていきます。

その生涯はまさに風のごとく痕跡を残しません。禅の世界では没縦跡といいます。また、禅の悟りの世界では鳥道という言葉も使います。例えば、A地点からカァカァカァと鳥が鳴いてB地点へ行く。行ったということはわかります。ところが、空には痕跡が残っていません。これを鳥道というのですが、それが悟りの世界であるということを象徴的にいうわけで、そのような事象が展開されていったということになります。しかしながら、今やその道元の仏法というのは、時空を超えた風となって洋の東西を問わず、現代に生きる人々を魅了しているといっても過言ではありません。ですが、その生涯をドラマとして描き出そうとすると、道元にはどうでもいいようなことにも光をあてていく、ということに視点を定めていかなければならないわけです。ところが、その文献上に現れている事象や伝説や異説を取捨して道元の真実に近づけていくということは、まさに没蹤跡の世界ですから誠に困難な作業でありました。

私自身、自信のあるところもあればないところもあるわけですが、道元の周辺に点在している伝説や風聞などを活用しながら歴史の事実に近づけ物語を進めていこうとする時、決まって夢の中で、「おいっ！　それは違うぞ！」という声がどこからともなく聞こえてきたことが幾度となくありました。出版社の人に、『永平の風』の中に登場する人物は二百数十人いますと言われ、私自身もびっくりしましたが、「おいっ！　それは違うぞ！」と言ったのは、特に自分を投げ捨てて道元に師事し、只管打坐の世界に没入した名もない人たちの叫びであったのではないかと思うのです。私が、その時代のことを現代の視点だけで考え、誤りを書いてしまったのではないか、その警告ではなかったのかと今でも思ってはいます。が、道元が語らなくてもその門下に伝わっていた事実というのがあるはずです。これを道元禅師七五〇回忌という大遠忌を機会に、その遠孫として何とか道元を蘇らせ、道元を知らないという人たちに、道元の生きざまが、そしてその仏法が少しでも分かるようにできたら、という強い思いに突き動かされて書き上げたということであります。

さて、道元の求道ということになりますと、皆様方一人ひとり感じていると思いますが、人の一生というのは好むと好まざるとにかかわらずその時代背景や環境がついて回ります。特に道元の場合はそれが強く作用しています。皆さんは、清々しい道元、孤高なる禅者、政治に関与しない道元というようなことをよく耳にすると思います。このことは、両極なのですが、私は道元の五十四年という生涯の中で、その生まれの影響というものがかなり大きな位置を占めたからであると思っています。というのは、道元のお父様は、異説もありますが、源通親（みなもとのみちちか）という方で、お母様は、藤原基房（ふじわらのもとふさ）の娘伊子（いし）という方です。源通親は京都の宮廷政治を牛耳っていました。村上源氏の系統です。ですから、「平氏に非ざれば人に非ず」といわれた時代が終って源氏の世になり、その時、京の天下の中枢を担っていたのが源通親なのです。鎌倉には、一一九二年に幕府を開いた源頼朝（みなもとのよりとも）がいるのです。京と鎌倉、この公と武が覇を争っているのです。東の頼朝にとってみればこんな目障りな男はいません。天下を取ろうとしている男の邪魔をしているのが西の源通親という人です。この人は、権謀術数に極めて優れた才能を発揮した人です。また、藤原基房は、過去三百年続いた藤原関白家の家系です。伊子は絶世の美女といわれ、ゆくゆくは天皇の后といわれた人ですが、運命のいたずらで、平家を打ち落とした木曾義仲が入って来た時に基房に押しつけられ正室になりました。その後、その木曾義仲が亡くなり、また藤原基房の下にいましたが、基房の計らいで今度は通親と結婚させられました。昔は結婚といっても、生活を共にし、一緒に住んだわけでも何でもないのですが、伊子は二度にわたって政略結婚させられているわけで、そのような状態の中で生まれたのが道元ということです。

この藤原家と源通親家つまり久我家というのは、その当時の貴族の中でも大変に優れた家系で、したがって当時の教養人のトップレベルであったのです。例えば、通親という人も宮廷政治の上での権謀術数のみの人ではありません。和歌は六条季経(のりつね)に師事し『千載集』や『新古今和歌集』に和歌が載せられている歌人でもあるのです。駒澤大学図書館長の林達也教授が和歌の専門でもありますので調べてもらったのですが、通親の次男で、道元の腹違いのお兄さんにあたる、後に道元の育ての親つまり育父(いくふ)になる通具(みちとも)という方がいますが、この通具という人は藤原定家と並び称せられた和歌の名手で、『新古今和歌集』の選者の一人であり、当時の最高の文人、政治家でもあります。道元は、そういう環境の中で育つのです。そういった環境がその人の人生に深い影響を与えないことはありません。

そういう時代に頼朝が橋供養に行き、落馬して亡くなります。そして道元が三才の時、今度は父親の通親が亡くなります。五十三才の突然死でした。さらに八才の時、母親の伊子も亡くなります。ということは、道元はいわゆる確たる家としての血筋としての後ろ立てを失うことになったわけです。このようなとき、当時の貴族の子たちには二者択一の道が残されていました。今でいう養子である猶子(ゆうし)として家を継いでいくか、出家をするかです。そんな中、これは伝説的にもいわれておりますが、恐らくは、その通りで、母伊子の懇願で、遺言といっても良いかも知れません、母伊子の弟に当たる天台宗の良観をたより出家をするということになります。

『永平の風』に詳しく書きましたが、道元が出家した当時は、最澄が開いた天台宗の本山である比叡山は日本仏教界に君臨し、仏教全体を学ぶことができる、現代風に言えば仏教の総合大学という大変な学問所でもありました。しかしながら、道元が学んでいた一二一五、六年から二〇年代まで、比叡山は天台集団の内部紛争がその極に達していた時代でもあり、横暴な僧兵というのもいて、その当時は、いわゆる山門（延暦寺）と寺門（園城寺）の両派に分かれて焼き討ち騒ぎを繰り返し、山内も著しく世俗化していたようです。そのような状況の中で、道元は天台教学を学んでいくわけですが、当時は末法思想が流行り、物の怪というものが支配をしていた時代です。その物の怪を追い払えるのは仏教以外にない。密教的加持祈祷のみが唯一の救いという状況でもありました。ですから、そのような空気に飽きたらずに、時代の波に押されるように比叡山を出て行った人たちがいたということは皆さんご存じのとおりで、道元に先行する人には栄西や法然がおります。そして同時代でやや先行する人には親鸞もいます。例えば親鸞は、九才で比叡山に登って堂僧という下積みの生活をし、二十年間比叡山で暮らした後、二十九才で山を降りて法然の弟子になった人です。また、道元の後に活躍する日蓮は二十一才で比叡山に登り、十一年後の建長五年（一二五三）、すなわち道元が示寂した年に比叡山を降りました。

道元が修学を始めた比叡山には、先程申しましたように武力で全てを解決しようとする僧兵たちや、修行などそっちのけで外界に降りて乱暴狼藉を働いていた衆徒たちが多くいました。そこまでしない僧たちの中にも名利栄達を求める雰囲気が充満していたのです。そのような状態の中で道元が抱いた疑問というのは、日本仏教の原点ともいえるもので、それは「草木国土悉皆成仏」とか「一切衆生悉有仏性」という言葉で表現されております。これは、叡山天台の基本的な考え方とされますが、人間というのは生まれながらにして完成された人格を持っているという、いわゆる本覚思想です。道元は、それに対して、道元の伝記をまとめた『建撕記』の伝えるところでは「顕密二教ともに談ず、本来本法性天然自性身、と。もしかくのごとくならば、三世の諸仏なにによりてかさらに発心して菩提を求むるや」と極めて単純明解に疑問を抱いたことを記しています。もともと悟っているものがなぜ修行をするのか。生まれながらに完成された人格を持っているなら、なぜ諸仏はなぜ苦しんでまで修行をするのか、もともと悟っているのになぜ悟りを求めて発心修行しなければならないのか、その修行とはいったい何かという、それは、当時の日本仏教に対する極めて基本的な疑問といってもいいと思います。しかし、道元のこの疑問は、周辺の学僧たちにとっては出家以前の極めて幼稚な質問にしか映らなかったようです。彼らにとっては、迷いの凡夫までも肯定して、人間は最初から悟った存在であるというのが当然の考え方であり、それに疑問を差し挟むなどとはもっての外のことだったのでしょう。

人間にはもともと仏性があるという考え方を突き詰めますと、その最終的結論は個人の修行体験以外にはなくなります。つまり、修行僧は自己の修行体験のみに安住することになっていくわけです。そこで、悟っていようがいまいが、修行など一切しなくても、自分は悟っているからいいのだという風潮がその当時あったようです。つまり、「わしは悟っているから、わしのやることは全て許される」というようなことを言うわけです。このような「私の所行は全て仏の所行である」という考え方を本覚崩れとか天台崩れといったようでありますが。また、これに対し疑問を呈しても、答えてくれる人がいなかったというのが現実であったのでしょう。

しかし、その疑問に対して幾分かの示唆を与えてくれたのが、色々な議論がありますが、栄西であったと私は思っています。栄西は、元は天台宗の人で密教を深く学んだ人ですが、あの当時に二度も中国に渡った人です。一度目は一一六八年の四月から九月まで、二度目は二十年後の一一八七年、その時は中国からどうしてもインドまで行きたかったようですが、中国の事情でその願いは却下され、日本に帰国の途次、暴風に遭い、中国に漂着し、やむを得ず、前回の縁で天台山に登り、そこで臨済禅を伝える虚庵懐敞に出会い禅を学び、一一九一年に帰国し、密教との兼修禅を広めた人です。当時、禅の本場は中国で、一二〇〇年代の宋の時代でした。その栄西が、真に禅を極めたいとするならば何よりも本場に師を求めなければならないということを教えてくれたのだろうと思います。それと同時に栄西が紹介してくれた日本での師となる明全という方と二人で、公武が激突し、日本が大きく変わっていくきっかけとなった承久の乱（一二二一）が治まった貞応二年（一二二三）、ともに手を携えて中国に渡ってまいります。

さて、遣唐使の時代は、中国に渡る船というのは、どこへ着くか分からないために、四艘の船を丸太で繋いで風のままに流されて行ったようなところがあり、四艘船ともいわれていました。ところが、道元の時代になると、船が潮に流されないような形になり、同時に羅針盤の初歩的なものもでき、この時代には命が危険にさらされない程度で中国に渡ることができたといわれています。何月何日に出発して何日に着くという絶対の保障はないのですが、ともかく行って帰ることはできたようです。だからこの頃、鎌倉幕府は日宋貿易を非常に盛んに行っております。道元が着いた寧波（にんぽう）という港で十日の間に銭がすべて無くなったという逸話があります。鎌倉幕府が、銭を鋳造するよりは買い取って来た方が早いということで、寧波の港町で、恐らくありとあらゆる手段で銭をかき集めたらしいのです。非常に不評をかったという話が今でも伝えられています。

寧波に着いた時に、禅林で食事の係である典座（てんぞ）という職の老僧が船までやって来ます。「明日はわが育王山（いくおうざん）で修行僧たちに麺汁を供養するので椎茸を買いに来た」といういわゆる「椎茸典座」の話として知られておりますが、道元がこの典座に「文字とは何ですか?弁道とは何ですか？」と質問します。道元はこの時、よくわからないまま禅的な雰囲気というものを感じとります。道元にとってその頃修行とは、坐禅して、経典を読んで、祖録を精読して、それを観念的に頭でとらえ構築していくことしか頭になかったはずです。ところが、その典座によって、自分に任された炊事に専念するということさえもが、禅の修行の根本であるということを何となく教えられたのです。そういう老僧の態度と道元が頭の中で考えていたことがぶつかり合ったのがこの船上での出来事で、つまり道元にとっての最初のカルチャーショックであったろうと思います。ただ頭の中で考えていることと行うことの齟齬です。

では、道元の目指した、その当時の天童山とは一体どういう所だったのでしょうか。天童山は、南宋の禅宗の五山のうち第二位に位置し、僧数は千名を超え、山を背にした斜面に立地する条件を見事に生かした大伽藍を有し、境内は階段状に展開していた。伽藍群は山門・仏殿・法堂・方丈を中軸にして、仏殿を横軸とし、その線上に僧堂と庫院を置き、その後方に後架や衆寮が配置されたお寺であったということです。単に自然の地形に順応しているだけではなく、建物は中軸を中心に左右対象の配置をし、周囲の自然環境に見事に溶け合う風情であったそうです。

そこで、道元は数々のカルチャーショックを受けます。船が着いた時に船上で会話をした老典座が、「私は修行を終わって故郷に帰る」と言って訪ねてきてくれますが、その時に、「この前もおっしゃっていた文字とは何ですか?」と尋ねると、「文字というのは本質をわきまえて、それをきちんと理解することが肝心である」と教えてくれます。「弁道もそうである。その根本もわきまえよ。」というのです。しかし、そんなことを言われても道元は納得できません。それで、もう一度「よくわかりません。老僧の言われた文字の真意とは何ですか。」と問うと、「一、二、三、四、五」という数字を示された。

そこで、皆さん、道元は日本人です。この典座は中国人です。この会話は何語でなされたのでしょうか。道元は寧波に着いて三ヵ月遅れて天童山へ入って行きますが、私はその三ヵ月が問題だと思っています。というのは、『正法眼蔵随聞記』によりますと明全と中国へ行くために方語も習ったと見えます。方語というのは地方の言葉、つまり中国語です。どうしてそれが習えたかといいますと、その当時まだ中国にいた栄西のお弟子さんたちが、建仁寺に帰って来て教えてくれたのです。しかし、恐らく日本人であるから人にもよるのでしょうけれども発音はどうだったのでしょう。先程言いましたように、道元は小さい時から、当時の最高の教養環境の中に育つわけですから、当時の教養書である『李嶠百詠(りきょうひゃくえい)』はもとより『四書五経』とくに『詩経』さらに『文選』あるいは『十三経注疏』まで習っていたと思われ、いわゆるの漢文を読み書きする力は抜群にあったはずです。しかしながら、発音が正確にはできなかったのではないか。私はそれを、船上で三ヵ月かけて習ったと思っております。そうでなければ、天童山へ行ってすぐに、僧の序列の問題で天童山の役寮たちと一悶着を起こすことができるはずがないのです。

さて、「一、二、三、四、五」といわれた時に、道元は恐らく本当のカルチャーショックを受けたと思います。一、二、三、四、五という数字ほど文字として確かなものはありません。自分は文字にあまりにも執着しているのではないか、ということをここで気づかれたのではないか。しかし、ますます分からないので仕方なく「それでは弁道とは何ですか」と聞くと、老僧は「徧界曾て蔵さず」ということを言うのです。これは、真実はありのままにあらゆるところに現れているということです。文字には限界があります。我々の頭の中で考えていることも限界があります。文字に執着をして知識ばかりを追い求め、文字で培われた知識だけで全てを解決しようとしているところの誤りを突かれたわけです。「そんなことでは、仏の本当の姿は見えてきませんよ」ということをこの典座は教えてくれた。老典座は、文字で表された教義や経典だけを理解しても仏の真実は伝わらないという事実をここで教えてくれたのです。ですから、道元は後にこの老典座との出会いを感謝をこめて、「聊か文字を知り弁道を了ずるは即ちかの典座の大恩なり」と『典座教訓』の中で讃仰してやまないということになるわけです。

また別の時、この天童山で暑い中で茸を干している老僧に会います。道元が、「こんな暑い中、ご老体で無理なさらずに、そんなことお止めになって若い人にやらせたらどうですか」と言うと、「何を言うのだ。他人は私ではないじゃないか、人がやったことは自分のことにはならない。これは私の仕事なのだ」と言って一蹴されてしまいます。道元がまた「それはよくわかります。しかしながら、どうしてこんな炎天下で苦しい思いをしているのですか」と聞くと、その老典座は怪訝そうに道元を見て、「何をおっしゃっているのだ。今この時を逃がして一体いつこの仕事ができるのだ」と言われました。

またある時、これは日本ではちょっと考えられないことですが、布が手に入らないから紙でできた衣を着ている僧がいました。故郷にはお金がある人でしたから、ある人が、「故郷に行ってお金をもらい、衣を買って来たらどうですか」と聞いたら、「いや、故郷に帰るその時間がおしい」と言ったという清貧の求道一筋の僧の話もあります。

またある時は、道元が一生懸命「語録」を見ていたら、「何のために見ているのですか」と質問され、道元が「日本に帰って人々を教化するためです」と答えたら、「何のために人を教化するのだ」と言われます。道元が「衆生を救うためです」と言うと、すかさず「つまるところそんなことが一体何になるのか」ということまで言われました。このような経験を積んでいくうち、道元は自分自身のやっていることが間違ってはいないにしても何かがどこかが違っているのではないかと何となく気づかされていきます。

また、カルチャーショックと言えば、ここにおられる僧侶の方々は分かるのですが、頭の上にお袈裟を戴いて、「大哉解脱服、無相福田衣、披奉如来教、広度諸衆生」と唱えお袈裟をかけるという所作が、現実に目の前で行われている現実を目のあたりにして驚嘆し感涙袖を潤すということもありました。これは、道元は、『阿含経』を読み、儀則に順い自分も袈裟を着けてはいたが、天童山において厳粛な威儀の実践を目のあたりにすることによって、袈裟には煩悩を砕き障碍を除き解脱に導く功徳のあることを体認したわけです。

それからもう一つ大変重要なことは、「嗣書」のことです。これは禅宗で一番大事なものです。師匠から弟子に伝わった悟りの証明といっても良いでしょう。これが現実に存在することを知るのです。今まで聞いたことしかなかった嗣書をみんな持っているということを知り、それを見せてもらった時に、それは五度に及ぶのですが、こういうものがあるのだと感動し感涙するのですね。要するに、仏法の悟りの姿がこの嗣書という形になって目の前に現実的に示されているという事実にものすごく刺激を受けるのです。曖昧模糊としたさとりの実体が、嗣書という実物の形にまで具現化されていることへの感動です。

そのようなさまざまなカルチャーショックを受けながら、いろいろな体験を重ねていく内に、道元の心境が段々と深まり、そして、日常生活そのままが修行である、仏法の現れであるとする、現実に即した生活こそも修行であるという認識へと導かれていきます。

一方で道元は、嗣書を拝覧するということで、自分自身も仏祖から仏祖へと正伝した仏法を受け、そこに自分の名前を記すこと、嗣書の中に古今を通じて一貫して流れている仏祖の命脈を自分自身が仏祖となって相承し、それを弟子に嗣続することが悟道の姿であり使命であるというふうに考えてきています。しかし、中国の禅宗の師である無際了派、即ち天童山の住職は、その真面目な姿に感動し自分の法を嗣がせてもよいとまで言い出すのですが、道元はそれを辞退します。自分の意にそぐわなかったわけです。つまり、その中に正師を見い出すことができなかったということです。そうして道元は、当然のこととして、時期を待って天童山を下り尋師訪道の旅に出ます。その時、恐らく明全も行動をともにしたかったのでしょう。が、明全は体を悪くしていて行けなくなり、道元ひとりで出かけることになります。ところで、道元が中国で巡った場所は、そのほとんどが栄西の歩いた所でした。それは恐らく、明全との約束で、師匠である栄西の供養を兼ねてということがあったと思います。しかし、道元をそのような行動に駆り立てた本当の原因は、嗣書を拝覧することによって到達した、仏の悟りは同じ仏の境地を体得した人によって連綿と受け継がれてきた事実、釈尊の真実の仏法を確実に嗣続している正師に出会うという確信であったと思います。

振り返ってみますと、栄西によって初めて日本に紹介されたと言っても良い中国禅は、初めは確実に、全てを超越して存在する心の探求を目指す仏法でありました。ただひたすら坐禅をして、そこに生ずる心境を仏としてその心を掴むことこそ真の悟りを得るといった従来の仏教にはない新しい宗教観を持っていたと思います。恐らく、日本の平安末期から鎌倉の初期にかけての、あの世への往生成仏やこの世での加持祈祷などおよそ無縁のものであるという新鮮さがあったことでしょう。禅のそういった主張に道元が惹かれたのは当然の成りゆきであったのではないでしょうか。

さて、そうして正師に出会うことを目指して旅を続けていくわけですが、その時代は、日本では元仁元年（一二二四）、北条義時が死に泰時が執権となった時代です。皆様方の頭の中にちょっと思い浮かべていただきたいのですが、昨年か一昨年でしたか北条時宗というNHKのドラマがありました。あのドラマの五十年ほど前と考えていただければわかるかと思います。この年の八月には再び専修念仏の禁止令が出されたり、五十二才になっていた親鸞が『教行信証（きょうぎょうしんしょう）』を著した時代でもあります。

結局、道元は何とかして正師にお会いしたいと思いながらできなかったのですが、道元の本当に求めていた師というのは、どうも大梅法常（七五二〜八三九）という方に代表されるようです。この人は馬祖という人のお弟子さんで、法常が「仏とは何ですか」と聞くと、馬祖は「即心即仏」つまり、心こそが仏にほかならないと答えます。そこで、法常は大梅山に入って、蓮で編んだ衣を着て日夜坐禅をし、三十年間過ごします。その間、王臣に知られず、檀那たちの接待に決して行かなかったといいます。そうしたある時、馬祖門下の塩官斉安（?〜八四二）の弟子のある僧が道に迷い、偶然、大梅に出会い尋ねます。「和尚は、馬祖大師のお弟子さんとお見受けいたしますが、馬祖大師からどんなことを学んでこの山に籠もっているのですか」。そう尋ねられた法常は「即心即仏と教えられた」と答えます。するとその人は、「いや、この頃の馬祖さんの仏法は違いますよ。近頃は非心非仏と言っています」つまり、心や仏にとらわれるなと言っていると言うのです。すると、大梅法常は「あの和尚め、まだ人を騙くらかしているのか。非心非仏、大いに結構、でも私は、あくまで即心即仏である」と言ったというのです。その人が帰って馬祖大師にそのことを伝えると、馬祖は呵呵大笑して、「おう、梅の実が熟しているな」と言ったそうです。

道元はこの大梅法常の住んでいたという所に行き、大梅が頭の上に乗せて坐禅をしたという鉄の塔があるのですが、それが残っていたということがあって、道元が感激に浸り、大梅に想いを馳せ、もはやこういう人は中国にはいない、もはや中国には正師はいないのかという無念のうちに坐睡しました。坐睡というのは坐禅しながら眠り込んでしまうことです。が、その夢に現れたのがこの大梅で、大梅は開花した梅の一枝を道元に授けたのだそうです。

これに感激して、道元は何とか気をもちなおし、正師を求めなければならぬと思いなおします。正師を得なければ何のための参学か。嗣書の中に古今を通じて一貫して流れている仏祖の命脈というものを自分自身が仏祖となってそれを弟子に継がせるということが一番大事なのだから、それをしなければ何のために自分は正師を求め、こんな中国までやって来たか意味がないじゃないかと思い返すのです。そして、天童山へ戻って来た時に、天童如浄に出会うことになります。

天童山に夏の風が渡っていた頃です。宝慶元年（一二二五）五月一日のことでした。道元が焼香礼拝して方丈に入ると、黒い衣に濃い茶のお袈裟を付けた老僧が端正に曲椽に座っていました。道元にとっては強烈な印象だったはずです。なぜなら、今まで巡って来た住職たちはみんな金襴のお袈裟をかけていたからです。この天童如浄は黒い衣に濃い茶の袈裟という姿ですっと座っていました。方丈の深閑とした中で古仏が道元を見、道元は如浄をしっかりと見上げて、道元は古仏に見られているという実感を持ったのです。道元は瞬時に如浄に正師を見い出しました。

如浄の方も瞬時に道元の器量を見抜き「仏々祖々の面授の法が成ったな」と言いました。面授というのは、面と面を突き合わせて人と人が目の辺りに相見することによって法が伝えられることを言います。如浄も、恐らくその師である明全から道元の評判を聞いていたのでしょう、「希代、不思議の奇縁……」という言葉を使って大いに満足します。仏々祖々の面授の法が成ったという言葉の中に如浄の期待の大きさが、道元にひしひしと伝わって来た瞬間でした。私は、この場面を「宝慶元年の巡り会い」と名付けておりますが、この巡り会いがなければ今日の道元の〝永平の風〟というのは吹いていないはずです。この道元の、正師への巡り会いが、道元にとって一番重大なところでしょう。

　この如浄と道元の間の面授というのは、お釈迦様が霊鷲山（りょうじゅせん）で説法をなされた時、優曇華（うどんげ）を一本捧げると摩訶迦葉（まかかしょう）ひとりがニッコリ笑ったという話、拈華微笑（ねんげみしょう）の世界などにも通じる世界がそこに現出されました。「正師を得ざれば学ばざるにしかず」といいますが、思えば長い長い旅路でありました。先程も言いましたが、道元の正師を求める旅路というのは、自分の目の前に現れてくる先輩僧たちを全て消し去っていく旅路でした。法を嗣いでもいいと言ってくれた人さえも焼香礼拝して過ぎてきました。しかしながら、今、全てを託すことができる正師が目の前に厳然として現れたわけです。この如浄との相見こそが、道元に決定的な示唆を与えるわけです。ですから、長かった尋師訪道の旅路、長き心の遍歴、長き心の懊悩、長き心の葛藤、それら全てが道元から消え、正師に巡り会えたという喜びで満ち溢れていきました。

それでは、天童如浄という人はどういう人であったのでしょうか。如浄は、その当時にあっては数少ない古風な禅風を残す中国曹洞宗の法を嗣いだ禅僧で、自ら一家を成していました。皇帝から紫衣を賜ってもそれを断固として拒絶した人で、その当時朝廷に支配されたお寺の中で一途に求道に徹した人といわれています。ただ、中国禅宗史上の中ではそれ程目立つ存在ではありません。当時、確か六十三才であった如浄は、自ら率先して夜は午後十一時頃まで坐禅を続け、朝はまだ暗い午前二時半頃には既に坐禅していたそうです。

道元は、自分の全てを投げ捨ててこの人に追随していきます。老いたりといえども如浄の弁道は尋常一様のものではありません。誰も、如浄が横になって寝たところを見たことがないそうです。如浄は、大衆を前にして言うのです。「私は、十九才の時から一日一夜も坐禅をしない日はなかった。住職となる前から故郷の人と話などしたこともない。それは坐禅のための時間がおしいからである。修行中は自分の足を止めた僧堂から出たこともない。老僧や役寮たちの所へ行ったことなど決してない。ましてや物見遊山などとんでもない。そんな修行の邪魔になることなどしたこともない。禅堂、あるいは坐禅のできる静かな高い建物の上や物陰を求めて坐禅した。いつも坐禅をするための坐蒲を持ち歩いて、時には岩の上でも坐禅をした。私は、釈尊の極められた金剛座を坐りぬくのだという気概を持って坐禅した。時には尻の肉が爛れ破けることもあったが、そういう時にはなおさら坐禅に励んだ」。如浄の声は、あくまでも静かであったが、この坐禅をその当時の天童山の修行僧に課したのです。坐禅中に居眠りでもするようなことがあれば、如浄は自分の拳骨や履いていた木靴ですさまじい勢いでなぐりつけ、蝋燭を煌々とつけて眠気をさまさせたといいます。しかし、この如浄のあまりにも厳しい参禅の仕方に、修行者、特に役寮から不平が続出し、侍者が「坐禅の時間を短くしてください」と伝えると、如浄は「無道心のものが僧堂で坐禅をすれば坐禅の時間などどいくら短くても眠る。本当に道心のあるものはいくら長くても喜んで坐禅するものだ」と言って一蹴したといいます。

しかし、ある時、如浄は「私は、年老いた。そろそろ草庵を結んで老後の生活に入ってもいい。しかしこの寺の住職という責任ある地位にある以上、修行者諸君の迷いをさまさねばならない。諸君の仏道修行を助けるために、私は叱りつけたり、怒鳴ったり、拳をふるったり、竹篦で君たちを打ちのめすことも敢えてする。だが、こうしたことをするのは仏の子である修行者諸君に対して大変に申し訳なく、誠に恐れ多い。このようなことはしたくはない。しかし、これは私が仏に成り代わってすることである。それゆえに、修行者諸君、どうか慈悲をもって許したまえ」と言ったといいます。その後、この僧堂の修行者たちは、如浄の慈悲あふれる誠実さに感動し、如浄に打たれることを喜びとしたと言います。それまでの天童山の宗風が一変していきます。これは、私が書いたわけではなく、『正法眼蔵随聞記』に書かれてあることを私が訳出しただけの話です。ですから、道元はそういう人の下で本当の修行のすごさ、人間のすごさというものを肌で感じ、「たとえ厳しい修行で病気になって死ぬことがあろうともこの師の下でひたすら坐禅に励もう」と決意するのです。

そんな時、道元が、師匠と仰ぎ日本からともにやって来た明全が四十二才で亡くなります。明全の無念さはいかばかりのものであったのでしょう。道元は、明全の無念さをかみしめながら荼毘に付し、三百六十余りの骨を拾いあつめます。道元は、後日、それを日本に持ち帰り、建仁寺の開山堂の横に埋めました。今でもお墓があります。さて、明全が亡くなると、中国へやってきた責任の重さというものが急激に道元にのしかかってきたと言って良いのではないでしょうか。道元は、如浄の下で参禅に励めば励むほど、さまざまな想いや疑問が去来し、それらの一つ一つを解決するためにはどうしても正師如浄に直に教示して貰うほかなく、その想いが日増しに強くなり、遂に書状をもって破格の個人指導といったものを願い出ます。それに対する如浄の返答は「道元よ、君は今から後、昼夜を問わずいつでもよい。お袈裟を着けようが着けまいが、方丈に来て仏道について質問してよい。私は父が子を許すようにして君を迎えよう」という慈慮あふれるものでした。それからというもの、道元は寸暇を惜しんで如浄の方丈を訪れ、疑問とするところを尋ねることになります。それは「教外別伝（きょうげべつでん）」のことから、日常の過ごし方、坐禅の仕方にいたる、非常に事細かなことにまで及びます。道元は、後にそのやりとりを『宝慶記（ほうきょうき）』としてまとめております。が、これは、道元の唯一の入宋記録とも言えるものですが、これは純然たる求道の記録ですから極めて実際的な修行に関する問題に限られ、それは実に四十項目に及びます。

そして、明全が亡くなって一ヵ月半後の宝慶元年（一二二五）の夏安居も終わりに近づいたある日の明け方の坐禅の時です。道元の隣で居眠りをしていた僧に向かって、如浄が、「坐禅は一切の執着を捨ててしなければならないというのに、居眠りをするとは何事か」と大喝をし、履いていた木靴を脱いで殴りつけました。その傍らで坐禅に没頭していた道元は、この如浄の一喝を聞いて豁然と大悟に至るのです。如浄のこの一喝が、道元の身体を突き抜けました。道元は時空を超越し、その瞬間、まさに自分が諸仏となって無限の境地を飛翔したのです。それまで自分の心をがんじがらめにしていた肉体と心が諸仏とともに軽やかに乱舞し、今まで、自分の眼の前に厳然と立ちはだかっていた全てのものが道元に語り出したのです。道元は、本当の仏のとなったのです。道元は確信したはずです。これが如浄の言う「身心脱落（しんじんだつらく）」である、と。そして、道元は、夜が明けるのを待って如浄の方丈を訪れます。如浄は既に分かっていました。が、何のための焼香かと聞くと、道元は「身心脱落いたしました」と答えました。私の尊崇する鶴見大学の高崎先生は、かつて心は塵だと言うので、私は「先生、塵じゃないと思います」と食ってかかったことがありますが、「身心脱落」です。自分を束縛していたあらゆる我執、束縛、煩悩などから抜け出て捕らわれのない世界、無碍の世界に至ったそのときの心境を報告したわけです。

これを聞いた如浄は頷きながら、「身心脱落、脱落身心」と言います。坐禅の究極においては我々の身心は既に身心を離れ、身心は脱落以外にはないということです。そして、道元のこの境地を認めたわけです。道元が「自分の悟りの境地は本物であるかどうかを点検してください」と頼むと、如浄は、「印可はおろそかに与えるものではない」と厳粛に答えます。道元がなお「おろそかに印可しないというのはどういうことですか」と聞くと、如浄は「脱落、脱落」というのですね。これは身心が脱落したということすら忘れてしまいなさいという意味で、道元の大悟を認証したということになるわけです。そして、大悟の日から二ヵ月程たった宝慶元年（一二二五）の九月十八日に至って、方丈において道元に「仏祖正伝菩薩戒脈」が如浄から正式に授けられることになるわけです。

十四才にして大乗仏教の中心思想が内包していた矛盾に目覚め、比叡山を離れて新たな求法の道を進んで来た道元の目的がようやくここにおいて達成するということになります。道元は、後にそれを「一生参学の大事、ここにをはりぬ」と書き記します。しかしながら、さとりを開いたからと言って、そこですべてが終わりというわけでは決してありません。道元が、出家し比叡山時代から抱いていた疑問は、先程言いましたように「本来本法性天然自性身……」ということです。そこから問いつめて「人は生まれながらにして仏であるとしながら、なぜ修行しなければならないか」という疑問になったわけですが、この「身心脱落」ということで、確かに人間には生まれながらにして豊かな仏性が具わっているが、その仏性は修行しないことには実現しません。さらに、たとえその仏性が実現したとしても、それを実証しなければ確かにそのとおりであるということが体認、つまり体で認証されないわけで、道元は、修行そのものが、そのままさとりの証なのであるとして、「只管打坐」を標榜します。

それは何故かと言うと、普通、一般的な考え方では、修行とさとりは全く別物としますが、道元は、正伝の仏法においては、修行とさとりとは全く一つである、とするところに基づきます。修行とは「証上の修」つまりさとりの上の修行であるから、初心の弁道修行そのものが本来のさとりの完全な姿である。それゆえただ修行すべきで、修行のほかにさとりがあることを期待してはならない。それは坐禅そのものが、さとりの姿を直接あきらかにする本来のさとりの証拠そのままを示しているからである。さとりは、もともと修行とともにあるのだから、修行に限りがないように、さとりにも終わりがない。それなのに、修行とさとりは別物であるとして、修行はさとりを得る手段であるとか、また、さとりを目的とした修行は誤りである。修行そのものが、そのままさとりの証なのであるとして、道元は、「仏法には修証これ一等なり、いまも証上の修なるゆえに、初心の辦道すなわち本証の全体なり」（『辦道話』）と主張します。が、しかし、それのみでは修行のみしていればさとりなどどうでもよく、修行さえしていればそれだけでよいとも誤解されかねない。そこで道元は、修行とさとりについて、如浄膝下で得た真髄をさらに「不染汚の修証」と表現することになります。これは、帰国後に、立宗宣言とも言える『普勧坐禅儀』によって坐禅の根本義を、さらに『辦道話』によって坐禅の本質を詳述することによって明らかにされていきます。

さて、大分時間も迫ってまいりましたので、皆様方のお手もとの最終ページの最後に「空手還郷（くうしゅげんきょう）」ということが書いてありますが、これについて説明しましょう。

嘉禎二年（一二三六）のことです。中国より帰って来た道元は三十七才。大悟されてから十年後ということになります。この年の十月十五日、道元は、日本で最初の「上堂」をされます。上堂というのは禅林で、その住職が修行僧に対してする正式の説法を言います。中国禅宗の正式な説法はこの上堂で行われるのです。それでは『正法眼蔵』は説法ではないのかといいますと、これは勿論、説法の一種ではありますが、私はさとりの教科書であると思っております。というのは、道元が帰ってきた時、禅のさとりの実態と申しますか、そういう概念が、と言うよりは、それを日本語で説明したものは当時日本に全くありませんでした。そこで、それを説明するために、道元は当時の和語を用いてさとりを説いていった、それが『正法眼蔵』です。それとは別に、道元には、弟子たちが編纂した道元の語録である『永平広録』があり、その大部分を占めるのが上堂語なのです。私は、道元の仏法を理解するためには、勿論、『正法眼蔵』は最も大事なものですが、『永平広録』を無視しては正鵠を欠くと常に主張しているのですが、その件については、またの機会に譲らせていただきます。

さて、「空手還郷」についての上堂を『卍山本』で訓読してみます。

師、嘉禎二年丙申十月十五日において、始めて当山に就いて、開堂拈香、聖を祝し罷って、上堂。山僧叢林を歴ること多からず。只、是、等閑、天童先師に見えて、当下に眼横鼻直なることを認得して、人に瞞ぜられず、便乃、空手にして郷に還る。所以に一毫も仏法無し。任運に、且らく時を延ぶ。朝朝日は東より出で、夜夜月は西に沈む。雲収って山骨露われ、雨過ぎて四山低る。畢竟、如何。良久して曰く、三年、一閏に逢い、鶏は五更に向かって啼く。久立下座。

これを現代語にしてみますと、次のようになります。

道元禅師は、嘉禎二年（一二三六年・丙申の歳）の十月十五日に、始めてこの興聖寺において、祝国開堂され、香を拈じ祝聖されて、上堂されて次のように言われた。

山僧（わたし）は、あちこちと叢林を遍歴し、その生活を多く経験したわけではない。ただ、はからずも、先師天童如浄禅師に相見させていただいたのみである。しかしながら、その場で、眼は横に鼻は真っすぐについているというごく当り前のことを認得しえたのであって、天童如浄禅師に、仏法とはそういうものだとだまされたわけではない。天童如浄禅師がかえって、山僧にだまされて仏法とはそういうものだと教え示されたのである。そして、つい近年、そこで、手に何も携えずに郷に還ってきたのである。それゆえに、山僧にはいささかの仏法も無い。

ただ、何のはからいもなく、時の過ぎ行くままに身をゆだねているのである。

朝な朝なに太陽は東より出て、夜な夜な月は西に落ちて沈んで行くように……。風が止んで雲が消えると山谷のざわめきも静まり山肌が鮮やかに露われ、雨雲が通り過ぎ、雨がやむとあたりの山々が低くその姿をあらわす。つまり、結局のところはどうだというのだ、それこそが仏法の真実のありようではないか。

と、言われて、禅師は、しばし沈黙されておられてから、つぎのように言われた。

三年に一度は閏年が巡って来るものだし、鶏は明け方（五更・午前四時頃）には鳴いて時を告げるものだ。長いあいだ立たせたままで、お疲れ様であった、と言われて、禅師は説法の座から下りられた。

これが道元の言われた「空手還郷」の出典です。

しかしながら、この言葉は、一番古いとされる『祖山本永平広録』の一番初めに言われているわけではありません。そこでは順番から言うと四十八番目でした。では、この「空手還郷」がなぜ道元の言葉としてこのように有名になったかと言いますと、それは、道元没後十一年、文永元年（一二六四）、寒巌義尹という人が、編纂なった『永平広録』十巻を携えて、如浄禅師の下で道元と同安居であった無外義遠の所へ行き、校閲を求めたところ、十巻本を一冊にダイジェストします。それが、延文三年（一三五八）に『永平元禅師語録』として開版されます。それを『永平略録』と略称しますが、その時一番初めに載せられていたのが、『祖山本』では四十八番目であったものがまず第一になっているのです。それ以来、この『永平略録』のみが道元の語録と信じられていたのですが、江戸時代になって卍山道白という人が、『永平広録』十巻本を、それに基づいて修復します。道元禅師には『正法眼蔵』だけでなく、『永平広録』という大部な語録があるということが、これによって知られることになるのですが、これを『卍山本永平広録』と呼んでいますが、その一番初めにも出ています。『祖山本』が発見される、つい近年までは、『卍山本』しか知られていなかったわけですから、私も含め先輩たちは、道元の最初の言葉はこの言葉だと思っていました。ところが、永平寺にある『祖山本』はそうではありません。詳しくはまた機会があればお話し申し上げますが、この言葉の背景には、そのような事情があります。

さて、最後になりますが、道元の求道の旅路を結論的に申し上げるならば、これは、その都度その都度、目の前に現れてくる先輩僧たちを次々と否定し去っていく旅であったとも言えるでしょう。現代風に言えば、まさに自分の確たる存在を確かめる、自分捜しの旅といっても過言ではないと思います。自分では、どこかで自覚し、確かに分かってはいるようなのですが、はっきりしない、それが自分自身のポケットの中に入ってはいる。しかし、その存在をはっきりと認識し、確実に自分のものにすることができない。つまり、道元の旅路は、本当の自分自身を探しに行き、そこにはっきりと自己を確立するという旅路であったということもできると思います。

それから、先程から色々なことをお話ししましたが、道元はカルチャーショックを受ける度に感涙にむせんだといいます。感動をして涙を流したというわけです。それを聞いたある学者が、

「道元という人は感激屋だからな」と言いましたが、勿論その通りです。ですが、何にでも感激したわけではなく、道元は根本的に、求道についての自分が知らないこと、初めて体験することなどに極めて素直に直截的に反応するまことに鋭い感性を持っていて、そして、そこのところを、自分の真実の心の奥から出て来る言葉をもって記しているのです。それは、道元の精神を、全身全霊を震わせるもので、単なる感動ではありません。そうした鋭い感性の持ち主であるからこそ大悟に至り、後に自分自身の独自の言葉で示衆する『正法眼蔵』になり、そしてそれを完結させる上堂語ということになるわけです。

それでは、道元の仏法を一言で表わすとすれば何と言えばいいでしょうか。

道元は、鎌倉から帰って来て、その翌日、早くも上堂をされます。それは、宝治二年（一二四八）三月十四日のことですが、その上堂で、道元は、「明得・説得・信得・行得」ということを言います。道元は「私が、鎌倉で説いてきたのは、善行をなすものは一切の迷いを離れてさとりを開き、悪行をなすものは苦しみの世界に落ちるという事実、仏法の因果の道理のみである。したがって、まよいを投げ捨てさとりを得ることが一番重要なのである。そのように説いたのは、私が、確実に明らかにさとり（明得）、正しく十分に説明することができ（説得）、明らかに疑いもなく身につけ信じ（信得）、さらにそのまま、それをきちんと行じてきた（行得）ことがあるからなのである」といっていますが、これほどに、自分の仏法を簡潔な言葉で表現した人がいるでしょうか。

さて、では、現代において、我々が道元の仏法をどう受け継いでいくか。それは道元がそうであったように、果てしなき求道の旅路を、限りなき求道の旅路を我々も受け継いでいくということになろうかと思います。

今日は、取り留めもない話になり、時間も少しばかり超過しましたことをお詫び申し上げて、終わらせていただこうと思います。ご静聴ありがとうございました。

（平成十五年六月十八日）

晩年の道元の坐禅観

竹村牧男（たけむらまきお）

はじめに

春秋社版『道元禅師全集』第四巻の、『永平広録』の解題の中で、鏡島元隆はその『永平広録』と『正法眼蔵』との関係について次のように述べている。

まず、行実の上からして言うと、『永平広録』の上堂と『正法眼蔵』の示衆との間には補完関係が存在している。すなわち、寛元元年（一二四三）後半から寛元二年にかけては『正法眼蔵』の示衆がもっとも多く、『永平広録』の上堂回数は少ないが、寛元四年以後は『正法眼蔵』の示衆は「出家」のみであるのに、『永平広録』の上堂回数はもっとも多いのである。晩年の禅師においては、『正法眼蔵』の撰述は急速に減少し、『正法眼蔵』は前に撰述されたものの再治および新草等の撰述に力が注がれたのであって、『正法眼蔵』の示衆のなくなった分、『広録』の上堂がこれを補っているのである。これによってみれば、『正法眼蔵』

の示衆が終了した寛元四年から示寂までの道元禅師の思想の動向を示す主なものは、『永平広録』の上堂の記録であって、『永平広録』の後半の上堂語は道元禅師の晩年の思想を明らかにするものとして、貴重な資料である。

このような事情があるのであれば、我々は晩年の道元の思想の内実を探ろうとするとき、その上堂こそに目を向けるべきであろう。

今の解題の初頭には、『永平広録』の構成に関して、次のように示されている。

	説処	説時	内容
巻一	興聖寺	嘉禎二年―寛元元年	上堂
巻二	大仏寺	寛元元年―寛元四年	〃
巻三	永平寺	寛元四年―宝治二年	〃
巻四	〃	宝治二年―建長元年	〃
巻五	〃	建長元年―建長三年	〃
巻六	〃	建長三年―建長三年	〃
巻七	〃	建長三年―建長四年	〃

巻八　興聖・大仏・永平　嘉禎二年―建長四年　小参・法語
巻九　興聖寺　　　　　　　　　　　　　　　頌古
巻十　宋地―永平寺　　　貞応二年―建長四年　真賛・偈頌

これを見れば、大仏寺以降、とりわけ永平寺以後の上堂がいかに多く採録されているかが知られよう。この『全集』のテキストによると、

興聖寺の上堂　一～一二六　　　計一二六回
大仏寺の上堂　一二七～一七六　計　五〇回
永平寺の上堂　一七七～五三一　計三五五回

となる。圧倒的に大仏寺―永平寺の上堂の方が多いのである。前の解題にあったように、寛元四年以降は、もっぱら上堂において自己の思想を表明し、『正法眼蔵』への関与はほぼ希薄になったというほかないであろう。確かに晩年の道元の思想は、『永平広録』寛元四年以後の上堂に探られるべきである。

しかしこれらの上堂を読むとき、いかにも禅僧の言葉らしく、なかなかに難解である。私なりに意味を推察してみても、それが道元の真意にかなっているのかどうなのか、はなはだ心もとな

い。禅道をみっちり修証しないかぎり、とうてい腑に落ちうるものではないであろう。

そうであるとしても、晩年の道元の思想を解明することは、この上堂の真意に迫ることなしにありえない。私自身は、今後、時間をかけてこれらを読みこみ、道元の本心にふれていきたいと念う。

小稿では、その中、わずかに道元の坐禅観に関して、もっぱら寛元四年以降となる永平寺においての上堂に限定して、いささか検討してみたい。只管打坐は道元の禅の根本であり、道元は帰国当初からこのことを強調していた。はたして、晩年の道元は坐禅についてどのように説いていたのであろうか。

一　坐禅の強調

いよいよ永平寺という本格的な禅院がととのって、道元は自ら宋において体験してきた禅の修証を、そのままにその地に実現したかったであろう。したがって、坐禅修行の重要性を強調することは当然のことであった。永平寺上堂において、しばしば道元は坐禅の実修を督励している。今、そのいくつかを掲げてみよう。

304 上堂。大衆、それ学道は大だ(はなは)容易ならず。所以に、古聖先徳、善知識の会下に参学し、粗二三十年を経て究弁す。雲巌・道吾は四十年弁道し、船子和尚は薬山にあること三十年、ただ箇の事を明らめ得たり。南嶽大慧は曹谿に参学すること一十五年、臨済は黄檗山にあって松杉を栽えること三十年にしてこの事を弁ず。然れば則ち当山の兄弟、須く光陰を惜しんで坐禅弁道すべきものなり。諸縁に牽かるることなかれ。諸縁にもし牽かるれば、塵中の俗家にあって空しく寸分の時光を過ごすものなり。挙頭弾指、歎息して、須く寸陰分陰の空しく過ぐるを惜しむべし。これ則ち為(これ)法身を惜しむなり。為(これ)坐禅を惜しむなり。……

ここには、「当山の兄弟、須く光陰を惜しんで坐禅弁道すべきものなり」とある。古聖・先徳も、二十年・三十年かけて修行なされたのだといって、会下の修行者を励ましている。道元は最晩年に至るまで、修行者を叱咤激励して、坐禅にとりくむよう説くのであった。

また、仏仏祖祖の仏道の家風を説く、次の上堂がある。

432　上堂。仏仏祖祖の家風は、坐禅弁道のみなり。先師天童云く、「跏趺坐は乃ち古仏の法なり。参禅は身心脱落なり。焼香・礼拝・念仏・修懺・看経を要いず、祇管打坐せば始て得(よろ)し」と。それ坐禅は、乃ち第一に瞌睡することなかれ。これ刹那、須臾なりといえども、猛壮を先となす。祖師云く、「一(ひと)りの小阿蘭若のごとき、独り林中にあって坐禅して、しかも懈怠を生ぜり。林中に神あり、これ仏弟子なり。一の死尸の骨の中に入って、歌儛して来る。この偈を説いて言く、『林中の小比丘、何をもって、懈怠を生ずる。昼来るにもし畏れずんば、夜当にさらにまた来るべし』と。この比丘は驚き怖れ、坐を起ちて、内に自ら思惟し、中夜にまた睡る。この神はまた現じて、十頭の口の中より火を出す。牙爪、剣のごとく、眼の赤きこと、炎のごとし。顧み語げて、将に、これを従え捉えんとしていう。『懈怠の比丘よ、このところにて、懈怠すべからず。何をもっての故に爾るをや』と。時にこの比丘は、大いに怖れ、即ち起って思惟し、専精に法を念じて阿羅漢道を得たり。これを自強精進と名づく。不放逸の力にて、能く道果を得たるなり。」誠なるかな誠なるかな。勧励あらんがごときは、即ち能く精進し、弁道坐禅して、大事の因縁を成熟するなり。また世尊の在世に一りの比丘あり。十四難の中において思惟・観察すれども、通達すること能わず。心に忍ぶこと能わず、……

近日、我等、聖を去ること時遠し、悲しむべし歎くべし。然る所以は、如来涅槃より二千余年、人の箭を抜くことなし、また仏弟子の林神となりて我が儻を勧励することなし。これを如何せん。かくのごとくなりと雖然も、虚しく今時の光陰を度るべからず。応当に頭燃を救って坐禅弁道すべきものなり。仏仏祖祖、嫡嫡面授して、坐禅を先となす。これに因って、世尊、六年端坐して弁道す。乃至、日日夜夜、坐禅を先とし、然る後、説法するなり。嵩嶽の曩祖、九年面壁して、而今、児孫世界に遍満せり。乃至、当山に仏祖の大道を伝来するは、則ち時の運なり、人の幸いなり。何ぞ弁ぜざらんや。坐禅は身心脱落なり。四無色にあらず、また四禅にあらず、先聖なお識らず、凡流あに図るべけんや。如し人ありて問わん、作麼生（いかん）がこれ永平の意と。祇だ他に道うべし、夏に入っては開く、日に向う蓮。伊もし道わん、這箇はこれ長連牀上に学得せる底（もの）、仏祖向上また作麼生（いかん）と。良久して云く、鼻は臍と対し、耳は肩に対す、と。

途中、はしょったにもかかわらず、ずいぶん長い引用になってしまったが、それだけこの時の上堂には道元の熱意がこめられていたということである。中にいくつか重要なテーマがあるが、坐禅の強調という点に絞ってみても、「それ坐禅は、乃ち第一に瞌睡することなかれ。これ刹那、須臾なりといえども、猛壮を先となす」とあり、「かくのごとくなりと雖然も、虚しく今時の光陰を度るべからず。応当に頭燃を救って坐禅弁道すべきものなり」とあり、そして「乃至、当山に仏祖の大道を伝来するは、則ち時の運なり、人の幸いなり。何ぞ弁ぜざらんや」とある。林神が懈怠の比丘を大いに勧励したとき、その比丘は「大いに怖れ、即ち起って思惟し、専精に法を念じて阿羅漢道を得たり。これを自強精進と名づく。不放逸の力にて、能く道果を得たるなり」と示すのも、道元自身の心からの勧励以外の何ものでもないであろう。

最後に、長連牀上ではない、仏祖向上の立場においての坐禅観を語って、ただ簡単に、「鼻は臍に対し、耳は肩に対す」と道うのみであるのも、かえってどこまでも只管打坐以外に仏道はありえないことを示してやまないものである。

さらに次の上堂もある。

451　九月初一の上堂。功夫猛烈、生死に敵す。誰か愛さん世間の四五支。縦い少林三拝の古を慕うとも、何ぞ忘れん端坐六年の時。恁麼見得せば、永平門下、また作麼生が道わん。良久して云く、今朝これ九月初一。板を打ちて坐禅するは旧儀に依る。切に忌むらくは、(昏)睡と、疑いを除かんと要むることなり。瞬目および揚眉せしむることなかれ。

この上堂は、かなり簡潔であるが、そこに道元の策励の意があふれ出ている。功夫猛烈であってこそ、生死の苦海を渡ることができる。一瞬も集中をとぎらすことなく坐禅にまい進せよというのである。「板を打ちて坐禅するは旧儀に依る」とは、単に古来の様式に順ずるということではなく、法灯を相承してきた祖師方の猛烈精進の行持を嗣ぐということでもあるであろう。

もう一つ、祖師の行履に思いをはせ、坐禅の功徳を最大限、讃歎する上堂がある。

482　上堂。仏法二度震旦に入る。一つには跋陀婆羅菩薩伝来して、瓦官寺にあって秦朝の肇法師に伝う。一つには嵩山の高祖菩提達磨尊者、少林寺にあって斉国の慧可に伝う。肇法師の伝、今既に断絶し、可大師の稟授、九州に弘まる。我が儻、宿殖般若の種子に酬いて、殊勝最上の単伝に値いて修習することを得たり。当に頭燃を救って精進すべし。仏言く、「二人の罪人あり。謂く、一人は三千大千世界の衆生を殺し、一人は大智慧を得て、坐禅の人を罵謗す。二人の罪、何かこれ重き。」仏言く、「坐禅の人を毀謗するは、なお三千大千世界の衆生を殺すものよりも勝ぎたり」と。測り知りぬ。坐禅、その功徳、最勝甚深なることを。乃ち云く、在単多劫参禅の客、還た見るや一条の拄杖の烏きことを。正当恁麼の時、さらに脱落底道理あり也無。良久して云く、将謂えらく、胡の鬚赤しと。さらに赤鬚胡あり。

道元は自らの禅を、「殊勝最上の単伝」という。それなればこそ、「当に頭燃を救って精進すべし」と説く。この言葉は、他の上堂にもしばしば見られるところである。一方、道元は仏の「坐禅人を毀謗するは、なお三千大千世界の衆生を殺すよりも（罪の重さは）勝ぎたり」というやや物騒な言葉を引きつつ、「測り知りぬ、坐禅、その功徳、最勝甚深なることを」と説く。ここに道元の思いのすべてがこめられていることであろう。

以上、いくつかの上堂に、道元が坐禅をどこまでも評価し、ひとえにこの道のみを勧め励ましている様子を見ることができた。道元が只管打坐をどこまでも尊重していたことは、最晩年に至ってても何ら変わりはなかったであろう。このことは、道元の禅の脊梁を構成しているのである。

私は、これらの上堂を読むにつけ、『正法眼蔵随聞記』の伝える道元の懇篤な激励（たとえば巻三、二十の二）を想起せずにはいられないのである。

二　仏仏祖祖の坐禅

坐禅は、釈尊以来の悟道への行法であり、多くの仏教が唱えられていく中で、種々の坐禅も説かれることになったであろう。しかし道元は、自ら伝える坐禅は、仏仏祖祖が相承してきた坐禅であるという。「仏仏祖祖の坐禅」(389)の語もあり、またすでにこれまで引用した上堂の中にも、「仏仏祖祖の家風」(432)、「仏祖の大道」(432)、などとあった。一体それは、どのような特質をもったものなのであろうか。このことに関して、少し探っておこう。まず、次の上堂がある。

390　上堂。衲子の坐禅は、直須端身正坐を先とすべし。然して後、調息、致心す。もしこれ小乗ならば、元より二門あり。いわゆる数息と不浄なり。小乗の人は、数息をもって調息となす。然而れども、仏祖の弁道は永く小乗と異なれり。仏祖曰く、「白癩の野干の心を発すといえども、二乗の自調の行を作すことなかれ」と。その二乗とは、如今世に流布する四分律宗、倶舎宗等の宗、これなり。大乗にまた調息の法あり。いわゆる、この息は長く、この息は短しと知る。乃ち大乗の調息の法なり。息は丹田に至り、還た丹田より出づ。出入異なりといえども、倶に丹田に依って入出す。無常暁らめ易く、調心得易し。先師天童云く、「息入り来って丹田に至る。然りといえども、従り来るところなし。所以に長からず、短かからず。息、丹田より出で去る。然りといえども、去るところを得ることなし。所以に短かからず、長からず」と。先師既に恁麼（かくい）道う。永平に或（も）し人あって問わん、和尚、云何が調息する、と。ただ他（かれ）に向って道わん。大乗にあらずといえども小乗と異なる。小乗にあらずといえども大乗と異なる、と。他また、畢竟じて如何、と問うことあらば、他に向って道わん。出息・入息、長からず、短かからず、と。あるもの百丈に問うことあり。「瑜伽論、瓔珞経は大乗の戒律なり。何ぞ追随して行ぜざるや」と。百丈曰く、「吾が宗とするところは、大小乗に局るにあらず、大小乗に異なるにあらず、当に博約折中して制範を設けて、その宜しきを務むべし」と。百丈、恁麼（かく）道う、永平は即ち然らず。作麼生がこれ大乗。馬事到来す。博せざるや、極大、小に同じ。約せざるや、極小、大に同じ。吾、折中せず、驀然として大小を脱落す。既に恁麼（かくのごとく）なることを得たり。向上またかつ如何。良久して云く、健なれば即ち坐禅し、瞌睡することなし。飢え来れば喫飯し、大いに飽くことを知る。

ここはめずらしく坐禅の具体的な仕方が示唆されている箇所である。先師天童もさらには百丈も、小乗でも大乗でもない立場で坐禅を見ている。おそらく道元もまた、その立場を否定するわけでもないであろう。しかし道元は独自に、小乗にも大乗にも限定されない立場について、「驀然として大小を脱落す」といっている。大乗も小乗も脱落するという表現は、道元の実体験に親しいものであったのであろう。しかも向上の地平では、何もむずかしい論議は一切ないかのように、ただ「健なれば即ち坐禅し、瞌睡することなし。……」と言うのみであった。

ともあれ、仏仏祖祖の坐禅は、二乗・大乗を超えたものと考えられる。

その辺をさらに明らかにするのが、次の上堂である。

437　上堂。それ仏法を学ぶ漢、用心身儀、太だ容易からず。凡夫・外道、倶に坐禅を営む。然れども凡夫・外道の坐禅は、仏仏祖祖の坐禅に同じからず。然る所以は、外道の坐禅は邪見・著味・憍慢ある故なり。もしその解会、外道に同じければ、身心苦労すといえども終に益なし。況や逆人・闡提等に同じくば、あに仏法の身心あらんや。……これをもって当に知るべし、邪見なからんと要せば、道うことなかれ謂うことなかれ、善悪の報応なし、何れのところに悪ありや、悪は何くより生ずるや、誰かこの悪を作して当にその報いを受くべきと。もし恁麼(かくのごとく)道わば、則ち邪見なり、必ず仏法の身心を断絶せしむるなり。もし仏法の身心を断絶せば、仏祖の坐禅弁道を得ざるなり。先師天童道く、「参禅は身心脱落なり」と。既に身心脱落を得たり、必ず邪見・著味・憍慢なし。祈祷、祈祷。

仏祖の坐禅弁道は、当然、凡夫・外道のそれとは異なることであろう。外道の坐禅とは、どのようなものであろうか。道元は、「外道の坐禅は邪見・著味・憍慢ある」ものと指摘する。邪見は、誤った見解を有することである。著味は愛着の心を生じることである。憍慢は、うぬぼれ、他に対し優越感を持つことである。我々が坐禅を実修するとき、案外、おちいりやすい情識である。

この中、邪見は特に、因果応報を否定すること、悪を否定することとして説かれている。道元は絶えず善悪に報いがあることを強調している。どこまでも専一に修行すべきであるとの立場をくずさない。

では道元にとって善とは何か。もちろん仏仏祖祖の禅の修証であろう。ではそれはどのようなものなのか。外道の坐禅と異なって、邪見・著味・憍慢のないような坐禅に他ならない。そのことを実現するのが、身心脱落の坐禅ということである。このことは別途、検討してみたいと考えるが、仏仏祖祖の坐禅とは、身心脱落の坐禅であるが故に、邪見・著味・憍慢のないような坐禅なのであった。

今のことに関連して、次の上堂もある。

516　上堂。龍樹祖師曰く、「坐禅は則ち諸仏の法なり。しかるに外道もまた坐禅あり。然りといえども外道には、著味の過あり、邪見の刺(そしり)あり。所以に諸仏、菩薩の坐禅には同じからず。二乗・声聞もまた坐禅あり。然りといえども二乗には、自調の心あり、涅槃を求むるの趣あり。所以に諸仏、菩薩の坐禅には同じからず」と。師云く、龍樹祖師、既に恪(かく)道う。須く知るべし、二乗・外道には坐禅の名ありといえども、仏祖相伝の坐に同じからず。近代宋朝諸山の杜撰の長老等、未だこれらの道理を知らず。蓋しこれ仏法の衰微なり。兄弟、須く知るべし、祖師はただ仏法の正脈を伝えて、面壁坐禅す。後漢の永平より以来、依文解義の坐ありといえども、まったくその儀なし。ただ独り祖師の伝うるのみなり。誠にこれ仏法の親伝なるものか。面壁坐禅は仏祖の伝なり。外道・二乗の禅に同じからず。機先に開き得たり、機先の眼、譬ば臘月の火中の蓮のごとし。

ここには、すでに前に引いた上堂の中に述べられていたことが、くり返し説かれていよう。しかも外道の禅だけでなく、二乗・声聞の禅の欠点についても触れられている。これに対し、仏祖相伝の坐禅の内容については、面壁坐禅という以外、特に述べられていない。最後にその本質を示す語がおかれてはいるものの、その意は難解である。ともかく、仏仏祖祖の坐禅は、外道や二乗の坐禅の問題をはるかに超えたものであることはまちがいないであろう。道元の禅は、「ただ独り祖師の伝うる」ものであるがゆえに、他の当時の宋朝の諸山の禅とも異なるものとされるのであった。

三　身心脱落の坐禅

前に見ていたところ(437)に、「参禅は身心脱落なり」の語があった。このことこそ、道元の坐禅の本質を言いあてるもののようである。道元は昔からこのことを唱え、そして最晩年の上堂においてもしばしば言及するのであった。

たとえば、「弁道話」には、次のようにある。

宗門の正伝にいはく、この単伝正直の仏法は、最上のなかに最上なり。参見知識のはじめより、さらに焼香・礼拝・念仏・修懺・看経をもちゐず、ただし打坐して身心脱落することをえよ。

ここでは、「参禅は身心脱落なり」というのではなく、「ただし打坐して身心脱落することをえよ」とある。そのニュアンスは微妙な違いがあるであろう。あえて言えば、始覚門的と言えよう。

『普勧坐禅儀』では、次のようにある。

所以に須らく言を尋ね語を逐ふの解行を休すべし。須らく回光返照の退歩を学すべし、身心自然に脱落して、本来の面目現前せん。

ここでは、身心が脱落して、本来の面目が現前するとある。いわば悟りを開くということと同等のこととして、身心を脱落するということがはっきり説かれていると思う。これもどちらかと言えば始覚門的である。

一方、『宝慶記』には、次のようにある。

堂頭和尚示して曰く、参禅は身心脱落なり、焼香、礼拝、念仏、修懺、看経を用ひず、祇管に打坐するのみ。

拝問す。身心脱落とは何(いかん)。

堂頭和尚示して曰く、身心脱落とは坐禅なり。祇管に坐禅する時、五欲を離れ、五蓋を除くなり。

ここでは、明らかに「参禅者、身心脱落也」とあり、「祇管打坐而已」とある。坐禅して身心脱落する（悟りを開く）というより、坐禅がそのまま身心脱落そのもののようである。ここをあえて言うと、本覚門的ということになる。

以上、身心脱落と坐禅とをめぐっては、種々の表現があるのであるが、では、永平寺においての上堂にはどのようにあろうか。

すでに前の引用の中に、「参禅は身心脱落なり。焼香・礼拝・念仏・修懺・看経を要いず、祗管打坐せば始て得し」(432)とあった。これも今までと微妙に異なっているが、どちらかといえば『宝慶記』の表現に近いであろう。また、「坐禅は身心脱落なり」(432)ともあり、さらに、「先師天童道く、『参禅は身心脱落なり』と。既に身心脱落を得たり、……」(437)ともあるのであった。これらからすると、坐禅がそのまま身心脱落の境界そのものというのが、晩年の道元の坐禅観のようである。道元の伝える天童如浄の説は、晩年に至って、「参禅者、身心脱落也」に定着したのだとすると、むしろ『宝慶記』の記述は晩年のものであったのではないかと想像させる。

今はさらに坐禅と身心脱落との関係について見ていくことにしよう。たとえば、次の上堂がある。

306　上堂。身心脱落好坐禅。猛作の功夫、鼻孔穿げたり。業識茫茫として本、拠るべきなし。他にあらず自にあらず、衆生にあらず、因縁にあらず。かくのごとくなりと雖然も喫粥を先となす。

ここの意旨も必ずしも解り易いものではないが、真実は他にあらず自にあらず等にあり、そこが身心脱落の現成している世界で、そこを成就しているのが好坐禅であると言っているようである。つまり身心脱落即好坐禅なのであって、蛇足ながらそれはそのまま日常底にはたらくのである。

また次の上堂がある。

318 上堂。先師、衆に示して云く、「参禅は身心脱落なり」と。大衆、還た恁麼（かくのごとく）の道理を委悉せんと要すや。良久して云く、端坐、身心脱落なり。祖師の鼻孔、空華なり。壁観三昧を正伝するも、後代の児孫、邪を説く。

坐禅に何かあるとして説くのは、邪を説くものなのであろう。ここでも先師は、「参禅は身心脱落なり」と言ったとあり、しかも、「端坐、身心脱落なり」と示されている。坐禅は端的に身心脱落であるという領解であろう。

また次の上堂がある。

337 上堂。大衆、参禅は身心脱落なり。祇管打坐の道理を聴かんと要すや。良久して云く、心、縁ずること能わず、思、議すること能わず、直須退歩荷担すべし。切に忌む、当頭諱に触るることを。風月寒清なり古渡の頭、夜船撥転す琉璃の地。

やはり、「参禅者、身心脱落也」である。その内実を、「心、縁ずること能わず、思、議すること能わず」との句が示唆しているであろう。

さらに次の上堂もある。

449　上堂。坐禅と謂うは、煙雲を坐断して功を借らず。一片に打成して未だ曽て窮らず。身心脱落、何の支体ぞ。あに骨髄の中に相伝すべけんや。既に恁麼ならば、如何んが通ぜん。瞿曇の手脚を奪却して、一挙に虚空を拳倒す。業識茫茫として本なし。種草茎茎として風を発す。

ここも難解ではあるが、坐禅の中に身心脱落が現成していることを述べているであろう。それはそのまま、「一片に打成して未だ曽て窮ら」ざる底の世界であった。

さらにまた、次の上堂もある。

454　上堂。雪峰、衆に示して云く、「望州亭にして諸人と相見し了りぬ。烏石嶺にして諸人と相見し了りぬ。僧堂前にして諸人と相見し了りぬ。」後に保福、鵞湖に挙して問う、「僧堂前は且く置く、什麼のところかこれ望州亭・烏石嶺の相見」と。鵞湖、驟歩して方丈に帰り、保福、便ち僧堂に入る。永平、聊か山偈あり。諸人と相見し了りぬ。大衆、委悉せんと要すや。良久して云く、望州、烏石・僧堂前、諸人と相見することは少縁にあらず。換眼、破顔兼断臂。身心脱落、これ参禅。汝、仏性なし、我もかくのごとし。禅板・蒲団、亦復た然り。恁麼見来れば、還た甚とか道わん。自家の鼻孔、自家穿つ。

今、この上堂の全体の内容を深くは問わない。ともかくここに、「身心脱落これ参禅」とある。このことも、「参禅者、身心脱落也」の別様の表現であろう。

以上から見て、もはや最晩年の道元の坐禅と身心脱落をめぐる思想は明らかであると思われる。いうまでもなく、道元は、坐禅がそのまま身心脱落そのものと考えていたのである。それは、一切のものにとらわれない境界の現成をいうものなのであろう。それであればこそ、凡夫・外道・二乗、さらには大乗の坐禅とも異なるものなのであった。

ところで、坐禅がそのまま身心脱落だとすると、その坐禅の世界はそのまま悟りの世界なのであろうか。これらの上堂を見ていると、道元は同時に坐禅を通路として悟る時機があることも示唆していることに気づかされる。もちろん道元は待悟禅は厳に誡しめていたことであろう。しかし、悟りの体験がありうることも、決して否定してはいないと思われるのである。

すでに前に引用した上堂の中には、「……船子和尚は薬山にあること三十年、ただ箇の事を明らめ得たり」(304)ということも言われていた。また、「勧励あらんがごときは、即ち能く精進し、弁道坐禅して、大事の因縁を成熟するなり」(432)ともあった。大事の因縁とは、悟りを開くことにほかならない。このように、坐禅弁道してやまないといつしか悟りを得る時節があるということも一方で説いている。もちろん修行はそこで終わるわけではない。道は無窮である。しかし、坐禅は身心脱落そのものであるとともに、坐禅して身心脱落しきたる体験を自覚することもありうると言うべきであろう。

そのことについて、次の上堂は明記している。

286　上堂。即ちこの身心、陰聚にあらず。妙存卓卓、あに情縁ならんや。来なく、去なく、声色に応ず。還た我、中を翻して八辺に徒る。対待を亡じて、脚跟地に点ず。何の生滅かあらん。気宇、天を衝く。かくのごとくなりと雖然(いえど)も、言うことなかれ、殺仏、終に果なしと。得仏の由来は、実に坐禅なり。

『正法眼蔵』「坐禅箴」に、「いはゆる、さらに坐仏を参究するに、殺仏の功徳あり。坐仏の正当恁麼時は殺仏なり。殺仏の相好光明は、たづねんとするに、かならず坐仏なるべし。……」とある。殺仏はいわば身心脱落の坐禅であり、すでに坐仏にも等しいのであるが、それにも果があるという。そして「得仏の由来は、実に坐禅なり」（傍点筆者。以下同）と言っている。この文は、坐禅を通して仏果を得ることを明瞭に物語っている。

さらに、次の上堂がある。

319　上堂。仏仏祖祖正伝の仏法は、ただ打坐のみなり。先師天童、衆に示して云う。「汝等、大梅法常禅師の江西馬大師に参ぜし因縁を知る也未(や)。他、馬祖に問う、「云何なるかこれ仏。」祖云く、「即心即仏」と。便ち礼辞し、梅山の絶頂に入りて、松花を食し荷葉を衣て、日夜、坐禅して一生を過ごす。将に三十年にならんとするも、王臣に知られず、檀那の請に赴かず。乃ち仏道の勝躅なり」と。測り知りぬ、坐禅はこれ悟来の儀なり。悟は只管坐禅のみなることを。当山、始めて僧堂あり、これ日本国にて始めてこれを聞き、始めてこれを見、始めてこれに入り、始めてこれに坐す。仏道を学する人の幸運なり。……然れば即ち即心即仏を明らめ得る底の人は、人間を抛捨して深く山谷に入り、昼夜に坐禅するのみなり。当山の兄弟、直須専一に坐禅すべし。虚しく光陰を度ることなかれ。人命は無常なり、さらに何れの時をか待たん。……

言いたいことは、「当山の兄弟、直須専一に坐禅すべし」にある。しかしここに、「測り知りぬ、坐禅はこれ悟来の儀なり。悟は只管坐禅のみなることを」とあるのは重要である。その前半にかんがみれば、今の句の後半は、「悟（を得るの）は只管坐禅のみなることを」の意であろう。さらに、「即心即仏を明らめ得る底」ともある。実際、何らかの肯づき、領解、自覚、了知の事がなければ、ただ坐禅は身心脱落だとしても、自己の宗教的問題の明らかな解決はありえないであろう。その意味で、道元が坐禅に身心脱落しきたる体験があることも認めていたことを忘れるべきではないであろう。

四　非思量の思量

『正法眼蔵』「坐禅箴」は、冒頭、次の問答から始まる。

薬山弘道大師坐次、有僧問、「兀兀地思量什麼。」師云、「思量箇不思量底。」僧云、「不思量底如何思量。」師云、「非思量。」

坐禅は兀兀地の思量であり、不思量底を思量するものであるという。それを一言でいうと、非思量のみということになる。道元は、「坐禅箴」という、坐禅の基準となるべき規則の根本を、この薬山の教えによって定めたのであった。以下、道元の解説をあげておこう。

大師の道かくのごとくなるを証して、兀坐を参学すべし、兀坐正伝すべし。兀坐の仏道につたはれる参究なり。兀兀地の思量、ひとりにあらずといへども、薬山の道は其一なり、いはゆる思量箇不思量底なり。思量の皮肉骨髄なるあり、不思量の皮肉骨髄なるあり。

僧のいふ、不思量底如何思量。まことに不思量底たとひふるくとも、さらにこれ如何思量なり。兀兀地に思量なからんや。兀兀地の向上、なにによりてか通ぜざる。賤近の愚にあらずは、兀兀地を問著する力量あるべし、思量あるべし。

大師いはく、非思量。いはゆる非思量を使用すること玲瓏なりといへども、不思量底を思量するには、かならず非思量をもちゐるなり。非思量にたれあり、たれわれを保任す。兀兀地たとひ我なりとも、思量のみにあらず、兀兀地を挙頭するなり。兀兀地たとひ兀兀地なりとも、兀兀地いかでか兀兀地を思量せん。

しかあればすなはち、兀兀地は仏量にあらず、法量にあらず、悟量にあらず、会量にあらざるなり。薬山かくのごとく単伝すること、すでに釈迦牟尼仏より直下三十六代なり。薬山より向上をたづぬるに、三十六代に釈迦牟尼仏あり。かくのごとく正伝せる、すでに思量箇不思量底あり。

道元は薬山を釈迦牟尼仏より単伝された仏法を行じていると見なしている。その内容は兀兀地の坐禅であり、思量箇不思量底であると認めるのであった。

このことは、『普勧坐禅儀』にも述べられている。そこには、「夫れ参禅は静室宜しく、飲食節あり。諸縁を放捨し、万事を休息し、善悪を思はず、是非を管すること莫れ。心意識の運転を停め、念想観の測量を止めて、作仏を図ること莫れ、豈坐臥に拘らんや」等とあり、さらに、「……兀兀として坐定して、箇の不思量底を思量せよ。不思量底如何が思量せん、非思量、此れ乃ち坐禅の要術なり」とある。実にこのことは、坐禅の要術なのである。

なお、『正法眼蔵』「坐禅儀」では、「諸縁を放捨し、万事を休息すべし。善也不思量なり、悪也不思量なり。心意識にあらず、念想観にあらず、作仏を図することなかれ。坐臥を脱落すべし……」等とあり、ほぼ最後に、「兀兀と坐定して思量箇不思量底なり。不思量底如何思量。これ非思量なり。これすなはち坐禅の法術なり」とある。実に薬山の示したところこそが道元にとって坐禅の要術・法術なのであった。

では、このような考え方は、晩年に至っても変わらずに任持されていたのであろうか。結論から言えば、以下に見るように一貫して保任されていたと言うべきである。以下、このことを証する上堂をあげていこう。まず、次の上堂がある。

279　九月初一の上堂。蒲団に倚坐して、この非思量を思量し、精魂を鼓弄して、魔魅魍魎を奇怪す。住山の老僧、一口に仏と衆生とを呑み、踞地の獅子、一捉に兎と猛象とを得たり。図仏・作仏の磨甎を打砕し来り、三乗・五乗の疑網を笑殺し去る。切に忌む、他に随って悟道明心することを。何ぞ怕れん、渠と儂の顚倒妄想することを。久しく直指単伝を抛ち、ただこれ虚を承け響を接ぐ。向来の道理、還た委悉し得んと要すや。良久して云く、五葉の華開く、劫外の春、一輪の月白し、暁天の上。

ここでは、坐禅を図仏・作仏とはしない見方を示すとともに、「この非思量を思量す」ということこそが坐禅の実際であることを確認していよう。

また、次の上堂がある。

347　九月初一の上堂。今朝九月初一。三打、板鳴りて坐禅す。脱落身心兀兀たり。なお無手にして挙を行ずるがごとし。

ここでは、坐禅の境地が、「脱落身心兀兀たり」とある。少なくとも兀兀の語を用いて表現しているわけである。

また、同じく次の年の九月一日の上堂（389）では、仏仏祖祖の坐禅時の眼・耳・鼻・舌・身・意（心）のあるべきあり方が指示されていて興味深いが、その意（心）については、まさしく心は風のごとくなりといえども、さらに要すらくは箇の不思量底を思量せんことを。とある。このように、九月一日には、特別に坐禅への姿勢についてあらためていわば檄を飛ばすのであったが、そのときは常に、思量箇不思量底あるいは兀坐について言及するのである。

そのことは、次の上堂によっても例証される。

523　上堂。今朝九月初一。板を打して大家坐禅す。切に忌むらくは低頭瞌睡することを。思斉するは来賢を見るにあり。附木依草に陳ぶこと休みね。外に求むることなかれ窮臘の蓮。脱落身心兀兀なり。蒲団旧しといえども新たに穿げたり。正当恁麼(まさにそ)の時、また如何。良久して云く、修証はなきにあらず、誰か染汚せん。あに十聖三賢に同じからんや。

やはり九月一日の上堂において、坐禅に専念している姿を「脱落身心兀兀たり」と語るのであった。

さらにこの次におかれた上堂では、次のようにある。

> 524　源亜相忌の上堂。云く。父母の恩を報ずる。乃ち世尊の勝躅なり。恩を知り恩に報ずる底の句、作麼生が道わん。恩を棄てて早く無為の郷に入る。霜露盍ぞ消えざらん慧日の光。九族、天に生ず、なお慶ぶべし、二親の報地、あに荒唐ならんや。挙す。薬山、坐する次、僧あって問う、「兀兀地に什麼をか思量する。」山云く、「箇の不思量の底を思量す。」僧云く、「不思量の底、如何が思量せん。」山云く、「非思量。」今日、殊に這箇の功徳をもって報地を荘厳す。良久して云く、思量兀兀、李と張と、玄を談じ畢えんと欲するにまた黄と道う。誰か識らん蒲団・禅板の上。鑊湯炉炭、自ずから清涼なり。

源亜相忌という、道元自身にとってはきわめて重要な行事において、あの薬山の問答をとりあげている。しかも、「今日、殊に這箇の功徳をもって報地を荘厳す」と語るのである。道元がいかにこの問答を坐禅の根本として重視していたかが知られよう。

なお、『普勧坐禅儀』には、「心意識の運転を停め、念想観の測量を止めて」とあった。『正法眼蔵』「坐禅儀」には、「心意識にあらず、念想観にあらず」とあった。このことは、兀兀地・思量箇不思量底・非思量のありようをものがたる一つの説明であろう。このことに類したことも、晩年の上堂に見ることができる。たとえば次の上堂がある。

343　上堂。仏仏祖祖の坐禅は、これ動静にあらず、これ修証にあらず、身心に拘わらず、迷悟を待たず、諸縁を空せず、諸界に繋がれず、あに色受想行識に貫(なら)わんや。学道は受想行識を用いず、もし受想行識を行ぜば、即ちこれ受想行識にして、学道にはあらざるなり。

受・想・行・識を用いないということは、一切の心的活動を用いないということでもあろう。あるいはまた、次の上堂がある。

348　上堂。七仏の蒲団、今、穿なんと欲、先師の禅板、已に相伝す。眼睛鼻孔、端直なるべし、頂は青天に対し、耳は肩に対す。正当恁麼の時、また作麼生。良久して云く、管わることなかれ、他の心猿と意馬と。功夫はなお火中の蓮のごとし。

「管わることなかれ、他の心猿と意馬と」ということは、「心意識の運転を停めよ」ないし「心意識にあらず」の別様の表現であろう。

この他、

375　上堂。衲僧の学道は要(かなら)ず参禅すべし。脱落身心、法見に伝う。一切の是非、都(すべ)て管せざれ。小小に同ぜず、普通の年。

の中の、「一切の是非、都て管せざれ」は、同じ文脈に属する句であるし、また、

338　上堂。参禅して仏を求むるに仏を図ることなかれ。仏を図って参禅せは、仏、転た疏なり。塼解け、鏡消えて何の面目ぞ。纔かに知りぬ、ここに到りて功夫を用いることを。

とある中、仏を図らないところにあってさらに功夫するということは、いわば思量箇不思量底であろう。

こうして、確かに最晩年の上堂にも、兀兀地・思量箇不思量底・非思量の坐禅をどこまでも尊重していることが知られた。『正法眼蔵』「坐禅儀」や「坐禅箴」の精神は、その当初より最晩年まで、一貫して維持されていたと考えられるのである。

まとめ

以上、永平寺における上堂に見られる坐禅観の分析をいささか試みたが、少なくとも只管打坐の家風は何らゆらぐことはなかった。そればかりかますます勧励・督励されるのであった。その禅の内実が、兀兀地・思量箇不思量底・非思量であることもまったく変わることなく、一貫して強調されている。そこにこそ、凡夫・外道・二乗はもちろん、大乗さえ超える禅があった。それはまた、身心脱落の禅ということである。このことについては、さらに精査が必要であるが、道

元は帰国当初、坐禅して身心脱落を得るということを言っていたのが、晩年は「参禅（坐禅）は身心脱落なり」で定着している。この言い方は、修証一等の禅の別様の表現でもあるであろう。ただし、その中でいわゆる悟体験が出来することも否定するものではなかった。

限定された資料の中ではあるが、道元の晩年の坐禅観を、このようにまとめておきたいと思う。

（平成十四年六月七日）

道元における学道観

中祖一誠（なかそいっせい）

本日は、禅仏教の宣揚機関として、またその研究機関として輝かしい成果を挙げつつある愛知学院大学禅研究所開催の講演会に、登壇の機会を与えられましたことをまことに光栄に存じている次第であります。只今は、小出忠孝学長先生、そして大野榮人禅研究所所長先生の、分に過ぎるご挨拶・ご紹介を賜り、たいへん恐縮いたしているところであります。

わたくしは、多年職を奉じてまいりました当愛知学院大学を、今年三月に退職いたしました。赴任しましたのは昭和四十四年四月のことであります。爾来今日まで、実に三十六年の長期に亘り、黒板を背にして、当禅研究所、文学部をはじめ学内各学部・各部局の先達、朋輩の教職員の方々のご薫陶を得ながら、幸いにして今日を迎えることができたことを心より欣びに感じている次第であります。当初、教壇に立った昭和四十四年のころは、ちょうど学園紛争が全国の大学を席捲した時期でした。学生自治会と大学当局との間の張り詰めた緊張感の漂うなか、団交、ストライキなどが各大学に蔓延していました。この大学も例外ではありませんでした。しかし、このような緊迫した状況も次第に終息に向い、学び舎としての本来の大学の姿が復活していったことを鮮明に憶えております。その後、本大学は、相い継ぐ学部増設や日進学舎移転などの積極果断な努力を重ねて今日の隆盛を見るに至りました。その間、わが国の未曽有の経済発展や平成改元当初のバブル崩壊を経験しつつ、東海地区有数の充実した総合大学に発展して今日を迎えました。一教員として、このような教育環境のなかで教育・研究に身を投じえたことをこの上なく仕合せに思っています。とくに、在職の最後の十年あまりを、不肖ながら当研究所長などの役職を汚しましたことは、身に余る光栄に存じながらも、無為徒然のうちに日かずを重ねた懸念とともに慙愧の思いも半ば禁じえないところであります。

さて、今回、大野所長先生より本年度の禅研主催の講演会を引受けることのお勧めをいただきました。長らく所員のひとりとして研究所の活動に参加してきたひとりとして一班の責務もあると考え、この大役をお引き受けいたしました。この研究所の講演でありますから、当然ながら禅仏教に関連する内容が望ましいわけですが、わたくしは必ずしもその専門家ではありません。しかし、当研究所が禅仏教を標榜する曹洞教団設立の大学であること、かつ道元禅師の禅風を宣揚することに研究所の大きな目標を置いていることから、「道元における学道観」という題目を掲げることにいたしました。

道元禅師の思想は、当然のことながら、主著である『正法眼蔵』のなかに尋ねるのが本筋であります。しかしながら、その比類のない思考の独創性のゆえに、またその表現の難解さのゆえに、わたしたちの尋常な思弁を斥け容易に寄せつけません。ところが、現在の情報夥多のなかで思想的混迷に喘ぐ現代人にとって、道元が大きな魅力となっていることもまた争えない事実でありま す。書店に並ぶ道元ないし『正法眼蔵』に関係する書籍がいかに多いことかを思い浮かべると容易に頷くことができます。宗教者はもとより、哲学者や文化人をはじめ、多くの知識人を魅了するものがあるということも事実です。そこで、今回は限られた時間での話になることと、只今この会場に、必ずしも宗教や仏教を専攻してはいない学生諸君が多数聴講されていることを考慮して、道元ないし『正法眼蔵』への近接の糸口として、道元の学問に対する姿勢について管見を述べてみようと思います。さまざまな学問にこれから取り組まれる学生諸君に益するところがあれば幸いと考えているところであります。

一、「学問」と「学道」

わたしたちが、「学問」ということばに出合うとき、まず念頭に浮かんでくるのは、皆様もよく知っておられる福沢諭吉の『学問のすすめ』です。この本の初編が出たのは明治四年のことですから、ちょうど近代日本の幕開けのころです。有名な「天は人の上に人を造らず人の下に人を造らずと云へり」という格調ある文言でこの書ははじまっています。ここで福沢は、「天は……」と、「天」というような超越的な存在をいきなり持ち出して、万人は万人みなひとしく、生まれながらにして貴賤貧富の別のないことをいって、学問を学ぶ意義の重要であることを説き明かし、事物の道理をよく学び弁えるものは貴人・富人となり、無学のものは貧人・下人にとどまる由縁を主張しています。賢愚の別は偏に学ぶと学ばざるとによって決まるといいます。人は本来、平等であるが、世の中に不平等が生じてくるのはなぜかと問うて、学問の有る無しがその差を生むと説いています。ある意味で、福沢は平等を唱えつつ不平等を是認するかのような口吻もこの文言から窺うこともできます。また、徒らに実利を追う卑俗な功利主義的な主張ではないかとも疑える面も感じられます。しかし、同時にアンシャンレジームといわれる従来の伝統を重視する社会秩序のなかで是認されてきた宋学や水戸学、心学などの学問に対して、全く新たな学問を提唱した点において、画期的な意向をこの文言に読みとることができます。この書物の初編で、かれの学問観が明確に述べられている箇所を挙げてみます。

学問とは、唯むづかしき字を知り、解し難き古文を読み、和歌を楽しみ、詩を作るなど、世上に実のなき文学を言ふに非ず。これ等の文学も自ずから人の心を悦ばしめ随分調法なるものなれども、古来世間の儒者・和学者などの申すやう、さまであがめ貴むべきものにあらず。……畢竟其学問の実に遠くして日用の間に合わぬ証拠なり。されば、今かかる実なき学問は先づ次にし、専ら勤むべきは人間普通日用に近き実学なり。

このように、福沢においては、空疎にして迂遠きわまる儒学や心学、有閑的な遊びとしての古来からの歌学などの対極として、この〈実学〉が提唱されていることになります。いま挙げました儒学などを中心とする従来の伝統的な学問の価値に疑義を提起して、それを虚ろな学、〈虚学〉と称して斥け、これに処世の規範を置く思惟形態に仮借のない批判を浴びせます。そして、事物の道理を学び今日の用に応えうる実学の必要性を強く訴えています。かれは、これを「フィジカルサイヤンス」（physical science）ともいっております。とくに、さきほどの儒学に対する福沢の批判は峻烈を極めます。この学問論と同じころに平行して書かれたかれの主著『文明論之概略』に眼を通すと、それがよく理解できます。ただ文字を読むことが学問であると考えるのは大きな心得違いであって、真の学問ではないとして、〈論語読みの論語知らず〉とか〈文字の問屋〉などの揶揄翻弄のことばを浴せます。この学問論の第十五編で、「信の世界に偽詐(ぎさ)多く、疑の世界に真理多し」と述べて、人の言をむやみに信じ風聞することや、虚誕妄説を軽々しく信ずることを〈惑溺〉と断じています。ひとが真理に到達するてだては、このような〈古習の惑溺〉を脱して窮理の道を尋ねることにあるとして、これまで西洋で発展を遂げてきた科学文明に範を求めて、その背後に潜む精神を学ぶことが肝要であることを力説します。

福沢は、幕府の親藩である豊前中津の小藩の下級士族に生まれています。当時のごく普通の士族の子弟として、修学の道に就いたのはかなり遅く、十四・五歳になってからです。藩儒のもとで漢学を学んでいます。かれの自伝によりますと、のちに批判の矛先を向ける儒教の典籍をはじめとして、『漢書』『左伝』などの難解な史伝類を繰り返し学んだといわれています。これがのちの儒教批判の源になってくることになります。だから、当時の教養人を遥かに凌駕する素養を身に付けて旧体制の指導原理であった儒教の批判を行なっているわけです。また、当時の平均的な士族が常としていた扶持米の補いとして、さまざまな手内職にも手を染め、金・銀・銅・鉄の鉱物資源の知識や窮理の学（自然科学）にも強い関心を寄せています。やがて長崎遊学により蘭学を学び、大阪での緒方塾（適塾）における英学、自然科学の開眼によって西洋の学問への知見を拡げていきます。さらに維新直前の万延元年（一八六〇）には、幕藩の下臣の末席として渡米使節に随行し、その二年後にはヨーロッパ渡航も果して見聞を拡げます。

このようにして、外遊前から抱き続けていた自然科学への関心は、留学中に英国の経済学に、そして経済活動の基盤である社会倫理へと視野を拡げて倫理学にも関心を拡げます。福沢が当時眼にした経済学の書物は、カレッジ用のテキスト類、とくにウェイランド（Wayland）やバックル（Buckle）などの啓蒙書の域を越えるものではなかったといわれています。しかし、経済というい わば人為の営みのなかに、自然科学と共通する法則性を読み取った点において、福沢は天性の合理主義者であったといえます。そして、かれの関心はこの経済学から倫理学に移っていきます。さきのウェイランドの『道徳哲学綱要』（Elements of Moral Science）によって西洋の倫理学を知ることになります。帰国後、慶応義塾で、「修身論」の講義を行っていますが、その内容はウェイランドのこの書物を活かしたものであったといわれます。

学問論のなかで、「モラルサイヤンス」（moral science）ということばで市民の義務や人性の自由を説く見解としてこれが紹介されています。同様にバックルの影響も濃厚に認められます。バックルの書物は、福沢が大阪から江戸に移る安政四年（一八五七）にすでに出版されています。英国をはじめとする西洋諸国の文明の進歩と繁栄を謳いあげた文明論として西洋社会でも世評の高かったものといわれます。科学文明とその背景に潜む自由と権利の精神（福沢は権利通義とか権義といっています）がかれの旺盛な知識欲を駆り立てたことは容易に想像されます。このように、福沢の学問論が、一方的な〈古習の惑溺〉とか〈腐儒の妄誕〉といった激越な古学・儒学の批判に終始せず、西洋文明の背後にある精神を汲み取って、わが国の現実に生かすことを意図したことに、単なる欧化主義者と一線を劃す啓蒙家としての面目をみることができます。

さて、本日ご紹介しようと考えています道元の学問観をこれから取り挙げてみたいと思います。最初にすでに触れたところですが、道元の場合には、福沢流の〈学問〉という言い方ではなく、〈学道〉ということばで学問が論じられています。周知のとおり、道元には『正法眼蔵』という全部で七十五巻、あるいは九十五巻という実に厖大な著作があります。その哲理の深遠さと思索の独創性において、比類のない思想書として日本思想史のひとつの頂点をなす著作として知られています。ある意味で、この著作全体が道元の学問論を構成しているということができます。ところで、道元にはもっと小部の端的に学問を論じた小論が残されています。それは、『学道用心集』という道元の著作の比較的初期のころに書かれたものであります。本日は、この著作を中心にして、福沢の学問論との対比を試みながら道元の学問に対する姿勢を紹介してみたいと思います。

二、無常と学道

道元の『学道用心集』は、禅師が四カ年に亘る中国（宋）での留学から帰国してから数年経ったころに書かれています。同じように帰国直後に著されたものに『普勧坐禅儀』があります。こちらの方は、道元の唱導する〈只管打坐〉の禅風宣揚の書として書かれた坐禅の指南書です。『学道用心集』の方は、〈学道〉に志す弟子たちへの垂訓ともいえる十箇条からなる学道への入門書、心得書という性格をもつ書物です。したがって、〈学問〉と〈学道〉という表現の違いを度外視すれば、福沢の著した『学問のすすめ』に対応する書であるといえます。もちろん、十三世紀に仏道の学を究めた道元と十九世紀に近代日本の幕開けを先導した福沢を単純に同列に並べることはできません。しかしながら、両者の生きた時代背景と生きざまには見事に対応する点も確かに認めることができます。

道元の生きた時代は、頻発する天変地災に起因する社会不安や古代公家社会と新興武士階層との間の権力の確執に揺れる時代の転換期の真っ只中の非凡な時代であったことがまず挙げられます。平治の乱（一一五九年）において勝利を手中に収めた平清盛にはじまる武家政権が、公家政権との拮抗と源平の争乱という緊張のなかで、やがて承久の乱（一二二一年）での北条氏の圧勝によって確固たる基盤を築いた時期であります。他方、福沢の生きた時代は、ペリーの来航（一八五三年）にはじまり日米和親条約の締結の外圧に揺れる幕末、維新の激動の時代であったわけです。ともに常ならざる時代の転換期にそれぞれ生き抜いたという点で共通しているといえます。

法然をはじめとする鎌倉仏教を築いた祖師の多くが、それぞれの出自について比較的明確に辿ることができるのに対して、道元の出自については揺いでいます。公約数的な定説としては、父は源通具、あるいはその父通親が、そして母が藤原基房女とする説が有力です。宗門の伝える伝記類や宗門外の二次資料を含めて、その出自を辿る資料は必ずしも少ないわけではありませんが、未だ確たる定説がないというのが実状のようです。しかし、出自について、村上天皇第九代の苗裔とする記述が『建撕記』をはじめとする伝記類に一致して見出されることから推して、道元を取り巻く血縁のサークルを、公家社会の、それも最上位の門閥に辿ることはあながち不当なことではないと考えられます。とにかく、四歳にして李嶠の『百詠』を読み、七歳で『左伝』・『毛詩』を、そして九歳にして『倶舎論』を読んだことが伝えられています。これらのいずれも限られた一部の門閥の子弟でなければ手にしえないものです。読むとはいっても恐らく素読、暗誦の範囲を越えるものではなかったと思われますが、道元の教育環境が高位の公家のサークルであったことを想像させます。

八歳の時、母の死に遇い世間の無常を感じ、十三歳で出家を志し、十四歳で比叡山に登り剃髪して正式の僧になっています。比叡に住する六年の間に一切経を看閲すること二回であったことも伝えられていますから、仏教の典籍をじっくり学んだことと思います。伝記では、先ほどの「読む」ではなく「看閲」、「披閲」ということばを使っていることからうかがえます。

当時の比叡山では、多くの学僧たちが天台や倶舎の教学の学問を競い合っていました。真剣に学道を究めるものも当然いたはずですが、他方では僧としての名聞利達を求めることに汲々とする僧たちや蒼然とした教理の蓄積に慢心するだけの学僧たちもいたと思います。このような状況のなかで道元は大いなる疑問に直面することになります。

伝記のひとつ（『建撕記』）にこの大いなる疑団をつぎのように伝えています。

> 宗家の大事、法門の大綱、本来本法性、天然自性身、此の理を顕密の両宗にても落居せず、大いに疑滞あり。……如来自ら法身法性ならば、諸仏甚麼と為てか更に発心して三菩提の道を修行するや。

われわれが本来すでに仏性を具えており、本来は清浄であるならば、どうして三世の諸仏はさらに発心して悟りを求める必要があるのかという疑問です。顕密二教というのは、ことばによって顕かに示された教えと秘密裡に示された教えのことです。この区別は空海にはじまるといわれています。衆生教化のために如来が衆生の能力に応じて、ことばによって説き明かした教えと、人間の現実存在が絶対の存在である如来と本質において異ならないことを自覚する教えを意味します。要するに、顕密二教ともに衆生が本来仏性を具えていることを説いているが、それでは仏道修行の必要はないのではないかという疑問です。このテーマは、その当時だけでなく、いまに至るまで仏教の教学上の大きな課題として依然として続いているといえます。人間が生まれながら仏性を具有するという教学上の命題と、修行を積むという実践上の課題がいかに会通（矛盾なく一致すること）しうるかという宗教の本質にかかわる疑問に道元は逢着したことになります。道元はここで大いなる疑団を抱え込んだわけです。叡山の碩学たちはこの疑問に納得できる解答を与えてくれません。徒らに煩雑な教学の体系を提示するばかりです。そこで、道元は叡山を下り、建仁寺に身を投じて明全のもとで栄西の伝える臨済の禅風を学ぶことになります。

さて、『学道用心集』では、その冒頭、第一条に「菩提心を発すべき事」という箇条がまず掲げられます。つづいて次のコメントが付けられます。

右、菩提心とは、多名一心なり。龍樹祖師の曰く、唯だ世間の生滅無常を観ずるの心も亦た菩提心と名づくと。然れば乃ち暫く此の心に依るを、菩提心と為すべきか。

このコメントのなかで、学道に志すものは、まっさきに「菩提心」をおこさなければならないことを強く述べています。「菩提」とは、古代インドのことばの〝ボーディ〟を音写した、いわゆる音写語です。一般的に、「道」とか、「知」・「悟」・「覚」などと訳されています。しかし、ここで早速、私たちは躓いてしまいます。いったい何の道なのか、何を知り、何を悟るのか一向に見えてきません。一応のことばの意味合いとしては、真理に目覚めること、欲望に打ち克って事物の真相をありのままに知ることなどとして理解できます。『大日経』に説かれている「如実知自心」といったことばが菩提心ということになるでしょう。要するに、我欲を去ってこの世における真実のあり方を見出すことが菩提心ということになると思います。つづいて、「右、菩提心とは多名一心なり」と述べられます。菩提心にはさまざまな名称があるけれども、根本になるのは「一心」であって、それは「唯だ世間の生滅無常を観ずるの心」のことであると規定しています。そして、その根拠として龍樹菩薩の説を挙げています。この龍樹菩薩という方は、二世紀のころ南インドに生きた大乗仏教最大の著名な論師（学匠）です。『大智度論』百巻という厖大な般若経の注釈書や『中論』という空思想の論書を著わして大乗仏教の教学体系を築いた学僧として知られた方です。道元は、『学道用心集』において、この『大智度論』の所説に依拠して菩提心を規定したわけです。

釈尊の滅後、仏教の教団が遊行の仏教から僧院の仏教へと移行していく課程で、次第に教学の体系が整備されてまいります。いわゆる阿毘達磨仏教と称される教学が築かれていきます。龍樹の生きた時期には、修行道としての菩提心が「三十七菩提分」として細分化されて実践されていました。その体系のなかの「四念処」（四つの観想法）のひとつである心念処という観想において、心に無常を観察することが勧められています。道元は、龍樹の所説を採用して、世間の無常を深く観察することが菩提心の核心であることを提唱したことになります。ここで〈生滅無常を観ずる〉といわれているのは、私たちを取り囲む現象世界や人事にかかわる事柄が、単に客観的事実として有為転変を免れないということではありません。そのような〈無常〉の認識は、その当時の転換期に生きるすべての人びとの共通認識であったはずです。九世紀初頭、空海、最澄によって確立された天台の教学や真言の密教は、わが国の宗教的土壌を大いに豊かにし、日本の精神文化の向上に多大の貢献をいたしました。しかし、やがて、相い継ぐ政変や天変地災が民意の喪失を招き、いわゆる末法到来の意識が時代思潮として蔓延してきます。わが国では永承七年（一〇五二）が末法の初年と擬されて、仏法の道理が衰退して五濁悪世の到来を迎えるとする終末観が強く意識されてきます。このような末法到来の意識のなかで無常の思いが募ってきます。恵心僧都の『往生要集』や慈円の『愚管抄』に説かれる危機意識は無常の観念をいやが上にも駆り立てていきます。無常は、『方丈記』をはじめとする同時代の随筆や戦記文学の共時的な宿命観として受け取られ、当時の人びとを絶望の淵に追い遣って、現世の生に望みを失い、来世に浄土を冀う浄土教信仰への道を開いていきます。他方、この時代意識のなかで、末法意識や無常観を強く意識しながら、これに対決し超克するかたちで新しい信仰の道を切り開いていった人びとがありま す。法然をはじめとする鎌倉仏教の祖師たちです。この両者は、ともに末法の意識や無常観を機縁としながらも全く異なる道を歩んだといえます。前者は、末法、悪世の時代認識に立って〈行〉という実践的課題を放棄して無常観という呪縛に身を託すことに安住する意向が窺えます。これに対して後者は、末法という現実を直視することによって、求道に徹していこうとする強靱な意志をみることができます。欣求浄土を強く意識した源信の「夫れ往生極楽の教行は、濁世末代の目足なり。道俗貴賤、誰か帰せざるものあらんや」（『往生要集』）のなかに、当時の時代意識をみることができます。これに対して道元の「教家に名相をこととせるに、大乗実教には、正・像・末をわくことなし、修すればみな得道す」（「弁道話」）を較べてみると両者の違いが明らかです。道元にあっては、〈無常〉は五濁悪世における避け難い運命的命題ではなくして、身をもって克服されなければならない現実として受け留められていたと考えられます。〈知解(ちげ)の無常〉は傍観者の域を越えることができず、道元のいう学道の周辺を巡る外堀であるにすぎず、〈感傷の無常〉は空しく自らの慰藉に終始するにとどまることになります。道元にあっては、〈学道〉とは求道の志の実現を目指して止むことない勇猛心に外ならないといえます。その動機は、わが身の無常を直視することにはじまります。同様の趣旨は、道元の言行をしるす『正法眼蔵随聞記』のなかにも数多でてまいります。「無常迅速を観ずるこれ第一の用心なり」や「この志を発さば、ただ世間の無常を思うべし」などや、「無常を観ずる時、吾我の心生ぜず、名利の念起らず、時光の太だ速かなを恐怖す」（『学道用心集』）のことばをみるとき、求道の志、決意を喚起することに学問の第一歩を置いていることの証しをそこにみることができます。この点をさらに明らかにするためには、道元の叡山を下ったのちの軌跡を辿ることが必要となります。

三、学道の用心

叡山において大いなる疑団を抱いた道元は、山を下って建仁寺に赴き、栄西に見えることになります。栄西は二度の中国（宋）留学を果した仏教界随一の知識人として、都の仏教界の重鎮の座に君臨していました。そのもとで道元は、栄西の伝える中国の臨済の禅風に触れるわけです。これが正式の師弟の相見といえるものであったかどうかははっきりはいたしません。ただ栄西の講筵の場に列したというに留まるものであったかも知れません。その時期、道元は比叡の山と京洛の都を往来しつつ、諸山の善知識歴遊に時を過していたように思われます。いわば道元の修学期がこのころであったといえます。

こうして試行錯誤を繰り返すなかで、建保五年の秋、道元十八歳のとき、栄西の跡を継いだその高足、明全のもとで師弟の礼をとり、その死まで九年間、行動をともにして参学いたします。そのとき、仏教の深奥を窮めるには入宋する外ないと確信する道元に好機が訪れます。かれと同じ思いを抱く師明全の入宋の計画が実現します。こうして積年の願いであった入宋の機会が恵まれます。師とともに、同行四人で瀬戸内を下り、博多を発って宋へ旅立ちます。宋国慶元府の港、寧波に着いたのは嘉定十六年（一二二三）の春のころでした。道元は二十四歳になっていました。師の明全は、直ちに所期の修行地、天童山に向かいますが、道元は暫く停泊の船に留まることになります。その時のエピソードが道元の『典座教訓』という書物にでてきます。中国僧との最初の出会いとしてよく知られています。明全の方は、二度も入宋経験をもつ師栄西の高弟であり、天童山でも恐らくその名も知られていたと思われますが、道元は無名の倭国の僧に過ぎず、下船が許されなかったのかも知れません。とにかく、この船中で貴重な体験をいたします。

倭椹（わじん）（日本産のきのこ）を購いに来た近郊の阿育王山で典座（てんぞ）役を勤める一老僧との問答です。典座というのは、禅院で修行僧の食事を司る役職です。翌日の重要な法要で修行の僧に馳走するために、日本の椹を手に入れようと道元の寄留している船を訪れたわけです。道元にとってこれが最初の中国僧との出会いになります。求道の志に燃える道元はその中国僧から生の仏法を学ぼうと思い、倭椹を手に入れたかの僧を引き留めようと話しかけます。しかしその僧は、自分がここから三十四、五里（約二十キロメートル）離れた阿育王山の典座で、これからすぐ帰って料理の準備をしなければならないことを告げます。道元は僧に語りかけます。年老いた身で何もご自分でそのようなことをなさらなくても誰か代わりの方がありましょう。今日は私と仏道についてじっくりと話し合おうではないですか、と促します。するとその僧は大笑して、「外国の好人、未だ弁道を了得せず、未だ文字を知得せざる」と放ちます。このことばに道元は、一瞬、虚を衝かれて、意味の容易ならざることを察知し、言下に問を発します。「如何にあらんか是れ文字、如何にあらんか是れ弁道。」すると典座は、その問いに答えず、「若し問処を蹉過せずんば、豈に其の人に非ざらんや」（若しあなたが、いま質問したところを見過すことがなかったならば、どうしてあなたが文字を知り弁道をわきまえる人にならないことがありましょうか）、と告げ終わるとすぐさま、「日も晏れ了れり、忙ぎ去らん」といって、さながら時を惜しむようにして船を下ります。

後日この典座との出会いを述懐して道元は、自分の今日あるはこの典座のお陰であると語っています。この対話には後日譚があり、再会の機が間もなくやってきますが、のちほど紹介します。道元は、この時、大きなカルチャーショックを蒙ったことになります。叡山で道元は大きな疑団に逢い、学道とは何かという課題に突き当っています。これを解決すべく、遙か宋国に波濤を越えてやってきたのです。しかし、道元の脳裡には「文字」（学道）と「弁道」（修行）との間にひとつの区別を置いていたといえます。つまり、究極の目的である証悟に至るプロセスとして、学問なり修行なりを捉えていたということです。典座の職を完うすることが証悟とかかわりないこととして理解していたわけです。ところがその老典座は違っていました。いまの自分の役目（典座職）を完うすることを措いて仏道がないことをはっきり自覚していたことになります。

後日、この典座が天童山に道元を訪ねます。恐らくこの典座は道元の非凡さを見抜いていたと思われます。その問答を紹介しておきます。

山僧（道元）他（典座）に問う。「如何なるか、是れ文字。」座云う。「一二三四五。」また問う。「如何なるか、是れ弁道」と。座云う。「遍界曽て蔵さず」と。

またもや不可解な問答になりました。〈文字とは何か〉の問いに、〈一二三四五〉と答え、〈弁道とは何か〉の問いに、〈遍界曽て蔵さず〉というのですから取り着くてだてがありません。私の見解をここで述べてみます。道元は、文字（学道）の本質を大上段に問いかけています。しかし典座は、五つの数字を一から五へと並べ立てます。一・二……は、それぞれ具体的な数字であると同時に、一は一としての、そして二は二としての完結した独自の意味をもっていることを、この答えが示しているのだと思います。だから、この数字は五に尽きるのではなく、一〇でも一〇〇でもよいといえます。また、文字を介して学道の真相に迫るてだては無限にあることを示しているといってもよいでしょう。すると、第二の問答と重なってくることになります。〈弁道〉を〈遍界曽て蔵さず〉と言い放っていますが、この世のあらゆるあり方は、そのままでそっくり真実を包み蔵さず露呈しているのであるから、弁道というのは何も僧院における修行や儀礼などに限られるわけではない、日々の行住坐臥すべての行為が弁道ということになります。典座の仕事が仏道修行とは無関係であると考えるのは迷いであり、日常の行為がすべて弁道にほかならないことをこの対話は教えています。のちに道元が、「修証一等」、「只管打坐」を禅風として掲げることになりますが、その原点はすでにこの老典座との問答にあったことが知られます。

入宋四年の留学は、道元にとって決して平坦かつ快適なものではなかったと思われます。寧波の港で下船した後、いったんは天童山に掛錫（一時的な寄留）いたしますが、前半の二年余りは諸山歴遊に年月を費しています。自分の納得しうる師に逢う機に恵まれず、悶々と遍歴の旅に日を送っています。しかし、ひとつの転期が訪れます。天童山に如浄という明眼の善知識が、前住（前任の住職）の遷化に伴い晋山した噂を耳にして再度天童山に登ります。こうして、運命的な如浄禅師と道元との師資相見が実現いたします。帰朝ののち、道元は『正法眼蔵』のなかに、その対面の模様を感慨を込めて語っています。

> 道元はじめて先師古仏（如浄）を妙高台に焼香礼拝す。先師古仏はじめて道元をみる。そのとき、道元に指授面授するにいはく、「仏々祖々、面授の法門現成せり。これすなはち霊山の拈華なり、嵩山の得髄なり。……これは仏祖の眼蔵面授なり」と。

教主釈尊から二祖摩訶迦葉への拈華微笑の伝法、そして達磨から慧可への断臂得髄の伝法と寸分も違いのない伝法を、如浄のもとで得たことになります。叡山で抱いた「本来本法性・天然自性身」の大疑団以来、多年に亘って模索してきた学道への確信をここで漸く手に入れたことになります。如浄のもとでのその後の厳しい精進の末、道元は自らの境位の核心である〈身心脱落〉を見出し、師もまたこれに印可証明を与えます。道元の前半生の軌跡において、師如浄との出会いが決定的な機縁となっていることは極めて重要です。それは、〈師との邂逅〉ということです。『学道用心集』では、その第一の箇条の〈観無常〉と並んで、第五の箇条に、〈参禅学道は正師を求むべき事〉という重要なことがらを掲げています。これは、道元の学道観の核心をなしていることになりますが、本日はお話をする余裕がありません。しかし、つぎのことだけは申し上げておかなければならないと思います。それは、この世界のどこかに、正師という（この意味をどう受け取るかということが問題ですが）、いわゆる高徳なあるいは博識の師がいて、他方こちらに何らの志を抱くことない私がいて、師たるべきひとに偶然に出会うことではないということです。つねに向上（仏教では仏向上と称します）を志して止むことのない学道の師があり、そして〈いま、ここに〉同様に向上して止まない志をもつ学道の士があるとき、はじめて師資相承の運命的な邂逅があることになります。そうでない出会いはすべて偶然の出会いということになります。道元はこれを、〈而今(にこん)〉とか〈時節因縁〉ということばで表わしています。自己の全生命を投げ入れると き、時節因縁の成就があるということになります。平板な時の流れに処して偶然的な出会いが到 来するのではなく、全生命を賭して、今日ただ今を生き切るところに学道という宝蔵の扉が開け てくるといえます。

四、学道不尽

二十一世紀の情報化社会の一員として生きる宿命を背負って歩まなければならない現代人は、 もちろん実利を追う知識と無縁であることは許されません。現代を生きていく相応の才覚も身に つけなければなりません。そのためには、たとえば福沢の説く〈実学〉をいまいちど再考するこ とも無駄なことではありません。同時に、道元が身体で究めていった〈学道〉への真摯な姿勢も また現代人にとって意義あることであると考えます。

今日、科学技術の進歩や知識の増幅は往年の比ではありませんが、本質的には福沢の説く実学 の路線上にあるといえます。私たちは、少なくとも物質的には格段の豊かさを享受しています。 しかし、その代償として弊害をも甘受しなければならない状況にあることも事実です。目下、近 代文明全般に亘って、挫折の実感を切実に経験しています。かつて、福沢が古習の惑溺からの転回を図って実学の必要性を説いたのに倣って、学問のあり方を改めて問い直してみる必要があります。福沢の説く実学が、単に実用性や日常生活との結合ということだけに尽きるのであったならば、江戸期の儒学や石田梅岩などの心学にもすでに先例があるといえます。福沢のいうところの実学はこれとは大いに異なっています。西洋に起源をもつ近代自然科学の積極的な移入と、とくにそれを産み出した背後にある〈精神〉に重要な意味を見出したことに、福沢の実学の特徴があったといえます。福沢の文言にはありませんが、いわば〈実学の実学〉とでもいいうる精神を読み取ることが必要であると考えます。

他方、道元においてはどうでしょうか。もちろん、道元の生きた時代は現代の私たちの科学的な世界観とは無縁でありました。功利的な才覚などは全くかかわりない状況であったといえます。道元の説く〈学道〉のなかにはそれは存在いたしません。しかし、叡山の煩瑣な教学の体系に学道のいとぐちを見出すことができず山を下った道元の眼には、福沢が嗅ぎ取った〈古習の惑溺〉に通ずるものがあったに違いありません。幕末の鎖国から開国への国家存亡の転換期において、日本という国家の自主独立を喫緊の課題であるとして認識した福沢にとって、真の学問を樹立することが自らの使命であると確信していたと考えられます。道元も、同様に、平安末期という時代の危機に臨んで、都の公家社会と本質において異なることのない叡山の宗教的使命の問題意識の欠如した学問仏教に疑念を抱いて、真の学道の道を尋ねていったということができます。

最後に、福沢と道元の宗教観について申し上げておきたいと思います。福沢の学問論や文明論には、正面から宗教を取り挙げた箇所はほとんどありません。人物像としてしばしば言及されるように、啓蒙家、合理主義者、実利主義者というレッテルからは、いわゆる宗教には無縁な人物として私たちに映ります。自伝によれば、人間というのは所詮蛆虫のような存在であるが、蛆虫ながらもひとたびこの世に生を享けた以上は相当の覚悟をもたなければならない。人生は戯れと知りながらも、一場の戯れとせず真面目に勤めなければならない、といっています。つまり、人生を虚構であると認めて、「本来戯と認るが故に、大節に臨んで動くことなく、憂ふることなく、後悔することなく……安心(あんじん)を得るものなり」というような仏教的ないし禅的な境涯に通ずる心境も述べています。人生の戯れを戯れと知りながら、俗世の百戯の中にありつつ独り戯れざることもできる、ともいっております。これは〈古習の惑溺〉の対局にある境位といえます。

道元が宋から帰国後しばらく経って行なった開堂の最初の説法が残されています。

上堂。山僧叢林を歴(ふ)ること多からず。只是等閑(なおざり)に天童先師に見(まみ)えて、当下に眼横鼻直なることを認得して、人に瞞かれず、便乃(すなわ)ち空手にして郷に還る。所以(ゆえ)に一毫も仏法なし。任運(にんうん)に且(しばら)く時を延ぶるのみなり。朝朝、日は東より出で、夜夜、月は西に沈む。雲収って山骨露われ、雨過ぎて四山低し。

これは、天童山において、如浄のもとで学道の真髄を体得して帰国したときの心境を述べたものです。道元は、自らが学んだことは、眼は横について鼻は縦にまっすぐについていることだけである。もはや人にだまされることはなくなった、といっています。ここで「人」というのは師如浄のことですが、このことがきわめて重要なことです。すでに、「眼横鼻直」なることを学んだだけであるから、如浄から手土産として貰って持ち帰ったものは何もない、空手で郷に帰っただけである、といっているわけです。古くから唐・宋に多くの留学生が渡って行きましたが、多くが経典・法具を持ち帰って新しい教学を普及していっています。道元の場合は、ここにみるように、全く空手で帰り、一本の毛ほども仏法などというものは持ち合せていないという趣意です。この開堂の説法は、いわば道元の開教宣言です。この堂々たる宣言は過去に例を見ないものといえます。いうまでもなく、文字通りに道元が何も得ることもなく四年の歳月をむなしく如浄のもとで過して帰ってきたことではありません。もはや何人にも、師である如浄にも惑わされることがない揺ぎないものを如浄からしっかりと得たという師への無上の信頼として受け取ることが必要です。つまり、若き日に疑団として抱き続けてきた教綱（教理の束縛）という〈古習の惑溺〉を、ここに漸く断ち切ったことを意味します。現代に生きる私たちも、いわば道元の抱いた疑団と同じ〈無限課題的課題〉を究めていくことが必要ではないかと思います。

幕末、維新という近代日本の転換期を生き、西洋近代文明の摂取をみずからの使命とした福沢の〈学〉の提唱は、単に実用の学の勧奨に尽きるものではありません。古習の惑溺という退嬰的な気風を払拭して、一国の独立自存を志向する〈実学の実学〉とでも言い得る高邁な精神に由来するといえます。同様に、公家社会の没落と武士の台頭のはざまに生き、鬱蒼とした教理の呪縛を解いて、手段としての〈行〉と目的としての〈学〉との一致を究極の課題としたのが道元です。只管打坐（しかんたざ）の禅風を確立した道元の〈無限課題的課題〉を究めたその姿勢を、現代に生きるわたしたちも範とすべきであります。学を究める道には、〈足るを知る〉という安易な物分りの良さは妥協以外の何物でもありません。〈いま〉というこの一時を全生命を賭して生き抜く姿勢こそ道元の真骨頂です。ともに時代を超越せんとする精神の典型であるということができると考えます。

ご清聴まことに有難うございました。

（平成十七年六月十五日）

あとがき

私立大学には、それぞれに固有の教育の理念、もしくは目標が存在する。いわば、各大学の存在意義、アイデンティティーの拠り所と言ってもよいであろう。明治九年に設立された曹洞宗専門学支校の伝統を受け継ぐ愛知学院大学は、百三十九年にわたり、一貫して仏教、とりわけ禅の精神にもとづく人間教育をその目標に据えてきた。「行学一体」「報恩感謝」という建学の精神は、その目標を具体的に表したものである。禅研究所は、この精神を発揚し、それを学内外に弘通せしめるための中心機関として昭和四十年に設立された。さらに、昭和五十五年には本格的な坐禅堂が建立されて、学生や教職員をはじめ、一般の方々が坐禅を行ずる環境が整えられた。爾来時を経て、平成二十七年には、禅研究所開所五十年、坐禅堂開単三十五年の節目を迎えることになった。本書の刊行は、その記念行事の一環として企画されたものである。

愛知学院大学禅研究所では、開所以来、上記の目的を実現するために様々な事業を展開してきた。その一つの試みが、毎年斯界の碩学を招聘し、学生をはじめ、一般の方々をも対象とする講演会や、研究者を主たる対象とする研究会の開催である。また、その記録を毎年公刊する『禅研究所紀要』に掲載してきた。けれども、この『紀要』は一部の研究者のみが手に取るものであり、一般の読書人の目に触れることは少ない。そこで、これらの講演録を禅研叢書『禅の世界』にまとめ、これまでに三冊を上梓した。第一輯は愛知学院創立百周年を記念して昭和五十一年に、第二輯は禅研究所開所二十五年、坐禅堂開単十年を記念して平成四年に、第三輯は開所三十五年、開単二十年を記念して平成十二年にそれぞれ公刊された。本書はその第四輯にあたるものである。しかし、これまでに刊行された三冊は、現在では入手することが難しい。そこで、本書の書名を新たに『仏教の知恵　禅の世界』と付すことにした。

本書には、平成十二年以降に禅研究所が主催した講演会と研究会の記録が収載されている。それぞれの文体や漢字の表記などは、各先生方がまとめられた形を尊重し、本書としての統一をはかっていない。ただし、校正などに間違いがあれば編集部の責任である。また、本来であれば、すべての講演会と研究会の記録を収録すべきであるが、紙幅の都合などもあり、誠に遺憾ながら約半分の記録の掲載を断念した。掲載できなかった先生方には、この場を借りて衷心よりお詫び申し上げたい。収載にあたっては、できるだけ平易な語り口のものを選んだが、一部には研究者向けの難解な内容を含むものもある。しかし、それらは愛知学院大学の設立母体である曹洞宗や、その開祖である道元禅師の教えに関わるものであるため、ご理解くだされば幸いである。

本書の刊行にあたっては、学長 兼 禅研究所所長である佐藤悦成先生から巻頭言をお寄せいただだいた。記して感謝申し上げたい。また、講演録の転載をご許可下った先生方をはじめ、本書の刊行を御快諾下さった有限会社大法輪閣、ならびに編集の労をとられた佐々木隆友氏にも御礼申し上げたい。さらに、校正を担当された菅原研州、石田尚敬、大橋崇弘、山端信祐の各氏、ならびに、本書の刊行に御尽力くださったすべての方々に感謝申し上げる。なお、末筆ながら、今回の記念行事にあたっては、同じ大法輪閣より『禅語にしたしむ』も同時に刊行されている。あわせてご一読くだされば幸甚である。

平成二十七年 十月 下浣

禅研究所 幹事 木村 文輝

【本書収録講演】

講演者紹介（記事掲載順）

河合 隼雄（かわい はやお）

一九二八年生。京都大学大学院修了。博士（教育学）。京都大学名誉教授、国際日本文化研究センター所長、文化庁長官等を歴任し、二〇〇七年逝去。著書に『河合隼雄著作集』第一期十四巻、第二期十一巻（岩波書店）等がある。

佐々木 閑（ささき しずか）

一九五六年生。京都大学大学院満期退学。博士（仏教学）。花園大学教授。著書に『出家とはなにか』（大蔵出版）、『インド仏教変移論』（同）、『仏教は宇宙をどう見たか』（化学同人）、『科学するブッダ』（角川ソフィア文庫）等がある。

吉津 宜英（よしづ よしひで）

一九四三年生。駒澤大学大学院修了。博士（仏教学）。元駒澤大学教授。二〇一四年逝去。著書に『華厳禅の思想史的研究』（大東出版社）、『〈やさしさ〉の仏教』（春秋社）、『大乗起信論新釈』（大蔵出版）等がある。

横山 紘一（よこやま こういつ）

一九四〇年生。東京大学大学院修了。立教大学教授を経て、現在、正眼短期大学副学長。著書に『唯識仏教辞典』（春秋社）、『唯識とは何か』（同）、『唯識の真理観』（法蔵館）等がある。

立川 武蔵（たちかわ むさし）

一九四二年生。名古屋大学大学院修了。Ph.D。文学博士。名古屋大学教授、愛知学院大学教授を経て、現在、国立民族学博物館名誉教授。著書に『中論の思想』（法蔵館）、『ヒンドゥー教の歴史』（山川出版社）、『マンダラ観想と密教思想』

（春秋社）等がある。

蓑輪 顕量（みのわ けんりょう）
一九六〇年生。東京大学大学院修了。博士（文学）。愛知学院大学教授を経て、現在、東京大学大学院教授。著書に『中世初期南都戒律復興の研究』（法蔵館）、『仏教瞑想論』（春秋社）、『日本仏教史』（同）等がある。

小松 和彦（こまつ かずひこ）
一九四七年生。東京都立大学大学院修了。信州大学助教授、大阪大学教授を経て、現在、国際日本文化研究センター所長。著書に『憑霊信仰論』（講談社）、『妖怪学新考』（同）、『異人論』（筑摩書房）等がある。

玄侑 宗久（げんゆう そうきゅう）
一九五六年生。慶応大学文学部卒業。作家、福島県福聚寺（臨済宗）住職、花園大学客員教授。著書に『中陰の花』（文藝春秋）、『禅的生活』（ちくま新書）、『現代語訳般若心経』（同）、『アミターバ』（新潮社）、『光の山』（同）等がある。

木村 清孝（きむら きよたか）
一九四〇年生。東京大学大学院満期退学。文学博士。東京大学名誉教授、元鶴見大学学長、北海道龍宝寺（曹洞宗）住職。著書に『初期中国華厳思想の研究』（春秋社）、『中国華厳思想史』（平楽寺書店）、『仏教の思想』（放送大学教育振興会）、『東アジア仏教思想の基礎構造』（春秋社）等がある。

永井 政之（ながい まさし）
一九四六年生。駒澤大学大学院修了。博士（仏教学）。駒澤大学教授、元曹洞宗総合研究センター宗学研究部門主任研究員、群馬県良珊寺（曹洞宗）住職。著書に『中国禅宗教団と民衆』（内山書店）、『雲門』（臨川書店）等がある。

尾崎 正善（おざき しょうぜん）
一九六一年生。駒澤大学大学院満期退学。鶴見大学准教授を経て、現在、鶴見大学非常勤講師、神奈川県徳善寺（曹洞宗）

住職。著書に『潙山』（臨川書店）、『私たちの行持』（曹洞宗宗務庁）、『中世禅籍叢刊（第6巻）禅宗清規集』（臨川書店）等がある。

中尾 良信（なかお りょうしん）

一九五二年生。駒澤大学大学院満期退学。花園大学教授、同大学人権教育研究センター所長、兵庫県清久寺（曹洞宗）住職。著書に『日本禅宗の伝説と歴史』（吉川弘文館）、『日本の名僧　孤高の禅師道元』（同）、『図解雑学・禅』（ナツメ社）等がある。

大谷 哲夫（おおたに てつお）

一九三九年生。駒澤大学大学院満期退学。駒澤大学教授、同大学学長・総長を経て、現在、曹洞宗総合研究センター所長、東京都長泰寺（曹洞宗）住職。著書に『祖山本『永平広録』考注集成』（永平寺）、『卍山本『永平広録』考注集成』（同）、『『正法眼蔵』『永平広録』用語辞典』（大法輪閣）、『永平の風』（文芸社）等がある。

竹村 牧男（たけむら まきお）

一九四八年生。東京大学大学院中退。博士（文学）。文化庁宗務課専門職員、三重大学助教授、筑波大学教授を経て、現在、東洋大学教授、同大学学長、筑波大学名誉教授。著書に『唯識三性説の研究』（春秋社）、『『正法眼蔵』講義』（大法輪閣）、『日本仏教思想のあゆみ』（講談社）等がある。

中祖 一誠（なかそ いっせい）

一九三〇年生。京都大学文学部卒業。愛知学院大学教授、同大学副学長、同大学禅研究所所長を経て、現在、愛知学院大学名誉教授、島根県善興寺（曹洞宗）住職。主要論文に「古代ウパニシャッドにおけるアートマン思想」、「仏陀当時の時代精神と世界超越」等がある。

愛知学院大学 禅研究所

〒470-0195
愛知県日進市岩崎町阿良池 12
TEL : 0561-73-1111
FAX : 0561-72-4970
ホームページ : http://zenken.agu.ac.jp/

仏教の知恵　禅の世界

平成 27 年 11 月 19 日 初版第 1 刷発行 ©

編　者　愛知学院大学 禅研究所
発行人　石原大道
印刷所　三協美術印刷株式会社
製　本　株式会社 若林製本工場
発行所　有限会社 大法輪閣
〒 150-0011 東京都渋谷区東 2-5-36 大泉ビル2F
TEL (03) 5466-1401(代表)
振替 00130-8-19 番
http://www.daihorin-kaku.com

ISBN978-4-8046-8207-5 C0015 Printed in Japan